中国博士后科学基金第 63 批面上资助项目"农村老年人危机与乡村振兴的组织机制研究"（2018M630845）；2017 年湖北省博士后择优资助项目"现代化背景下农村老年人危机的生成路径与干预策略研究"（Z62）；国家社科基金青年项目"新乡贤参与农村社区治理的模式和路径研究"（18CSH010）。

华中村治研究丛书

丛书主编：贺雪峰

老年人危机与家庭秩序

家庭转型中的资源、政治与伦理

THE ELDERLY
CRISIS AND FAMILY ORDER

THE RESOURCES, POLITICS AND
ETHICS IN FAMILY TRANSFORMATION

李永萍 著

社会科学文献出版社
SOCIAL SCIENCES ACADEMIC PRESS (CHINA)

"华中村治研究丛书"总序

一

2002 年发表《村治研究的共识与策略》一文，我们提出了村治研究的三大共识，即"田野的灵感、野性的思维、直白的文风"，这三大共识是华中村治学者多年研究所形成的基本共识，一直以来也指导着华中村治学者的研究实践。

"田野的灵感"强调华中村治研究中的经验优先原则。当前中国正处在史无前例的巨大变革时期，经验现象十分丰富，从经验中来，到经验中去，以理解中国经验与实践作为出发点和归属，在理解经验与实践中形成对经验与实践的解释，是华中村治研究的显著特征。

"野性的思维"强调华中村治研究中理论与方法的多元性。只要有利于增加对经验与实践的理解，任何理论与方法都是好理论和好方法。正是在用各种理论与方法来理解和解释经验与实践的过程中会形成各种提炼与概括，会形成基于中国经验与实践的具有主体性的中国社会科学。"野性的思维"另外一层含义是，不拘一格，大胆假设，不怕出错，敢于探索。

"直白的文风"强调华中村治研究要能容纳多学科、经验性与原创研究的特点。经验研究看起来没有进入门槛，真正深入进去却需要长期积累和学术功力。"直白的文风"反对雕刻文字、闭门造车，注重想事说事，注重研究向大众开放，注重多学科研究对话。开门搞研究而不是关门自我循环，是华中村治学者的一个基本准则。

中国是一个大国，有 5000 年文明，14 亿人口，陆地国土面积 960 万平方公里。按购买力平价计算，中国 GDP 已是世界第一。中国正处在史无前例的伟大变革时期，农村人口迅速城市化。中国正由一个传统国家变成一个现代甚至后现代的国家。如何理解巨变中的中国经济、政治、社会、文化和历史，在这个理解与解释的过程中形成有主体性的中国社会科学，并转而指导实践和改造实践，就成为当前中国社会科学的伟大使命。

立足中国经验和实践的中国社会科学一定是伟大的，是具有中国主体性的，是饱含中国民族性和地域特色的。社会科学研究的目的是改善我们观察和理解实践的视野，而不是屏蔽我们的视野。脱离中国实践的语境，套用没有经过中国实践注解和浸泡的西方理论，往往不仅不能改善我们的视野，反而可能屏蔽我们的视野。只有真正进入经验与实践，我们的理论才有还原经验与实践的能力，才能改善我们观察和理解经验与实践的视野，真正理解实践和改造实践。

中国社会科学是在理解和解释伟大的中国经验与实践中产生的，是服务于中国实践并以中国实践来检验的。这样一种从经验中来—形成理论提炼与概括—回到经验中去的社会科学研究循环，就是中国社会科学研究中的大循环。只有在这样的大循环中，中国社会科学才能选择正确的研究方向，研究也才能获得丰富的中国经验与实践的滋养，也正是在这样一个大循环过程中产生的有主体性的中国社会科学才具有生命力。有了从经验到理论再到经验的大循环，逐步形成了具有中国主体性的社会科学，就必然会有从理论出发—到经验中去—再回到理论的以学术对话为特点的小循环，这样一种小循环是服务于和服从于中国社会科学大循环的。

要在从经验到理论再到经验与实践的大循环中建立起有主体性的中国社会科学，就必须要有真正做中国经验研究的学者。这些学者要有充分的经验训练，要在长期经验调查中形成对经验的总体把握能力，要有"经验质感"，不仅要能从经验中提炼出理论命题，而且要有将理论还原到经验中的能力。

获得经验质感的不二法门是进行饱和经验训练，不断地到经验中浸泡，具有透过现象看本质的能力，具有将经验碎片整合起来的能力，真正形成想事的能力。饱和经验训练尤其要防止对经验的一触即跳，即仅在经验中产生了微弱问题意识就脱离经验去做精致"研究"。正是通过饱和经验训练，才能利用各种理论和方法来分析经验，才能将经验研究中提出的问题进行理论化的概括，才能为建立有主体性的中国社会科学添砖加瓦。

十数年来，华中村治研究所追求的，就是建立在饱和经验训练基础上的有主体性的中国社会科学的事业。这个事业从理解和解释经验与实践开始，又回归经验与实践，中间留下的理论提炼与概括正是建设有主体性中国社会科学所需要的砖瓦。

二

最近十数年来，我所组织的华中村治研究团队每年驻村调研时间都超过了 4000 个工作日，平均下来，我们研究团队每天都有 10 人以上在全国各地农村调研。某种意义上，我们团队同仁都是经历了饱和经验训练的。

从时间上看，我们在取消农业税前的 20 世纪末期开始农村调研，到现在国家正推进乡村振兴战略，国家与农民关系发生了巨大变化。2000 年时中国城市化率只有 36%，现在中国城市化率已近 60%，几乎所有农村青壮年劳动力都进城了；从地域上，我们不仅在南方中国、北方中国和长江流域调查，而且近年密集地到东部沿海发达地区和西部贫困地区调查，发现了南北中国、东西中国和中国腹地的巨大区域差异；从研究主题上，我们从基层政治研究开始，进入对乡村治理社会基础的研究，再延展到对几乎所有乡村主题的研究上，比如家庭制度、农业发展、宗教信仰、土地制度、乡村教育、医疗保障，等等；近年来我们的研究也跟着农民工进城，开始城市社区、街头治理、信访制度、地方治理等方面的研究。

我们希望在调查和研究中，能做到从经验中来，到经验中去，真正从经验中得灵感，依靠经验形成"想事"的能力，并在此过程中形成若干理论提炼与概括。

　　十数年来，我们研究团队在饱和调研基础上形成了大量理论概括，这些理论又作为视角参与到政策问题的讨论中，并在一定程度上对政策产生了影响，比如对农业、土地、信访、乡村治理、城市化等方面政策产生了或大或小的影响。我们相信，只要我们团队坚持下去，再坚持十年、十数年，我们就一定可以形成理解中国经验的具有中国主体性的社会学科一家之言。我们希望中国社会科学有百十家这样的一家之言，我们呼吁各种一家之言良性竞争，相互启发，相互补充，共同发展，最终成长出与中华民族伟大复兴相适应的高水平的中国社会科学来。

　　我们计划在未来七八年时间将我们团队的最新研究纳入"华中村治研究丛书"出版。希望丛书能增加读者对华中村治研究的了解。

　　是为序。

贺雪峰

2018 年 4 月 10 日晚

代　序

学会做老人？

说说我的父母亲，以及他们这一辈的普通老人们吧。

2017年春节回乡期间，家人团聚甚是热闹。母亲一天到晚忙个不停，又要做家务，又要照看小孩，歇下了还要到两个儿媳妇的房间说上几句话——她在为子女们营造宾至如归的氛围。而父亲还是像往常一样和客人喝茶聊天，过他的"个人生活"。他似乎是家庭生活中多余的角色，家务事插不上手（实际上也不会做），连吃饭时间也被安排着。小孩调皮，虽是童言无忌，但有些话总归是不好听，却也只能忍着。

我父母均已年近古稀，却开始悟出些人生道理来。母亲谈家事时，经常会说出"要学会做老人"的话来。这大概是母亲和她的妯娌们经常在一起体味出来的道理。细嚼起来，此话大概有两个意思：一是要"服老"，子女大了，该交权的交权，并且交权要彻底，哪怕看不惯，也不要干预；二是要学会"忍"，只要有吃有喝，对子女就不应再要求太多。就如母亲"教育"父亲时常说的话："难不成（子女）还要（把老人）当皇帝供起来不成？"

偶尔，父亲很是不服，回敬母亲说："那我生儿子来干吗？"20世纪七八十年代，父母生了我们兄弟姊妹5人——我妹妹是母亲结扎以后意外有的，我排行老四，是家中的第二个男孩。当年，父母大概真的是秉持了"多子多福"的观念吧。在我小时候，爷爷辈的那些老人们多少还是有"当皇帝"的感觉的。母亲、伯母和婶婶们聚在一起时，不时会聊起爷爷"闹分家"的过往。本来，爷爷是随着我父母生活的，但自从我降生后，我家的生活水平就比大伯家低一些。于是，爷爷就闹着要跟大伯家过。大伯母当然不愿意。但爷爷极其强悍，买了几把锁将我父亲兄弟几家的厨房门都锁住，宣称，"我没饭吃，你们也别想有饭吃"。大伯母见状，只能缴械投降。并且，爷爷在大伯母家也是一如既往，逍遥自在，每天带着我这个小孙子到各家串门、游玩，给我买好吃的。

谁能想到，随着 20 世纪 90 年代末"打工潮"的兴起，中国农民家庭会发生如此剧烈的变动。我的兄弟姊妹们都想尽办法"进城"，他们虽未能在城市立足，但也能将城市作为谋生之地。父母亲或许未曾料到，生了 5 个子女，末了，年纪大了，反而成了"孤寡老人"。母亲"觉悟"得早，总是安慰在外的我们，她很好，也会照顾好父亲，我们放心就是了。只是，偶尔打来电话，要是我和妻子没接到，便会心急如焚地把电话打到我的兄弟姊妹那里，问到底是怎么回事。这就是牵挂吧！父亲却一直难以接受这一现实。按我大姐的说法，父亲这些年的脾气越来越古怪，"老年成细仔"。

前几年，事有凑巧，我连续两年未回家过年，而是改在暑假回家探亲。父亲莫名其妙地对我发了一顿脾气，说我是个不孝子。当时的我颇感委屈，和他争执一番：我以为自己做得还不错，二老在家衣食无忧，平常嘘寒问暖也算尽心，我几个兄弟姊妹也极为关照他们，内心觉得他们应该知足才是。再说，我又不是故意不回家过年，凭什么这样说我？可是，这一争执，反倒将他的情绪调动起来，从他年轻时受到的苦，到现在生活中受到的各种委屈，他声泪俱下地一股脑儿倒出来。我从未遇到这种情况，甚是震惊。隔日，父亲又如往常，似乎这件事就没发生过。

细想起来，父母亲和他们的同辈人遭遇的尴尬，也许是史无前例的吧？父亲习得的老年生活经验是像我爷爷那样的，一大家人居住在一起，天天吵吵闹闹，没完没了。何曾想过，相聚也会变得如此不易？

我和大哥都是在各自生活的城市结婚生子的，父亲母亲根本就没有跟儿子儿媳、孙子孙女一起生活过。家庭空间的重构，在某种程度上使他们失去了习得现代家庭生活经验的机会。多年前，大哥大嫂邀请父母亲去城里住一段时间。母亲倒是住得习惯，每天帮忙操持家务、带孙子孙女。但父亲却觉得很不适应。他多年已经养成了诸多嗜好，一日三餐要喝酒，闲下来烟不离手、茶不离口，在狭窄的城市居住空间里，根本就不适合。不用说别的，仅仅是幼小的孩子就不太能适应屋里烟雾缭绕。于是，过了一段时间，不仅父亲不适应，连大哥大嫂也不适应。前两年小孩出生后，我和妻子也邀请父母到我们生活的城市来生活一段时间。父亲很是注意生活细节，抽烟时也到阳台上去。可不小心，烟灰掉到了楼下，引得邻居敲门提醒，他感到很是尴尬。

这些细节，虽不是事，却也足以引起父母亲的警觉。我曾经开玩笑似的建议父母亲，要是他们愿意，干脆跟我们住一块算了，但两人都断然拒绝。千万不要和子女长期生活在一起，这几乎是父母亲这一辈老人的共识。母亲经常会跟我说，某某的儿子儿媳都很孝顺，可真住在一起了，最终还是不习惯。她举的例子，有些她有切身体验，有些虽无体验却可想象得出来。那些看似是生活习惯的问题，其实是代际之间如何相处的问题。关键在于，无论是老人，还是子女，其实都很难再有动力和条件去彼此适应。久而久之，连在家的老人也渐渐避免和子女同居共处。

那些还和子女住在一起的老人，更要习得如何做老人。到了一定年纪，老年男子就主动戒烟戒酒，老年妇女就不再管家。公开的原因多是身体不允许，但细究起来，恐怕没那么简单。当老人们还未放权时，不良嗜好及家庭时间安排是一种权力，儿孙们得适应。可问题是，鱼和熊掌不可兼得。一旦老人们放权，就得适应年轻人的生活方式。而儿子儿媳们却在培养新的特权，比如打牌赌博，一日三餐想吃就吃，不想吃就不吃，早上睡懒觉……哪怕是过年期间，再怎么看不惯，"聪明"的老人都会将就着。因为，他们知道，相聚不易，相处更难。一旦发生代际冲突，这一辈的老人，可没有我爷爷当年的那份"豪迈"。

想来，父母亲这一辈老人，多数已经"学会如何做老人了"。至少都学会了"服老"，学会了"忍"。父亲前几年还发脾气，但只能在儿子面前发，现在在我面前没脾气了——毕竟，我们之间相处的机会也不多啊。也是，不学会做老人又能怎么办呢？按母亲的口头禅，人要认命！

是啊，他们主动或被动地学会做老人，是命运使然，也是时代要求。过去，主要是子女要学会做子女，并且是首先向父母亲学习如何过日子。老人日子若是过不好，人们多半认为是"不孝子"、"恶媳妇"造成。而今，谁会这么认为呢？连我父亲和母亲都认为，不能怪子女，子女也是没办法——我刚换工作，其实工作环境是变好了不少的，可我母亲听说新单位那一片房价太高，整天担心我没房子住，每次通电话都说她和父亲还有生活费，不用寄钱。言下之意是，节省一点钱买房子吧。

父母亲这一辈老人为子女着想的做法，与城市化这个滚滚洪流竟然有高度的契合之处。他们虽不一定有能力支持儿女们实现城市梦，却都愿意为此牺牲自己，包括物质、情感、相处，等等。这个体验，看似波澜不惊，实则汹涌澎湃。这个过程，我的祖父辈没有，将来我们老了估计也不会再有，只有父母亲这一代老人有。理解他们，就是理解这个时代。

李永萍博士的这本书，恰恰为理解当代中国的老年人危机提供了深刻而独到的视角。相信看过这本书的读者，都会理解我讲的故事。

是为序。

吕德文

2018 年 5 月 2 日

目 录
contents

第一章

导　论

第一节　问题及缘起

在农村调研时，常常听到农民感慨，如今"媳妇成了婆婆，婆婆成了媳妇"。农民幽默而又略带自嘲的话语表达了他们对婆媳关系变迁的朴素感受。当前农村中都盛行谈论"好婆婆"的标准，"好婆婆"而非"好媳妇"的话语盛行的背后，凸显了媳妇的强势，婆婆的弱势。

婆媳关系是代际关系的敏感内容和重要标志，婆媳关系的颠倒折射出了当前农村代际关系的深刻变迁。近年来笔者在全国多地农村调研时发现，当前农村中代际之间发生直接正面冲突的情况越来越少，代际关系越来越呈现温情脉脉的一面，农村老年人似乎可以预期一个幸福的晚年。不过，随着调研的深入，才渐渐发现在温情的背后，农村老年人的生活状况并不令人乐观。2014年初，在江汉平原农村调研时，当地老年人的生活状态深深地触动了笔者对老年人处境的理解和认识。"死亡"和"自杀"是在与老年人进行访谈时经常听到的词。尤记得访谈中遇到一个70多岁的老婆婆，她有三个儿子，现在老两口和儿子分开单过，主要靠自己种口粮田为生，当问及她今后的打算时，她随口说了一句："真不行了，树丫子上挎着（上吊的意思）！"老年人对死亡的这种坦然心态和明确预期使笔者意识到，当前农村老年人关于生命、生活和价值的观念已经发生了重大变化。

当然，自杀并非老年人危机的普遍表达方式。更进一步的调研发现，相对于自杀的极端行为，农村老年人面对家庭内外的压力普遍表现出克制和隐忍，他们在为子代的付出和操劳中，不断地赋予这种生活状态意义，从而形成了在外人看来温情与和谐的生活画面。笔者在感动于农村老年人的伟大乃至悲壮之余，觉察到在现代性进村和家庭转型过程中农村老年人所遭遇的深层危机，这种危机在表面上看温和平静，实际上暗流汹涌。

当前农村日益普遍的情况是，老年人难以心安理得地享受子代的供养，同时子代的冷漠也未能激起老年人的怨恨。老年人时常认为自己是子代家庭的负担与累赘，因而普遍持一种自我否定的生活态度。那么，老年人对自己存在状态本身的否定是如何发生的？我们该如何理解当前农村老年人的生活逻辑与生活状态？这些是本书探讨的问题。一般认为，老年人的境遇是家庭变迁的晴雨表。在传统家庭文化结构下，以家长制为基础的"长老秩序"标示着老年人的地位和威望。五四运动以来，在"冲决罗网"的革命口号下，中国家庭的现代转型逐渐开启。尤其是改革开放以来，现代性力量借助市场化和城市化等机制席卷农村社会，中国家庭的运行机制和实践形态发生了巨大的变化，以"过日子"为核心的平和状态被打破，农民家庭越来越深地嵌入市场经济与市场社会，这进一步促成了家庭动力学机制的改变，家庭内在的均衡性逐渐被打破，从而改变了"老化"的家庭脉络和"老年"的家庭地位。

纵向的代际关系是中国家庭关系最为重要的维度，也是理解老年人问题难以绕开的方面。传统社会中父母在儿子成婚之后逐渐成为子代的供养对象，子代对父代的及时反馈维系了中国家庭秩序的稳定，并且让老年人的家庭生活可预期、可持续。20世纪80年代以来，中国农民在融入市场社会的过程中实现了家庭经济收入的显著增长，从而在很大程度上改变了"穷争饿吵"的家庭生活状态，提高了农村老年人的自养能力和生活质量，且国家出台的"新农保"政策也为农村老年人提供了一道最基本的生活保障。然而，正如笔者在开篇中提出的困惑，似乎养老问题的改善并不必然意味着老年人危机的消解。结合笔者在全国多地农村调研的情况来看，相对于农民家庭经济状况的改善和收入机会的增加，老年人的处境并不那么令人乐观：一方面，老年人普遍维持低度消费甚至"零消费"的状态，这是一种近乎保证基本生存的消费水平；另一方面，老年人则普遍表现出无所求于子代的生活态度。

这意味着我们不仅要关心作为养老对象的老年人，而且也要关心作为生活主体的老年人，老年人以一个能动的主体参与家庭再生产过程，它具体表现为"老化"的过程。养老视角虽然从"老有所养"的预期出发触及了老年人危机的一些方面，但养老视角并未能真正深入农民的生活逻辑，因而难以揭示和展现老年人自身的主体认同与生活体验，从而在一定程度上遮蔽了转型时期老年人的真实处境。一般而言，老年人首先是身体上的弱者，在身体衰弱的情况下，其生活风险系数较高，且抵抗风险的能力较弱，疾病、残疾、丧偶等经济的、生理的或心理的问题也就成为困扰老年人的主要问题。但是，转型时期的农村老年人群体除了要面对偶发性遭遇之外，还面临着现代性进村带来的普遍性遭遇和结构性压力，后者构成了包括老年人在内的所有农民不得不面对的"社会事实"。

在这个意义上，农村的老年人不仅处于个体生命历程之中，而且也处于家庭再生产过程之中。老年人是由特定阶段的青年人、中年人逐渐转化而来的，随着家庭再生产的展开，其作为家庭成员的身份逐渐改变。因此，"老化"不仅是随着个体自然生命推移的时间过程，而且深深地嵌入家庭再生产的具体脉络中。因此，我们对当前农村老年人境遇进行理解，需要进入农民家庭再生产的具体过程之中。基于此，笔者认为对老年人危机的阐释不能脱离中国农村家庭的运行机制，老年人危机是在特定家庭再生产过程中逐渐"生成"的产物。本研究系统考察20世纪80年代以来现代化进村过程中农民家庭在资源、权力和价值等不同层面的再生产机制，揭示农民家庭如何面对现代性压力和调试家庭再生产的路径。农民家庭的现代性调试不仅使得家庭转型得以可能，而且扭曲了父代的"老化"过程，进而造成了当前农村的老年人危机。因此，通过中国家庭转型的独特机制和路径理解农村老年人危机生成的逻辑是本书的基本问题意识。

第二节　老年人问题与家庭转型

一　老年人"问题化"的路径：三种研究视角

中国目前正快速步入老龄化社会，城市化过程中农村中青年劳动力的大量外流加剧了农村人口结构的老龄化。在农村社会保障体系还没有完全建立起来的背景之下，我国农村老年人的生活状态引起了学界的关注，老年人群体通过不同的"问题化"路径进入学者的研究视野。从目前学界研究的情况来看，农村老年人问题主要存在三种"问题化"路径，即贫困问题、留守问题与伦理问题。

1. 贫困问题

在贫困视角之下，老年人问题在很大程度上被视为老年贫困问题。老年贫困可进一步区分为经济贫困与社会贫困，前者强调老年人经济收入的缺乏，后者强调老年人"可行能力"的缺乏（森，2004：115）。老年人是一个特殊的群体，在社会转型、人口流动和农村社会保障体制尚不健全的背景下，农村老年人更易遭受贫困的冲击。抽样调查及研究表明，农村贫困老年人口比例高于城市贫困老年人口比例。[1] 有学者对老年人绝对贫困的规模进行测算，指出中国老年贫困人口总规模将近 1800 万人，其中，农村老年贫困人口规模在 1400 万人以上（杨立雄，2011）。从老年人的相对贫困规模来看，2000 年时，中国大约有 1/3 的 60 岁以上老年人口处于相对贫困状态（于学军，2003），且大多数省份老年人相对贫困的比例超过了 35%（乔晓春等，2005）。

学界围绕老年贫困的原因进行了大量的研究。在宏观的层面上，有学者从人口转变的视角探讨了社会和家庭层次的人口转变与老年人贫困之间的关系（杨菊华，2007）。在中观的层面上，一些学者从农村老年贫困场域的生成切入，认为原生性形塑因素（微薄的家庭经济收入、失衡的农村家庭财富支出结构、不完善的农村社会保障体系）和次生性建构因素（孝道文化的式微、"养儿防老"社会风俗的固化、"代际互惠"的依赖型养老心理）的共同作用（孙文中，2011；慈勤英，2016），宏观的社会背景（生产方式现代化、生活方式理性化）与农村微观实践（乡村话语场域异化、乡土流动性、救助政策缺位等）的共同形塑是贫困场域生产的结构性因素

---

[1] 《农村老年贫困问题不容忽视》，《中国人口报》2015 年 4 月 13 日。

（仇凤仙、杨文建，2014）。在微观的层面上，一些学者将老年贫困放置在个体的整体生命跨度内，认为老年贫困是个体生命历程中弱势积累的结果，或者源于个体的早期经历和事件（胡薇，2009）。

老年贫困不仅影响老年人自身的生活状态和生活信心，而且可能通过贫困的代际传递给整个家庭的再生产带来不利影响（孙琪宇，2015）。在这个意义上，老年贫困问题触及了当前老年人危机的资源面向。但是，关于老年贫困的解释普遍忽视了家庭资源在家庭再生产过程中的配置逻辑。老年人不仅仅是人口学意义上的老年群体，而且还是家庭社会学意义上的家庭成员，并处于特定的生命链条与家庭再生产结构中。这就产生了家庭资源的历时性配置和结构性配置问题。因此，透过老年贫困问题深入理解家庭转型的机制，是理解老年人危机的必由之路。

2. 留守问题

随着我国城市化进程的加速，大量农村青壮年劳动力进城务工，从而在农村中形成相当规模的"留守老人"群体。杜鹏（2004）、周福林（2006）等学者根据2000年的"五普"数据推算，我国60岁及以上的农村留守老人已经达到1800万。在农村社会保障体系不健全的背景下，大量青壮年外流对以家庭养老为主的农村养老体系造成冲击，留守老人成为一个重大的社会问题（贺聪志、叶敬忠，2009）。

既有研究认为，留守问题是城市化的产物，社会转型与城乡分割的二元经济社会结构这两大背景构成农村留守老人出现的主要原因（夏小辉、张贝，2006）。"留守"是相对于"流动"而言的，在城市化背景下中国农村传统的家庭结构被拆分为"流动家庭"与"留守家庭"，家庭原有生活轨迹发生变动，导致留守老人的问题化，具体表现在以下几个方面。第一，城市化对家庭养老观念和代际关系的影响。城市化过程中农村青壮年劳动力的外出可能削弱以"孝文化"为基础的传统伦理规范和以土地等资源掌控为基础的老年人权威（张友琴，2002；郭昕，2006；张玉林，2006），强化了子代的经济自主性，代际关系渐趋失衡。第二，城市化对家庭结构和农村老年人居住方式的影响。子女外出后留守老人的家庭结构缩小，居住方式上逐渐趋于隔代化（杜鹏等，2004），家庭结构加速空巢化①。第三，城市化对留守老人养老需求的影响。留守老人的需求可分为三个方面，即经济供养、生活照料和精神慰藉，子女外出使得留守老人在经济供养方面缺乏稳定性，在生活照料方面基本依靠自己或配偶，在精神慰藉方面主要依靠孙代（叶敬忠，2009；贺聪志、叶敬忠，2010）。

从"留守"的视角来分析当前农村老年人问题的学者普遍认为，农村青壮年外出务工使得传统的家庭养老难以为继，老年人的生活缺乏稳定保障，留守老人的生活状态令人担忧。留守问题因此成为重要的社会问题。但是，留守问题主要是从家庭结构之空间分离的视角理解家庭关系的疏离和家庭结构的残缺导致的老年人家庭照顾缺位。这其中存在两个局限：第一，既然留守造成了家庭成员的分离状态，那么，在非留守的情况下，老年人是否就可获得来自子代的厚重反馈？笔者多地田野调研的经验表明，农村中子女在身边的"非留守老人"的生活状态并不一定优于留守老人。因而家庭成员的空间分离或许并非解释老年人危机的关键变量。第二，流动与留守的空间分离虽然导致了家庭结构的拆分，却并不意味着代际关联的缺失。

实际上，流动与留守之间的纽带应该成为理解农村老年人危机的关键点。有学者从"半工半耕"的角度阐述了代际的分工合作关系（贺雪峰，2013a）。家庭中青壮年劳动力的"流动"与老少群体的"留守"相结合，使得家庭能够分别在城市和农村中完成家庭生产与再生产，这种"拆分式生产与再生产模式"（金一虹，2010）是流动农民家庭在现实中采取的一种适应性策略，有利于保证特定约束条件下家庭再生产的顺利进行。但是，这种结构存续的主要代价造成了潜在的和现实的农村老年人危机。留守的视角忽视了家庭转型的内在逻辑，仅仅着眼于从代际之间"分"的角度论述老年人危机，无疑具有一定的片面性。在一定意义上讲，流动和留守是

---

① 2015年的数据显示，空巢老人占老年人总数的一半，其中，独居老人占老年人总数的近10%，仅与配偶居住的老人占41.9%。具体可参考卫计委发布的《中国家庭发展报告（2015年）》。

农民迎接和适应现代性的一种家庭策略（麻国庆，2016）。笔者认为，恰恰是流动家庭与留守家庭之间的"虚分实合"关系属性导致了老年人危机，这是本研究推进的重要切口。

3. 伦理危机

一些学者认为，当前农村的老年人危机应该主要从转型时期农民家庭伦理观念的变化来理解，农村老年人危机的本质是伦理危机，它触动了中国传统家庭秩序的根基。梁漱溟（2014：80）认为，传统中国社会具有"伦理本位"的特性，"父子一体"和"兄弟一体"的伦理规范有效地保证了家庭的凝聚力。家庭养老建立在代际伦理责任之上，赡养老人是子代必须履行的义务。在传统中国社会，"孝道"是家庭伦理中最为核心的内容，曾子曰"孝有三：大者尊亲，其次弗辱，其下能养"（崔高雄，1997：138—144），即"孝"的最高层次是尊敬父母，中间层次是不使父母受辱，最低层次是能够赡养父母。然而，在当前农村，很多老年人连最低层次的赡养都不能获得。贺雪峰（2006）在对阎云翔《私人生活的变革：一个中国村庄里的爱情、家庭与亲密关系》一书进行评论时指出，中国农民家庭生活中的变革不仅仅是个体权利意识崛起的问题，还涉及农民价值世界与意义世界的变迁。在此基础上，贺雪峰（2008a）进一步对农民价值观的类型及其相互之间的关系进行讨论，指出当前农村普遍出现的伦理性危机是造成老年人赡养问题的主要原因，而其根源在于构成农民安身立命基础的本体性价值发生动摇。陈柏峰（2007）认为，当前农村代际关系的变化和赡养危机的出现，应当放到农民价值观变迁和价值世界倒塌的背景下来理解。而刘燕舞（2011）在对老年人自杀现象进行研究时指出，对老年人自杀现象的理解不能仅从自杀的权利命题视角出发，还要引入自杀的道德命题视角，并且认为当前农村的道德衰败是老年人自杀的重要原因。

"伦理危机"是农村老年人危机的重要维度，在一定程度上揭示了当前农村老年人危机的深刻性。不过，伦理危机的视角也存在简化之嫌：以价值系统的变迁分析替代了老年人危机生成的具体分析，由此以家庭中的价值变迁化约了家庭再生产中其余变量对老年人危机的影响，忽视了价值系统所嵌入的家庭再生产结构。离开家庭具体场域而谈论伦理危机，存在模糊具体所指的可能性。如果个体性和事件性的老年人问题往往可以归因于伦理危机，那么系统、结构性的老年人危机则不能仅仅通过伦理危机予以简单说明。事实上，中国农村家庭转型并非结构离散和伦理弱化的共时性进程，而是当前家庭再生产的过程仍然充满着伦理的要素，才可能形成和支撑子代对父代的"代际剥削"（陈锋，2014），并最终导致母家庭在老年阶段陷入困境。由于从伦理视角讨论转型时期家庭问题存在局限，"将家庭问题道德化很可能让家庭问题变得更加无解"（宋丽娜，2016）。

4. 小结与述评：回到"家庭"

贫困问题、留守问题和伦理危机反映了既有研究描述和解释老年人问题的三种视角，即经济视角、社会视角和价值视角，形成了老年人"问题化"的三条路径。在上述三种视角之下，老年人主要被视为养老的对象与客体。老年人问题因而在本质上转化为老年人能够在多大程度上获得物质支持和子代照顾的问题，由此，赡养危机成为当前老年人问题的一般表述，也成为学界理解老年人问题的主要框架。因此，既有研究对老年人危机的解释，在微观的层面指向子家庭的行为逻辑，在宏观的层面则指向宏观的资源配置方式和资源约束状况。

赡养危机反映了家庭养老的理想与现实的反差，这一认识根源于与传统家庭养老模式的比较。当子代照顾因为各种原因缺位，老年人的赡养问题则外化为社会问题，赡养危机自然被理解为家庭系统的"失灵"，并进一步转化为社会保障不足与社会救助缺失等问题。由此可见，由于忽视了家庭运行机制的自主性和家庭转型路径的独特性，基于贫困问题、留守问题和伦理危机等形态的老年人问题被建构为一个宽泛的社会问题，其生成逻辑与化解之道均被归结为外部社会系统。然而，社会问题的视野冲淡了农村老年人的真实处境，遮蔽了老年人危机的深刻意涵以及危机发生的复杂机理。

"社会问题化"的分析进路根源于对中国农民家庭能动性的忽视。实际上，在中国的社会文化语境中，"个人－社会"的关系并不是社会学研究的基本轴，在农民个体与社会之间横亘着富有活力的"家庭"，从而形成了"个体－家庭－社会"的三层结构，并表现为"家庭本位"。家庭具有相对于个体和社会的自主性，且构成农民与外部社会沟通和互动的媒介。老年人不仅是社会中的年龄群体，而且也是家庭生活中的能动主体，最为重要的是，老年人之为老年人，正是来自家庭再生产的形塑过程。家庭以及家庭再生产过程是老年人的生活和生命展开的基本结构和框架。因此，只有立足于老年人危机生成的家庭脉络，才能真正理解当前农村老年人危机的系统性与结构性。引入家庭的视角，我们就会发现老年人危机并不必然会外化为社会问题，相反，它可能以隐蔽的形态潜藏于家庭系统之中。在家庭再生产的过程中，老年贫困成为家庭资源配置的后果，老年留守则成为现代性压力下家庭再生产的理性抉择，在上述两点的烘托之下，"伦理危机"这一说法也就显得颇为模糊了。因此，将农村老年人危机从社会问题转化为家庭转型中的问题就是要立足于家庭再生产的过程来理解农村老年人危机的生成机制。

在这个意义上，对象化的老年人不能成为老年人危机研究的基础，它实际上在一定程度上偏离了老年人之于家庭再生产的主体性。将老年人视为客体，使得老年人的问题被泛化为一种社会问题，强调了老年人问题的负外部性，由此弱化了对危机的主体——农村老年人本身的深入理解：以社会问题（如贫困问题、留守问题、伦理问题）的研究取代了对老年人危机本身特质的研究。事实上，从社会系统向家庭系统的视角转向也意味着一种批判性的研究视角，即从社会问题的表面进入深层的家庭运行机制：它一方面生产了老年人危机，另一方面又消化、吸纳、掩盖和吞噬了老年人危机，从而使得农村老年人危机未能在社会系统中集中爆发。因此，"回到家庭"的核心在于将老年人放到当前农民家庭再生产的实践过程中，还原当前农村老年人之"老化"的家庭脉络。

二 中国农村家庭转型动力研究

发源于西方的现代化理论极大地影响了中国的家庭研究，家庭现代化因而成为中国家庭研究的基本命题。五四运动以来，传统的中国家庭制度被视为"吃人的礼教"，并受到激烈的批判。在国家与市场等力量的冲击和影响下，传统家庭制度的根基逐渐被撬动，家庭制度的转型逐渐开始。家庭制度的变革导致了"家庭中父代"权威的转变，进而促进了家庭中老年人地位的变迁。

相当一部分学者从家庭转型和家庭变迁的视角理解农村老年人危机，将老年人危机视为特定时代的产物。尤其是进入 20 世纪中期以来，中国的家庭制度、家庭结构和家庭规范都发生了翻天覆地的变化，家庭领域出现了很多新现象：家庭结构趋于核心化（王跃生，2006）、自由恋爱婚姻兴起、妇女地位提高（陈讯，2012）、离婚率上升（蔡禾，1993）、代际权力重心下移以及老年人赡养危机等（李永萍，2015）。其中，代际关系的变化以及农村老年人赡养危机的出现引起了学界较多关注，成为家庭变迁研究中不可或缺的内容。具体而言，已有研究认为中国农村家庭转型的动力主要体现在两个方面，分别是国家力量的改造和市场力量的渗透，二者分别促进了家庭的民主化和家庭的核心化，并引发了代际关系的失衡和老年人地位的逐渐下降。

1. 国家视角：家庭的民主化及其限度

国家视角倾向于将"国家－家庭－个人"放入统一的系统进行考察，强调国家改造乡土社会，进而重构现代国家的社会基础。家庭是社会的基本细胞，中国共产党改造社会和基层动员的努力直接指向家族制度，国家权力对家庭制度的改造导致了中国农村家庭的急剧变动。

在国家视角下，当前农村的老年人危机被视为 20 世纪中期以来国家力量改造乡土社会的延续。这其中比较典型的是阎云翔的研究。阎云翔（2006：20）利用社会人类学的方式对东北下呷村半个世纪以来的私人生活变革进行了深入的分析，认为"半个世纪以来，国家政策一直是推动家庭和当地道德观变化的主要动力"，从而指出国家在私人生活转型和个人主体性形成中起到重要作用，国家通过改造农民生活的道德世界改造了家庭和个人。在对当地村庄普遍存在的老年人赡养危机进行分析时，阎云翔认为孝道的衰落是当地赡养危机产生的关键。而孝道衰落则是由于在 20 世纪 50 至 70 年代的社会主义革命中，支撑传统孝道体系维系的力量（法律、公众 舆论、宗族社会组织、宗教信仰、家庭私有财产）都受到了不同程度的冲击，从而造成了父母身份的非神圣化和孝道的世俗化（阎云翔，2006：208）。郭于华（2001）对河北农村的代际关系变迁进行了深入考察，指出代际关系变迁的过程"是与国家权力对乡土社会的全面、有力的渗透相伴随的"，并且将这一过程概括为"国家行政权力对传统社会组织结构和运行机制的替代；国家政治话语对地方性知识的替代；国家仪式对传统社会仪式如宗教的与宗族的仪式的替代；国家和领袖崇拜对民间信仰的替代"。具体而言，已有研究认为，20 世纪中期以来的国家力量对传统中国家庭制度的影响主要体现在以下几个方面。

第一，新中国成立初期的土地改革和集体化运动，使得传统父权的经济基础遭到削弱，从而逐渐改变了家庭内部的权力结构。中国传统社会是一个典型的农业社会，土地是最为重要的生产资料和家庭财产，家长的权力和地位建立在对土地这一核心家产的控制基础之上（王跃生，2003）。家长对土地的控制权是传统社会父权得以维系的经济基础，同时也是"厚重平衡"（贺雪峰、郭俊霞，2012）的代际关系得以维系的关键力量，并且在代际之间形成了均衡的"'继－养'体系"（张建雷，2015）。因此，传统社会中家庭继替过程既是家庭结构的再生产，同时也是家庭伦理的再生产，从而使得家庭中每个成员的老年生活都能得到保障。然而，20 世纪中期以来，由国家主导的地权变革，使得建立在土地私有制基础之上的家庭权力结构难以为继。"土地的集体所有从根本上消解了土地的可继承性，父母可以继承给子代的家产仅限于房屋等生活资料"（张建雷，2015），父代在家庭中的权威逐渐丧失了经济基础，"家系的认宗已失去了其经济意义"（费孝通，1998：240）。由于无法给子代提供充足的家产，"父母身份不再具有传统的神圣性，而年轻人也不再遵循孝道"（阎云翔，2006：208）。家庭关系逐渐趋于平等，父母制约子女行为的能力下降（王跃生，2009）。建立在公平交换基础之上的"付出－回报型"代际伦理关系逐渐转变为"有条件的回报"

（郭于华，2001），甚至是完全不回报。

第二，由国家主导的意识形态输入逐渐瓦解了传统的宗族结构及与之相关的一套民间文化体系，冲击了父权的文化基础与制度基础。在传统乡村社会，宗族制度及与之相关的民间文化体系对父权的维系具有重要作用。传统社会中有一整套维系父权的宗规族约，父亲在家庭中具有绝对的权威，"父亲掌握着儿子的生死权，而儿子必须侍奉孝敬父母"（许烺光，2001：49）。此外，民间社会存在的一系列关于尊老、敬老的规范或信仰也有利于父权的维系。自中华人民共和国成立以来，国家开始大规模开展反封建传统的社会主义运动，传统的族权、父权和夫权都被视为封建残余遭到了不同程度的打击。新中国在意识形态层面提倡人人平等，不论年龄和性别，从而使得家庭权力逐渐从父代转移到子代、从男性转移到女性（郭于华，2001），子代，尤其是媳妇在家庭中的地位得以提升。有学者将这一过程称为家庭的民主革命（桂华，2014a：189），然而，家庭中亲密关系的变革，实质上是大量"无公德的个人"（阎云翔，2006：261）的出现，在家庭中只强调权利而无视应该履行的义务，老年人在这一变迁过程中开始面临赡养危机。

此外，在国家力量的改造之下，农村家庭日益退缩至核心家庭层次，家庭边界日趋固化，家庭的私域性越来越明显。"弹性家庭边界趋向于单一化和封闭化"（桂华，2014a：195），表现为个体私人性的兴起和社区公共性的丧失。农民越来越不愿意管别人家里的"闲事"，村庄舆论渐趋失效，"公众舆论在老人赡养的问题上日益沉默"（阎云翔，2006：204）。农村家庭边界固化逐步瓦解了村庄内部的公共性，老年人日益退出村庄公共领域。在传统社会中，家庭的边界具有很强的弹性，费孝通（1998：39—40）说，"在中国乡土社会中，家并没有严格的团体界限，社群里的分子可以依需要，沿亲属差序向外扩大"。传统家庭并不是一个完全"私"的单位，随着个体需求的变化而内外伸缩。家庭的弹性边界使得社区内部的家庭之间具有相互交往的空间，并且能够在熟人社会中形成一套具有公共性的"地方性共识"（格尔茨，2014：118），从而为农民的家庭生活和村庄生活提供指导和监督。

总体来看，国家力量对传统家庭制度的改造主要指涉家庭中"硬"的要素，破除了家长制的权力结构，赋予家庭成员更为平等的经济权利与法律权利，从而促进了家庭的民主化。国家对家庭的初步改造为农村家庭的现代化提供了制度基础。然而，"国家－社会"的二元性框架也让一些学者产生怀疑，并围绕"全能主义"国家政权对基层社会的影响效果产生了一定的争论，其中，一些学者基于更为细致的经验研究讨论了国家权力与基层社会结构之间微妙复杂的互动，展现了国家力量对家庭制度影响的复杂性（朱晓阳，2003）。这些研究说明，国家力量主导的家庭民主化并不意味着对传统家庭制度的彻底否定，相反，地方性的社会结构和家庭制度与国家权力的运行方式之间存在一定的亲和性。国家的工作中心和核心关怀在于有效地组织和动员基层社会，因而在客观上仍然维系了一个相对封闭和结构化的基层村庄社会。无论如何，将当前农民家庭的变革仍然归因于几十年前的国家改造，存在简化之嫌。如果像阎云翔那样，将私人生活变革中"无公德个人"的兴起视为国家力量的产物，则在相当程度上误读了中国农村的生动经验。这样一种"国家全能主义"的研究视角既忽视了"国家－社会"之间的复杂关系，也遮蔽了市场化等其他变量之于家庭转型的重要意义，从而忽视了现代化过程中农民家庭转型动力的复杂性和转型路径的多元性。

2. 社会视角：家庭的核心化及其后果

与国家自上而下暴风骤雨式的改造不同，市场化和城市化对农民家庭的影响表现为细密而又持续的渗透过程，强调社会层面自发和内在的转型。如果说国家视角体现了社会主义传统下中国家庭转型的特殊性，那么市场化和城市化则似乎将中国农村家庭卷入了一个普遍意义上的现代化过程。为了区别于国家的视角，笔者将市场化主导的家庭转型称为社会视角，强调在社会内部酝酿的变迁动力。① 通过社会视角理解家庭转型最有代表性的

---

① 在中国的现实情况下，国家在社会中的在场是一直存在的，家庭政策当然也在影响家庭的走向，并塑造家庭的形态，其中最为典型的是计划生育。此外，市场化及其带来的现代性进村同时也构成了影响家庭转型的相对独立的力量。

是家庭现代化理论。

古德是家庭现代化理论的主要代表人物之一，他在《世界革命与家庭模式》中提出家庭模式"趋同理论"，认为西方社会的工业化开启了经济生产范畴的变革，并削弱了家庭亲属关系，进而导致家庭结构的核心化和夫妻家庭的普遍涌现（王天夫等，2015）。家庭现代化理论主要强调工业化以来的经济变革对家庭的影响，在其理论视野中，典型的"现代家庭"被界定为家庭结构核心化、儿童中心主义和家庭的隐私性（唐灿，2010）。家庭现代化理论主要有两个研究范畴：一是家庭结构，二是家庭关系。在早期阶段，家庭结构成为该理论的主要研究领域，认为现代化、工业化对家庭的最大改造是核心家庭在现代社会中越来越普遍。研究者主要利用"传统－现代"二元对立的解释框架，将工业革命之前的家庭都看成"大家庭"（联合家庭），而将核心家庭看成工业革命的结果，这一解释路径也成为该理论备受批评的原因。在众多批评与质疑中，20世纪80年代以来，家庭现代化理论开始将研究视野扩展到对家庭关系的关注，认为"家庭形式不能准确反映家庭的变迁，家庭关系的转变才是判定家庭变迁的主要内容"（古德，1986：90）。实际上，家庭结构和家庭关系是家庭变迁中密切相关的两个变量，家庭结构的变化本身就是家庭关系变化的表现或结果，而家庭结构的变化又会进一步影响家庭关系（王跃生，2010b）。

中国的家庭现代化研究主要聚焦于传统扩大家庭向现代核心家庭的转向，"家庭结构核心化"成为学者们研究的重点和争论的焦点。20世纪80年代以来的经济变革触发了中国农村社会的自发变革，伴随着中国从农业社会向工业社会的转变，家庭的财富积累方式发生变化，以子代为主导的非农收入成为家庭经济的主要来源，子代在家庭中的地位逐渐提升，家庭结构、家庭关系和家庭功能等方面都随之发生变化。在家庭结构方面，研究者普遍认为核心家庭在当代中国家庭结构类型中为主导，家庭组织形态的变动趋势是核心化或小型化（费孝通，1982；曾毅等，1992；王跃生，2007）。然而，也有部分学者注意到，在家庭现代化过程中出现了"家庭扩大化"的趋势，对此，王跃生（2007）认为是由1980年以来生育率的下降、独子家庭比例上升以及独子婚后不分家等因素共同作用的。而龚为纲（2013a）则认为，直系家庭在 1990—2000 年比例上升，是由于计划生育政策下"多子家庭"的减少使得由"多子家庭"分裂出的核心家庭在总量上减少，而不是由于直系家庭本身的维系能力提升。在家庭关系方面，研究者普遍认为，随着子代在家庭中经济地位的提升，家庭权力重心从父代逐渐转移到子代，夫妻关系逐渐成为家庭的主轴，纵向的代际关系逐渐依附于横向的夫妻关系，代际关系失衡成为当前农村重要的社会现象（贺雪峰，2007；何兰萍，2016），核心家庭本位逐渐成为趋势（刘燕舞，2009）。

在家庭现代化理论视阈下，中国现代家庭最突出的标志是家庭结构的核心化和家庭关系的离散化，即家庭结构由传统"大家庭"向现代核心家庭转变。从乡土社会的外部改造到内在转型，意味着农村社会基础结构的深层变动与老年人支持系统的变异，造成农村代际关系失衡，老年人难以获得子代稳定而厚重的反馈。家庭核心化强调家庭转型中的"分离"力量，基于此，家庭现代化理论倾向于将当前农村出现的老年人危机视为家庭结构离散和家庭责任缺失的后果。

3. 简要述评：中国家庭转型路径的反思

国家和市场对乡土社会与农民家庭的影响构成了我们理解的家庭转型的大背景。但是，家庭转型的宏大叙事和历史过程与家庭的微观运行机制之间存在一定脱节。在家庭变迁的视域中，宏观的国家力量和市场力量通过影响家庭的经济基础、伦理基础与权力结构等要素，直接地塑造了家庭变迁的路径。从中国家庭转型的一般过程来看，国家力量和市场力量均是其必不可少的动力因素。家庭转型动力的多元性与中国后发性现代化模式有关。这一路径显然不同于西方社会中由工业化主导的现代化路径。从上文的分析来看，国家力量打破了地方社会的硬件结构，展现了其"解放政治"的意义，为家庭的变迁提供了基础，但是，"解放政治"如何进一步转化为"生活政治"，从而实现现代性向日常生活的渗透，则有待于市场化机制的运作。因此，关于家庭转型的研究需要处理好国家与市场之间的关系，后集体化时代的农民家庭主要遭遇的不再是现实在场的国家力量，而是弥散且更加难以抗拒的市场力量。

事实上无论是国家视角还是社会视角，家庭变迁主要是作为"宏观因素"的"结果"发生的，同时，作为结果的家庭变迁进一步被要素化了，即将家庭变迁视为家庭结构、家庭关系、家庭权力等要素的变迁。家庭变迁的路径和方向因而主要是家庭内部各要素"合力"塑造的产物。因此，宏观与微观之间因果分析的内在局限必须通过机制分析来弥合，从而形成对家庭转型路径的中观认识和中层理论。

若将家庭拆分和还原为不同侧面的要素，那么，中国家庭经验和家庭现象就成了服务于宏大理论建构的素材，家庭的完整性、立体性和丰富性的内容就因此被切割。家庭的要素化分析体现了"唯名论"的家庭研究立场，否定了家庭本身的独立性及其独特的运行机制。事实上，中国的家庭与西方的家庭有所不同：西方的家庭主要是一种社会学意义上的组织系统，家庭因而是各种要素的结合；而中国的家庭不仅仅是资源、权力和伦理等要素的叠加组合，更是一个有机的整体，具有超越于家庭成员个体之上的价值，桂华（2014b）将之称为"唯实论家庭观"。因此，只有理解了中国家庭本身的逻辑，才能充分理解家庭的经济、权力和伦理等要素。这就意味着，我们对家庭变迁的理解不能够通过将家庭化约为各个要素，进而在要素的层面理解家庭变迁的机制与路径。家庭变迁是一个持续和绵延的过程，要理解中国农村家庭转型的机制，必须深入中国农民家庭的运行机制和生活逻辑。在当前农村社会，家庭的现代化转型主要体现为家庭再生产模式的转型，并且，也只有通过具体的家庭再生产过程，家庭转型才成为可能。

目前已经有一些学者对中国家庭转型的独特路径进行了反思。杨菊华和李路路（2009）通过构建社会变迁和代际互动的理论框架，对一些东亚地区（日本、新加坡、中国的大陆和台湾）当前的家庭凝聚力进行比较分析，指出社会经济的发展和人口特征的转变并不一定总是带来核心家庭的相应增加，也不一定会弱化家庭凝聚力。黄宗智（2011）也指出，我们在对中国的家庭变迁进行分析时，不必拘泥于西方现代化理论所设立的"家庭核心化"的理论假设。中国在转型时期所形成的"半工半耕"的农业经济结构和大量非正规经济群体的存在，决定了中国农村的家庭不可能走向绝对的核心化。彭希哲、胡湛（2015）指出，当代中国家庭具有"形式核心化"和"功能网络化"的特点，"核心家庭大多有其'形'而欠其'实'，因而不能将中国家庭变迁模式简单归结为'核心化'"。石金群（2016）注意到转型时期城市家庭的代际之间在居住模式上的多样化，指出这些独特的居住模式与家庭现代化理论之间存在的张力，并将之归结为个体化因素和结构因素的共同塑造。姚俊（2012；2013）则分别关注到当前城市家庭中的"临时主干家庭"和农村流动家庭中的"不分家现象"，认为这是家庭成员在现代化压力下所采取的应对策略，从而也在一定程度上挑战了家庭现代化理论关于家庭结构核心化的论述。此外，有学者基于田野经验指出，在社会转型时期，我国农村家庭结构核心化仅仅是家庭变迁的一个层面，父代与子代之间在家庭形式上越来越呈现"分"的趋势，却在实质上越来越强调代际之间"合"的力量（印子，2016）。另有学者将这种家庭结构称为"新三代家庭"，并且认为"新三代家庭"具有不同于传统直系家庭或联合家庭的特征，表现为家庭结构的时空分离、年轻媳妇占主导和代际关系不平衡（张雪霖，2015）。基于此，我们要对家庭现代化理论进行反思，实际上，当前农村普遍存在的老年人危机并不仅仅是代际"分"的结果，更是家庭在面临现代化压力之下代际之间"合"的结果，并且代际的"合"是以子代对父代的代际剥削为表现形式、以父代对子代的伦理责任为内核的。

以上的研究呈现了中国家庭转型的复杂性和曲折性，同时也说明，农村老年人危机并不能够仅仅通过家庭民主化过程中的权力剥夺与家庭核心化过程中的关系离散进行解释，更不能直接简单地将老年人危机上升为伦理危机。在这个意义上，我们需要对线性的家庭变迁路径保持警惕。西方的家庭现代化理论发端于西方家庭变迁的历史经验过程，因而难以呈现中国经验中现代与传统之间碰撞、交织与缠绕的复杂过程。西方家庭变迁呈现结构与伦理的高度同步性，即随着家庭结构的核心化和小型化，家庭成员之间的伦理责任也越来越弱化。然而，中国的家庭转型表现出有别于西方的独特路径，家庭结构在形式上趋于核心化，但家庭伦理并没有以相同的速度弱化，即转型期中国的家庭在一定程度上是"现代的家庭结构"与"传统的家庭伦理"的结合物，因此在家庭内部会呈现张力和矛盾，并表现为看似悖论的家庭运行机制。当前农村的老年人危机正是这种矛盾和张力的焦点。因而，不能简单套用西方的家庭现代化理论来阐释转型期中国家庭的转型机制和变迁路径。

三　代际关系视野中的老年人危机

代际关系是中国家庭关系最为重要的维度，并且对家庭转型表现出高度的敏感性。近年来，一些学者基于转型时期农村家庭丰富的田野经验，从"代际关系"的维度提出了一套理解当前农村老年人危机的思路。这种思路试图在具体的村庄社会和家庭关系中理解老年人的生活逻辑与生活处境。

贺雪峰（2013a）指出，在城市化和工业化的背景之下，我国农村普遍形成"以代际分工为基础的半工半耕"的家计模式，具体表现为年轻的子代外出务工，年老的父代在家务农，并且"顺便"承担起抚育孙代的责任，这样一个家庭就有务工和务农两笔收入，这是农民家庭在现代化背景下的一种应对策略。"半工半耕"的核心在于父代与子代之间的合作关系，它所型构出的"新三代家庭"能够"提高子代小家庭应对城市化风险和参与农村社会性竞争的能力，使得子代家庭能够'低成本'地完成人生任务和劳动力再生产，进而要么能够在城市立足，要么在农村过上体面生活"（杨华，2015）。然而，"半工半耕"结构建立在子代家庭对父代家庭剥削的基础之上，这从根本上改变了传统"厚重平衡"的代际关系，形成子代对父代的"代际剥削"（刘锐，2012；陈锋，2014）。因而，代际剥削也是"半工半耕"这一概念社会学意涵的重要内容。

代际剥削被视为理解现代性背景下代际关系模式的核心内容，在一定程度上揭示了老年人危机发生的动力学机制。对"代际剥削"机制的理解要放到具体的代际关系之中。贺雪峰（2009）从农村区域差异的视角出发，认为农村代际关系在我国不同地区具有完全不同的性质，代际关系的区域差异除了与各地的传统文化、地理位置和经济发展状况有关外，还与各地农民的价值观念相关。在现代性因素的冲击之下，农村社会内部基础结构的差异导致代际关系模式和老年人处境的差异。随着市场化在农村的渗透程度越来越深，以物质财富和消费为核心的面子竞争逐渐替代了传统的价值竞争，"收入有限的村民在浓厚的消费竞争氛围中变得精于算计，并在持续进行的、强调物质利益的角逐中舍弃了对于老人的责任和义务"（袁松，2009）。因此，有学者进一步认为，市场化背景下农民价值观的变迁和价值世界的倒塌是农村孝道沦落和代际关系失衡的主要原因（陈柏峰，2007）。

在代际关系视阈之下，当前农村的老年人危机主要体现在两个层面：一是老年人的底线养老状态，二是老年人自杀。孙新华和王艳霞（2013）提出，"交换型代际关系"已经成为当前农村家庭代际关系的新动向，代际之间的伦理性弱化，以工具理性为主导，而老人在此过程中也逐渐生发出自己的生存策略，即"做乖老人和理性化的反馈"。而王海娟（2016a）则认为，"代际关系脱嵌化已成为目前农村家庭代际关系的新动向"，代际之间在经济、情感和精神层面都趋于独立，老年人在此过程中"普遍遭遇风险抵抗能力不足、失能老人的生活照料困难、老年人精神福利缺乏"等问题。农村老年人危机的极端表现为老年人自杀，这种现象在全国各地农村都有不同程度的表现，老年人自杀被视为减轻子代负担的一种手段。对此，杨华、欧阳静（2013）主要从阶层分化的视角进行分析，认为在阶层分化与竞争机制、家庭内部的代际分工与剥削机制下，农村的老年人自杀通过底层的去道德化机制被合理化。陈柏峰（2009）在对农村老年人自杀现象进行类型划分的基础上，主要从村庄社会基础和价值基础两个层面分析自杀秩序形成的原因。刘燕舞（2012：334）对中国农民自杀现象的类型差异进行了讨论，指出"在当前十多年以及未来十到二十年内，中国农村将主要面临老年人自杀潮的出现、持续乃至加剧的问题"。

通过以上梳理可以看出，代际关系的分析框架初步呈现了农村老年人危机的复杂性。从代际关系的现状来看，中国农村家庭的纵向家庭结构并没有随着市场化的深化与社会经济的发展而彻底消解，代际之间的合作在一些农村地区仍然得以延续。父代家庭与子代家庭之间的"合力"因而成为中国农村家庭转型的内在动力，并且可能在一段时间内持续存在。代际关系研究从中观的层面展现了当前农村老年人危机形成的复杂性，这对本书的分析具有重要的启发。但是，代际关系的视角侧重于对家庭关系的结构性分析，未能将代际互动放置到家庭再生产的动态过程之中进行系统考察。因此，对家庭转型过程中老年人危机的彻底阐释，还需要纳入"过程－机制"分析，以弥补"关系－机制"分析之不足。这意味着，我们需要从家庭再生产的历时性维度展现现代性进村背景下代际关系的新动向，从而在特定的家庭再生产过程与转型家庭形态中理解和定位当前农村的老年人危机。

第三节　理论资源与分析框架

老年学是直接研究老年人的学科，主要从身体方面关注老年人的"老化"与"衰老"过程。在老年学的视野之下，老年人危机被视为老年人"不正常"老化的结果。"老化"之正常与病态的区分意味着老年学的研究焦点主要是"问题中人"，侧重于关注丧偶、疾病、无子等因素对老化过程的不利影响以及由此引发的老年人身体状况、心理状态和交往状态的变化。老年学在一定程度上预设了外在社会结构的稳定性，并主要从具体和微观的层面上讨论老年人的个体化适应与个体性遭遇。在这个意义上，老年学缺少对外在结构的反思性。当前农村的老年人危机不仅以特定个体为载体而存在，而且以系统性和结构化的形态存在，植根于农村家庭转型的过程。因此，老年人不仅处于个体"老化"的微观生命过程之中，而且处于"转型"的宏观社会过程之中。

"老化"不仅是一个自然过程和时间过程，而且嵌入特定的家庭再生产过程之中。为了对当前农村老年人危机的经验内涵与生成逻辑展开经验研究，本书将"老化"视为一种社会事实和社会过程，以揭示"老化"的社会学意义。在本书中，家庭再生产不仅是家庭生命周期循环往复的展开过程，而且是家庭运行的一般机制。借用农民的话语，家庭再生产即农民

"过日子"的过程。

一　生命历程与生命周期：理论启发与本土反思

将老年人危机视为家庭再生产过程的产物，强调了老年阶段与早期生命阶段的相关性。这种纵贯研究的过程视角与目前社会学领域中较为流行的生命历程理论比较类似。生命历程理论最早由埃尔德阐述，他将生命历程定义为"在人的一生中通过年龄分化而体现的生活道路"，其中，年龄分化指的是"年龄所体现的社会期望和可供选择的社会生活内容的差异。正是这些差异影响到了社会事件的发生及其在某一状态中持续时间的长短，从而形成了不同的生命阶段、变迁和转折点"（李强，1999）。生命历程理论强调了社会结构和个人选择在实践过程中的相互影响，在实证研究的运用中主要集中于探讨社会事件对个体生命轨迹的影响。

生命历程理论立足于个体层次，认为个体生命历程镶嵌在社会设置中，并且在生命展开的过程中开辟了宏观与微观、个体与社会相结合的理论路径。根据生命历程理论，可以通过不同年龄阶段先后发生的事件勾勒老年人的生命轨迹，老化的过程因而可以被视为生命时间过程中持续分化与累积的产物（胡薇，2009）。生命历程范式提供了在微观层面上理解个体命运的理论视角。它在一定程度上将宏观的社会设置和社会分层具体化为年龄等级和年龄分层，从而使得社会事件和社会过程得以触及个体的生命轨迹。但是，生命历程研究范式仍然没有超越"个体－社会"的框架。"老化"的生命轨迹是个体能动性与社会结构性共同作用的结果，来源于社会系统的累积性因素逐渐叠加为个体的年龄地位。年龄等级构成了个体生命历程中的时间坐标，年龄地位成为个体与社会沟通的中间变量。[①]

因此，尽管生命历程被纳入了社会过程的分析变量，却基本属于个体层次的概念，生命历程的分析仍然立足于特定的个体。与之不同的是生命

---

①　比较典型的是雷伊在 1972 年提出的年龄分层理论，其将同龄群体与社会结构联系在一起，将个人归入一定的同龄群体，然后再讨论不同的历史社会进程对同龄群体的影响。详情参考（李强，1999）。

周期理论对"世代"概念的重视。社会学对生命周期的典型应用是家庭生命周期。家庭生命周期以核心家庭的形成作为周期的起点，学界一般将家庭生命周期分为六个阶段：家庭形成—扩展—稳定—收缩—空巢—解体（曾毅，1988）。生命周期的不同阶段规定了个体的规范性角色和预期性生命模式，从而构成理解个体行为的框架。家庭生命周期的演进体现了代际更替的过程，侧重于从世代的转换来分析个体的社会阶段，关注的是核心家庭本身的、内部的阶段转换，即家庭生命周期关注的是家庭本身的生成、延续和解体，家庭生命周期的划分以个体生命阶段的转换为基础，个体被锁定在各个阶段中。由于家庭生命周期的"时空位置"和"结构位置"相对封闭，建构了一个相对闭合的生命循环模式和世代更替模式，因此难以呈现个体生命轨迹的丰富性和多样性，尤其是难以适用转型家庭的研究。

因此，本书提出的家庭再生产框架与生命周期和生命历程虽然同样强调了"过程性"，但是，"过程性"的内涵存在明显的不同：生命周期理论侧重于生命过程的自然性，强调了自然决定论基础上生命周而复始的循环特征；而生命历程理论强调了生命过程的社会性，尤其侧重于历史和社会事件对个体命运的塑造和影响，进而突出了个体生命轨迹的突变性和代际的差异。与二者均不同的是，家庭再生产视家庭为一个具体展开的过程，同时，家庭的实体性也赋予这个过程以目标、动力和内容。在家庭再生产的过程中，我们就可以透视个体生命轨迹延续与转变的逻辑。由此反观可以发现，生命历程理论的"时间观"通过生命的"社会时间表"而体现，社会事件和社会过程刻写了个体的生命时间，在这个意义上，生命历程的时间性服务于社会性，生命轨迹的展开方式取决于个体机制与社会机制交互作用和影响形成的累积性作用力（吕朝贤，2006）。

由此可见，"个体－社会"的关系始终构成西方社会学理论的核心话题，家庭作为一种"社会机构"，隶属于社会的子系统。① 生命历程理论并没有在根本上突破这一框架，它试图通过引入"时间性"原则实现社会

---

① 正因为如此，才会存在家庭与其他系统之间的功能替代。家庭的现代化也是家庭功能逐渐剥离、社会化的过程。

需要与个体生命轨迹的结合，从而为微观研究中"社会学的想象力"的发挥提供了一套行之有效的操作化路径。然而，"社会学的想象力"的局限在于，微观、多样的个体生命轨迹与宏观的社会事件、社会过程之间的关联在具体的经验中因缺乏中间机制的过渡，往往摇摆在个体主义与结构主义之间，造成生命阶段与实际社会变迁之间"松散的匹配"（李强，1999）。

不同于西方社会学理论传统中的"个体－社会"范式，中国社会学的基本理论范式实际上是"个体－家庭－社会"。在中国农村社会的历史传统和经验语境中，家庭是农民最为基本的认同与行动单位。家庭的宗教性和价值性塑造了中国农民"家庭本位"的生活逻辑与文化心理。家庭运行不仅表现为生命时间的延续和家庭周期的循环，而且是通过家庭再生产实现家庭继替过程的。因此，家庭再生产的视角突出了家庭能动性的一面。家庭再生产的能动过程不同于生命周期循环的自然过程，也不同于生命历程轨迹的社会过程。我们不能以年龄的时间过程取代家庭运行的内在逻辑，更不能以家庭的生命周期取代家庭再生产的实践过程。

笔者认为，家庭对个体的规定性不仅仅体现为家庭周期中特定阶段的"生命模式"，而且充斥于具体而日常的家庭生活实践之中。杨华（2012：316）通过展现湘南水村妇女的生命历程，阐述了"传宗接代－归属体系"的运作逻辑。他的研究创造性地将妇女的生命历程放置在了宗族性村庄的家庭再生产过程中。"个人－家庭"之维内在蕴含着"我－宗"的历史维度，正是在"宗"的绵延中，个人消融在家庭之中。由此可见，相对于社会之于个体的外在规定性，"个体－家庭"并非二元的对立关系，而是统一在家庭再生产的具体实践过程中。嵌入家庭再生产过程中的个体生命历程由此不仅获得了丰富的内容，并且获得了具体解释的可能性。反过来，这些丰富的生活内容也提供了透视家庭再生产及其转型的经验窗口。

在理解农村老年人危机的生成逻辑上，生命历程与生命周期提供的纵贯研究视角无疑是富有启发性的。但是，由于这两种理论视角在本质上属于西方理论传统，在中国经验的解释力上存在固有的局限。生命历程范式下老年人危机主要源于个体生命历程中的"弱势积累效应"（徐静等，2009），在具体的研究中虽然考虑到了社会过程，但是，老年人危机始终是个体层面的危机，并且因个体的不同而表现出极大的差异。在家庭生命周期范式下，由于研究视角的时空局限和研究对象的孤立循环，老年人危机主要成为家庭解体的结果。

家庭再生产虽然最终体现为家庭生命周期的更替和个体生命轨迹的延续和转换，但是，家庭再生产过程本身并不等同于年龄等级基础上个体社会之间的交互机制与核心家庭基础上的阶段性周期循环。家庭再生产的独特性体现在，它不仅对时空要素具有开放性，而且具有独特的内容与运行机制，从而使得家庭再生产成为兼具包容性与厚重性的分析框架。

二　分析框架：家庭再生产机制

老年人不仅处于一定的年龄位置和生命阶段，而且处于特定的家庭再生产过程。家庭再生产为"老化"的时间过程注入了丰富的内容。老年人的安顿方式既体现了特定的家庭再生产机制，同时也是特定家庭再生产模式的后果。就理想型而言，家庭再生产是一个价值实现和伦理延续的过程，农民"传宗接代"的朴素观念正是家庭再生产过程的真实写照。费孝通（1982）在对比中西方家庭结构时，提出了"接力模式"与"反馈模式"。在西方的"接力模式"下，家庭再生产主要是家庭结构自然分裂的过程；而在中国的"反馈模式"下，家庭再生产不仅是家庭结构的分裂，而且"分中有继也有合"（麻国庆，1999：50—54）的文化约束有效地化解了个体"老化"过程中的危机。

家庭再生产是家庭结构裂变、家庭伦理延续和家庭功能实现的过程。为了说明老年人危机的生成逻辑，本书提出两种家庭再生产模式：简单家庭再生产和扩大化家庭再生产。前者主要体现为子家庭通过复制和承继母家庭要素的方式实现家庭的延续和继替，但是，在扩大化家庭再生产模式下，家庭继替的稳定轨迹因受到外部现代性力量的冲击而发生变化，家庭再生产卷入"流动的现代性"（鲍曼，2002：89），家庭的功能被激活，并构成了家庭再生产过程中的主导要素。因此，在本研究中，农村家庭转型被具体操作为家庭再生产模式的转型。

中国家庭是"三位一体"（王德福，2015）的系统，伦理、结构和功能等要素的配置逻辑在一定程度上决定了家庭性质和家庭再生产模式。传统语境中的家庭首先是实现生命价值的宗教单位，这是家庭本位的具体所指和家庭伦理本位的现实载体，正所谓，"家庭是中国人的教堂"（林语堂，2007：229）。厚重的家庭伦理支撑了"扩大的家"的结构形态，并且构成了家庭功能的实践指向。因此，简单家庭再生产是"伦理—结构—功能"的实践模式，家庭的运行发轫于伦理目标的实现和伦理规范的制约。它构成了"反馈模式"的基础，进而形成了厚重平衡的代际关系。

然而，家庭的现代性卷入改变了家庭原有的要素配置模式。为了应对流动的现代性，家庭伦理和家庭结构的自发调适支撑了更为强大的家庭功能，家庭功能的主导性引发了家庭系统内部要素配置的失衡，形成了扩大化家庭再生产模式。其中，"扩大化"主要是指家庭功能被激活，进而导致家庭再生产的目标和层次的改变。因此，扩大化家庭再生产是"功能—结构—伦理"的实践模式。家庭功能的实现既是父代资源转移、权力让渡和价值依附的生命过程，同时也形成了对老年人的结构性排斥，后者实际上以前者为基础。在这个意义上，家庭功能是理解当前家庭转型的核心变量。费孝通（1998：85）从乡土社会变迁的角度情境性地阐述了功能。他认为，功能是从客观地位去看是一项行为对个人生存和社会完整的作用。乡土社会的转型在一定程度上可以视为功能的觉醒，出于"需要"而把生存条件变成了"自觉"，这是一种基于手段和目的理性关系而产生的筹划。当然，费孝通没有明确说明的是，乡土社会中的理性意识终究不是个体理性，功能实践的行为者也并不是个体，"从欲望到需要"的转变，并不意味着放弃家庭、走向个体。相反，觉醒的功能被导入家庭再生产过程，进而重塑了家庭再生产机制。扩大化家庭再生产由此成为农民与社会系统互动的基础：它不仅决定了农民与社会系统交换和互动的目标与内容，同时也为这个过程注入了持续的动力。

因此，家庭再生产这一分析框架提供了一个透视中国农民家庭运行机制的重要切口。现代性的力量实际上通过对家庭再生产机制的持续渗透塑造了家庭转型的路径。家庭再生产机制的变迁因而构成了解剖农民家庭转型逻辑的关键。家庭再生产既不完全立足于个体的生命历程，也并不以家庭生命周期的循环作为归宿，它虽然具体体现为个体与家庭之间的交互作用以及在此基础上母子家庭之间的代际互动过程，但是，它同时又规定了代际互动的原则、方向和方式。

第四节　研究思路与核心概念

一　研究思路

本书的总体思路如下：一方面，试图透过转型时期的农村老年人危机，回溯农民"老化"的家庭脉络，以简单家庭再生产为参照建构并阐释扩大化家庭再生产的典型过程，以理解农村家庭转型的动力、路径和机制；另一方面，通过对家庭转型逻辑的深入理解，具体而言，通过理解家庭转型是如何发生和理解农村老年人危机的形成根源与本质属性。因此，本书有两条线索，一条线索直接贯穿家庭再生产机制的不同层次和不同阶段，即家庭再生产的过程和机制分析，这是文章分析展开的基本框架，也是本书的明线；另一条线索则是以前一条线索为基础展开的，即在家庭再生产的展开过程中展现母家庭的变动和行为的调适，是本书的暗线，直接指向老年人危机的生成。这一明一暗两条线索相辅相成。

为了透视农民家庭转型的复杂性，进而通过家庭转型的复杂机制理解当前农村老年人危机的生成逻辑，笔者将家庭转型操作化为家庭再生产机制的转型，具体表现为由传统的简单家庭再生产模式向扩大化家庭再生产模式的转型。扩大化家庭再生产模式是当前农民应对现代性的主要方式，正是在这种家庭再生产的实践中，老年人危机得以生成。

因此，老年人危机嵌入家庭再生产过程之中，它既是生成性的，是母家庭向子家庭持续地转移家产、妥协性地让渡权力和过度地价值依附的历时性过程；同时也是结构性的，即来自共时性在场的中青年人对老年人的选择性吸纳与结构性排斥。老年人危机的二重性最终体现为老年人危机在年龄分布上的差异。老年人危机生成的二重路径统一在扩大化家庭再生产的逻辑之中。

二 核心概念界定

1. 家庭转型

"转型"是认识和理解当今中国社会诸多现象的基本背景。就其字面意义而言，转型是一个过程。家庭转型是中国社会转型最为基础与核心的层面。家庭转型指的是家庭由传统形态向现代形态的转变，这一过程往往也被视为家庭的现代化过程。然而，家庭转型并不是一个自然发生的过程，相对于"现代化"对变迁方向的规范性预期，家庭转型对现实的复杂经验具有更强的开放性，且更为强调变迁路径的多元而非单一的特征，突出现代化与传统的延续而非断裂的特征。家庭转型涉及家庭结构、家庭关系与家庭伦理等多个要素和维度的转变。中国家庭转型的动力主要是国家与市场，二者的共同作用赋予家庭转型过程以急剧性和波动性的特征，从而导致了家庭结构、家庭关系和家庭伦理等要素非同步的变迁，为转型过程的复杂性和转型路径的多元性埋下了伏笔。为了研究家庭转型的机制，本研究将家庭转型操作为家庭再生产模式的转型，并且主要从扩大化家庭再生产模式入手分析农民家庭生活逻辑的变化。家庭转型的复杂性决定了家庭转型的长期性，在此过程中形成了一种新的转型家庭形态，笔者称之为"功能性家庭"，以突出扩大化家庭再生产模式之家庭发展主义的功能导向。

2. 家庭再生产

家庭社会学一般将家庭再生产视为家庭结构的再生产，并且在微观的分析中着重突出分家事件之于家庭再生产的意义。如果进入农民的日常生活逻辑之中，就会发现，分家并不意味着家庭再生产的完成。农民的家庭再生产是一个持续的过程，在这个过程中母子家庭之间进行家庭财产、权力和价值的交接与继替，从而奠定中国农民家庭厚重的凝聚力基础。

因此，可以从两个维度对家庭再生产进行理解：就家庭运行的内在机制而言，家庭再生产是母家庭通过资源、权力和伦理（价值）等要素的纵向配置，实现家庭延续的过程；在社区层面，家庭再生产体现为母子家庭之间的继替关系。在现代化进程中，宏观层面的家庭转型机制最终体现在微观层面的家庭再生产过程之中，并且是通过家庭再生产模式的更替而逐渐展开的。在本书中，家庭再生产是核心分析框架，针对现代性促发的家庭转型，笔者提出了"扩大化家庭再生产"，以区别于传统的"简单家庭再生产"。

3. 老年人危机

老年人危机指的是在家庭再生产过程中，伴随着父代家庭的资源转移、权力让渡和价值依附，父代家庭逐渐陷入底线生存、边缘地位和价值依附的状态。本书对老年人危机的定义，突出了老年人危机的过程性与系统性。过程性强调老年人危机并非"老年"阶段内在的问题，而是特定的"老化"脉络积累和汇聚的产物；系统性指的是，老年人危机不仅体现在物质层面，而且体现在权力和价值层面。老年人危机的三个层次相互强化和支撑，导致老年人危机锁闭在农民的家庭生活领域，这进一步赋予了老年人危机以深刻性和隐蔽性。

4. 现代性

农民的家庭转型需要放在农村现代化的背景中。现代化即现代性因素持续渗入并改变农村社会的过程。在中国的历史文化语境中，现代性意味着从传统向现代的转变。当然，从传统向现代的转变不仅是与传统决裂的过程，而且是利用传统，并在一定程度上延续传统的过程。现代化过程和路径的复杂性因此进一步形塑了现代性的丰富内涵，并且塑造了现代性进村的逻辑。

中华人民共和国成立以来，虽然各种现代性因素被迅速有力地注入村庄社会，冲击和重构了原有的社会结构和价值体系，但是，在"翻身"（韩丁，1980：561—580）的背后，"农村社会仍然有两点没有变化：一是村庄还是每个农民安身立命的场所，其'共同体'的性质不仅没有改变，甚至还随着集体对生产、生活的全面控制而使社区观念更加强化；二是乡村社会传统的伦理秩序依然规定着人们的日常生活，农民的生活面向仍然在村庄之内。这两个'不变'的根本原因在于农民仍然被束缚在土地上，使得许多传统的因子得以蛰伏与绵延"（董磊明等，2008）。这样一来，现代国家政权对乡村社会的改造往往也不得不顺应和借助传统的力量和结构。20世纪80年代以来，伴随着农村人口流动和村庄边界的开放，农村社会成为现代性影响下快速自我演变的社会，导致了更为深刻的基础结构之变。正是20世纪80年代以来席卷农村社会的现代性因素，构成了本研究展开的基本背景。在这一阶段，现代性进村主要依托于城市化和市场化，流动、分化、竞争、发展、风险等成为现代性的基本实践形态，农民家庭在遭遇现代性的过程中面临着前所未有的压力。

三 篇章结构

全书包括导论和结论在内总共有七章。导论主要是提出本研究的问题意识和基本分析框架。第二章作为全书论述的铺垫，主要建构了理论框架。第三、四、五章是本书的核心论述部分，分别从家产转移、权力让渡和价值依附三个层面论述了农村老年人危机的生成，阐释了现代化带来的家庭转型如何在资源、权力和价值层面一步步地将老年人推到危机状态。第六章和第七章主要是进行总结提炼和理论提升。具体章节安排如下。

第一章，"导论"。本章提出了本书的问题意识、分析框架和研究方法。提出从中国家庭转型的独特路径来理解当前农村的老年人危机，从而将老年人问题纳入家庭再生产的具体过程中进行研究。

第二章，"现代性、家庭再生产与老年人危机"。本章提出家庭再生产的基本要素，讨论现代性进村的主要表现和实践形态，并勾勒出农村老年人危机的基本形态，为后文对家庭再生产模式的阐述和对老年人危机的具体分析做铺垫。

第三章，"恩往下流：扩大化家庭再生产的资源配置逻辑"。本章从家产转移过程透视扩大化家庭再生产的运行机制。以子代为中心的资源集聚塑造了父代"老化"过程中的资源配置。具体而言，笔者首先在第一节建构了简单家庭再生产模式下家产转移的理想类型，从第二节开始则进入对扩大化家庭再生产模式下的家产配置逻辑的分析。

第四章，"权力整合：扩大化家庭再生产的政治过程"。本章主要从家庭权力让渡的过程理解扩大化家庭再生产的运行机制，展现农民家庭转型过程中的权力互动和父代"老化"的权力脉络。具体而言，笔者首先在第一节论述了简单家庭再生产过程中家庭权力模式的理想类型，从第二节开始论述扩大化家庭再生产过程中家庭权力模式的演进及由此带来的老年人的边缘地位。

第五章，"价值依附：扩大化家庭再生产的伦理重构"。本章主要是从现代化进程中农民价值体系的变迁深化对扩大化家庭再生产模式的认识，进而深化对老年人危机的理解。具体而言，第一节主要论述简单家庭再生产模式下农民价值体系的结构和价值实现过程。而从第二节开始，则具体论述扩大化家庭再生产过程中农民价值实现的逻辑，阐释了父代逐渐走向价值依附的"老化"过程。

第六章，"老年人危机的本质"。本章主要是对农村老年人危机的本质进行讨论与总结。老年人危机嵌入农民具体的家庭再生产过程之中。在现代化背景下，农村老年人危机主要有两种生成路径，即纵向的弱势积累和横向的压力传递，并且后者是以前者为基础的。

第七章，"结论与讨论"。本章是对全书的理论提升。在现代性进村的背景下，中国农村的家庭转型主要表现为家庭再生产模式的转型，即从简单家庭再生产模式转向扩大化家庭再生产模式，农村老年人危机正是源于扩大化家庭再生产改变了传统家庭的资源配置、权力让渡和价值实现路径，从而使得老年人陷入资源、权力和价值上的系统性危机状态。功能性家庭是扩大化家庭再生产模式的基本内核，也是农民家庭适应现代化的基本形态。

第五节　田野与方法

一　研究方法

1. 个案研究

本研究是一项经验研究，主要采用质性研究方法。质性研究来自人类学的研究传统，最初主要以个案研究的方式体现出来。英国人类学家马林诺斯基（2002）的著作《西太平洋上的航海者》是个案研究的经典之作。他通过对太平洋几个岛屿上土著人之间的礼物交换网络进行描述和分析，展示了当地人日常的生产生活以及社会交往形态。马林诺斯基的研究具有重要意义，他所强调的个案研究方法与当时盛行的功能主义人类学，在西学东渐的潮流下进入中国，极大地影响了中国本土的社会学和人类学研究。受英国功能学派和美国芝加哥学派社会学理论的影响，中国学界逐渐形成了社区研究传统。20 世纪初，以费孝通、林耀华、吴文藻等为代表的中国本土研究者逐渐开始以村庄社区为单位展开研究，并涌现出一批优秀的学术成果。费孝通（2001）的《江村经济》、林耀华（2008）的《金翼》等都是其中的代表作。在具体的研究中，他们将"社区"进一步操作化为"村落"，通过对具体村落的研究寻求社会现象与社会结构之间的关联性，并试图以此透视中国农村社会的全貌。

个案研究一直以来因其代表性问题而饱受质疑，即通过一个或者少数几个个案是否能够认识和研究中国。费孝通在后来试图对此进行突破，逐步从对社区的个案研究转向社区类型研究，并希望以此接近对中国农村社会全貌的认识。除此之外，弗里德曼（2000）与施坚雅（1998）也逐步开掘了中国研究中的"宗族范式"与"基层市场范式"，从而在一定程度上拓展了个案研究的对象。以上学者都对个案研究自身存在的局限进行反思，并试图通过自身努力来进一步超越个案本身的意义。此外，卢晖临和李雪（2007）提出"扩展个案法"，认为这一方法能够更好地解决个案研究方法的代表性问题。"扩展个案法"的关键在于将微观的个案与各种宏观的因素相结合，并在二者的互动过程中分析"隐藏在个案中的形塑个案的内在机制"（李祖佩，2016：40）。"扩展个案法"的这些优势，使得其能够在一定程度上弥合个案研究中微观与宏观之间的裂痕，从而使得通过个案认识普遍现象成为可能。在本书的分析中，笔者也借用"扩展个案法"的优势，在理解村庄中呈现的具体经验的同时，将其与宏观的社会变迁、社会转型等联系起来，一方面注重对个案特征的总结、提炼，另一方面注重从具体的经验中提炼中层理论，以此形成对个案的总体性理解。对于个案研究的代表性问题，有学者认为，"衡量个案研究的价值，并不在于要以个案来寻求对社会之代表性和普遍性的理解，而是以个案来展示影响一定社会内部之运动变化的因素、张力、机制与逻辑"（吴毅，2007）。实际上，个案研究成功的标准不在于其代表性问题，而在于研究者是否能够透过现象揭示个案背后所隐藏的复杂机制和逻辑。

本书关于家庭转型的经验虽然直接来自几个特定的村庄，但是，本书的研究定位并非局限于村庄乃至家庭内部，而是将具体的经验延伸到更为广阔的现代性进村的社会背景中。家庭转型以及由此相伴的老年人危机并不是一种偶然现象，它既存在于本书的田野点之中，也存在于其他村庄之中。本书的目的是通过对少数几个村庄经验的深入分析和阐释，揭示家庭转型的普遍机制和老年人危机的一般形态。

2. 机制研究

在分析方法上，本书属于机制研究。机制研究在社会科学领域并不是一个新词，大约从 20 世纪 90 年代末开始，以孙立平为代表的一批学者提出以"过程－事件分析"为核心的"实践社会学"的研究方法。孙立平（2007）指出，"实践社会学所强调的是，要从实践过程中捕捉在现实生活中真正发挥作用的实践逻辑，以更深入地理解在社会转型过程中我们社会所发生的实质性变化"。"过程－事件分析"的旨趣在于通过对事件及其过程的关注，发现隐藏在现象背后的逻辑。然而，这种机制分析过于追求具体事件本身的复杂性、特殊性和偶然性，试图发现个体在结构中的具体生存法则，"但在通过'事件性过程'切入社会现象，到获得关于事物'逻辑’的理论认识之间是一个‘黑箱’，他们并没有寻找到社会科学的研究对象”（王海娟，2016b：30）。因此，其困境在于缺乏对经验和社会事实的整体性把握，陷入对具体“事件过程”的特殊性分析之中，这种分析方式必然难以形成对社会现象整体性和本质性的理解。

近年来，以贺雪峰为代表的华中村治研究者在广泛的田野调研基础上逐步提出“以个案调查为基础的机制研究或机制分析方法”，华中村治研究者的“机制研究”与孙立平等人以“过程–事件分析”为核心的机制研究既有相同之处，又有本质的不同。贺雪峰（2016）指出，“机制研究是中观研究，向下可以连接到丰富的经验，形成与经验之间的硬对话，向上则可以抽象为一般化理论，从而形成有主体性的中国社会科学”。华中村治研究者认为，机制研究具有过程性。首先，机制研究建立在大量的经验调研基础之上，只有经过多次“饱和”的经验训练，才可能形成对经验的总体把握能力。这种饱和的经验训练与学界一般的经验调查相比具有两个突出特点：一是注重对经验现象的总体性把握，关注调研村庄的政治、经济、文化、社会、宗教等方方面面的问题；二是注重深度，但不唯细节。其次，在经过了200天以上的驻村调研训练之后，研究者逐渐形成经验的质感，“所谓经验质感，是指在广泛接触社会现实中形成出来的，一种能够对所研究的事务具备总体把握的能力”（桂华，2016a）。因此，机制研究建立在“饱和的经验训练”和“经验质感”基础之上，但同时也贯穿于这两个过程之中。在“饱和的经验训练”之中，研究者可以在具体的村庄场域中形成问题意识，并通过机制研究的方式对之进行概括、提炼，从而形成关于具体问题的具体机制。研究者由此逐渐形成经验的质感，此时就可以通过区域比较、类型化等方式形成更高层次的机制。就是说，机制研究本身也具有层次性。

对单个经验现象的分析形成具体的机制以后，在更高的层次上将不同的、具体的机制联系起来，就产生了中层理论，这样，经验就相对地逻辑化和结构化了。然后利用区域比较的方法将某一区域的中层理论进一步提炼，通过类型化解决个案调查的代表性问题，同时在这一过程中进一步深化、检验之前的机制，将其进一步的概念化和理论化，从而形成适用于全国的一般性理论，这就是宏大理论。因此，机制分析具有层次性，在不同的层次上有不同类型的机制（王海娟，2016c：111）。

因而，机制研究是具体经验通往理论的一个路径。机制研究不同于因果分析，它强调的是经验现象背后的关联方式。机制研究虽然建立在深度个案的基础上，但是又不完全等同于个案研究。通过深入经验的复杂性，机制研究试图寻找现象之间的内在关联，把握经验本身的逻辑。作为一种方法，机制研究超越了个案研究，也超越了个案研究的代表性困境。

二　田野工作

攻读博士学位以来，笔者已在全国 11 个省市的约 24 个村庄累计驻村调研 420 多天。在数次的驻村调研过程中，笔者逐渐意识到，在现代化进村的背景下，农民家庭面临着前所未有的负担和压力，这种压力不仅将中青年人卷入其中，而且还将老年人卷入其中，并且对家庭结构、家庭关系形态和家庭伦理产生重大影响。其中，老年人问题是每次调研都不能回避的问题。如何理解现代化背景下中国家庭转型的独特路径和机制，以及由此带来的农村老年人危机，成为笔者思考的核心问题。

带着上述问题，2016 年 5 月至 8 月，笔者先后在山东淄博、河南安阳、陕西关中等地对家庭转型和老年人问题进行了专题调研，累计调研时间 80 天左右。其中，2016 年 5 月份在山东淄博郭村①调研了约 20 天，2016 年 6 月至 7 月在河南安阳南村调研了 30 天，2016 年 7 月至 8 月在陕西豆村调研了 30 天。

从本书的田野地点来看，这些村庄都属于北方农村。事实上，中国农村由于历史传统、自然地理、开发程度和时间、经济发展水平等多种因素

---

① 按照学术惯例，本书对具体的人名、地名都做了匿名化处理。其中，省（市、区）、市、县名为真名，村名和人名为化名。

的不同，不仅呈现东中西的差异，而且还存在南中北的差异。其中，东中西部农村的差异主要体现在经济发展水平的不同，而南中北农村的差异则主要体现在村庄社会结构的不同。"村庄社会结构是指由村庄内部成员社会关系网络构造的结构性特征"。贺雪峰（2012）从村庄社会结构的角度建构了团结型、分裂型和分散型三种村庄的理想类型，并主要从自然生态和历史变迁两个维度解释了不同区域在村庄社会结构上的差异，在此基础上，他将中国农村划分为南方团结型村庄、北方分裂型村庄与中部分散型村庄。从地域分布来看，南方团结型村庄主要包括江西、福建、广西、广东等地的农村，北方分裂型村庄主要包括河南、山东、河北、陕西等地的农村，而中部分散型村庄主要包括两湖平原、川渝地区、东北地区等地的农村。总体而言，南方农村的村庄社会结构最为完整和紧密，在核心家庭之上存在一个具有笼罩性意义的宗族结构，村民之间相互团结，一致性行动能力较强；北方农村的村庄社会结构相对较为松散，但村庄内部仍然存在一个大约在"五服"范围内的认同与行动单位，一般被称为小亲族、户族或门子，农民在小亲族内部具有较强的认同，而不同小亲族之间则具有较强的竞争性，从而使得村庄呈现分裂的特征；而中部农村的村庄社会结构最为松散，在核心家庭之上缺乏统一的认同与行动单位，村庄呈现原子化的特征。

因此，从村庄社会结构的视角来看，本书的田野调研点所属的北方农村存在明显的共性。在现代化和市场化进村的大背景下，南中北不同区域的农村社会在回应现代化的程度上也呈现鲜明的区域差异。总体而言，"村庄结构越是完整的地方，地方规范就保持得越完好，对外部现代性因素的抵抗能力越强；而结构越是松散的农村，接受现代性的能力越强"（桂华，2014a：20）。在此意义上，南方农村得益于其强大的宗族性结构认同，在相当程度上延缓了现代性的进入，因而家庭结构与村庄社会仍然比较传统；中部农村则因为村庄社会结构的原子化，现代性力量长驱直入，农民的生活观念和生活方式高度理性化；而北方农村在现代化的进程和节奏方面恰处于南方农村与中部农村之间，既开启了去传统化的步伐，又尚未进入现代的、个体的生活方式中。因此，当前北方农村的家庭转型呈现出剧烈性和鲜明性等特点，同时，北方农村的老年人也承受着最大的压力。为了理解中国农村家庭转型的复杂机制，建构家庭转型的理想类型，北方农村就具有了典型意义。因而本书主要选择北方农村作为研究对象。

笔者专题调查的内容涉及农民家庭的经济收入、婚姻消费、分家、养老、代际关系、人情、老年人生活状况、信仰、闲暇等方面，其中重点关注了老年人生活状况及其与家庭成员之间的互动关系，以形成对北方农村老年人危机的总体认识和理解。由于笔者所研究的家庭和老人问题对于每个农民而言非常熟悉，因此在具体访谈对象的选择上并没有特别的标准，但笔者一般尽量找到那些对村庄情况熟悉，且善于聊天的村民进行访谈，以获得更多有效信息。在具体的调研上，主要以村和组为单位，首先访谈村组干部，这样便于对村庄和小组的整体情况进行了解；之后采用滚雪球式的方式寻找新的访谈对象。

为了对当地农村的老年人状况有更为整体性和宏观性的认识，笔者在每次调研中后期会到调研村所属乡镇进行相关调研，重点访谈乡镇主管老年人事务的领导或干部，收集一些与老年人问题相关的数据资料，这对于从整体上把握老年人问题非常重要。在整个调研期间，笔者都是吃住在农户家中，因而除了正式的访谈之外，还可以通过茶余饭后与房东或其邻居的闲聊中获得很多有效信息，并且还可以在此过程中对已经收集到的信息进行一定的验证，最大可能地保证调研信息的完整性和真实性。

大体而言，笔者的资料主要包括以下几个方面。第一，访谈资料，这是本书资料的主体。在调研期间，笔者访谈了村干部、村民小组长、各个年龄段的农民以及部分乡镇干部，力图从多个视角把握转型时期的代际关系和老年人生活状况。第二，参与式观察所得资料。在调研过程中，笔者参加了几次村干部或乡镇干部调解的家庭纠纷，也参与了当地的一些仪式性活动，如庙会、丧葬仪式等。这些参与式观察虽然获得的经验材料比较碎片化，但正是这些亲身体验使笔者更好地理解了现代化对农民家庭带来的影响。第三，文字材料，主要包括乡镇和行政村一级的文件资料和档案资料，这些资料对笔者从整体上理解当地农民的家庭有很大帮助。

　　笔者专题调研的三个村庄（山东淄博郭村、河南安阳南村、陕西关中豆村）都是普通的农业型村庄，村民收入包括务工收入和务农收入两部分，其中年轻人基本以外出务工收入为主，中老年人以在家务农收入为主。安阳南村和淄博郭村都是以种植小麦和玉米为主，而关中豆村以种植猕猴桃为主。① 由于大部分农民家庭的经济收入来源相似，因而村庄内部的经济分化并不明显，80%左右的家庭年毛收入为3万—5万元（包括务农和务工收入），15%左右的家庭年毛收入在3万元以下，有5%左右的家庭年毛收入超过5万元。

---

① 陕西关中豆村虽然是以种植猕猴桃为主，经济效益高于种植小麦和玉米，但由于猕猴桃种植需要投入的劳动力非常多，如果雇用工人的话就很不划算，因此当地基本没有土地流转的情况，每家每户都是只种植自己家的承包田（户均5—8亩）。虽然豆村村民务农的经济收入相对于南村和郭村而言略高，但豆村村民之间经济收入相差并不大。

第二章

现代性、家庭再生产与
老年人危机

本书将农民的家庭生活过程操作化为家庭再生产的过程，家庭正是在持续的再生产过程中实现了延续。顾名思义，家庭再生产指的是父代家庭向子代家庭绵延、子代家庭逐渐成为独立自主家庭的过程，因此，家庭再生产直接地表现为代际更替。家庭再生产不仅是时间性的绵延过程，而且是一个能动性的主体实践过程。财产、权力和价值等要素构成了家庭再生产的基本要素。家庭再生产因而表现为资源配置、权力让渡和价值实现的过程，并具体落实为代际之间复杂的互动形式和互动内容。

但是，中国农村家庭制度并不是一套孤立的制度，而是运行于特定的社会结构与社会系统之中。在传统的乡土社会，家庭再生产主要体现为"过日子"的生活逻辑，这实际上是简单家庭再生产的实践表达。当前中国农村社会正处于千年未有之大转型时代，剧烈而深刻的社会转型触发和推动了农民家庭再生产模式的转型，即由简单家庭再生产向扩大化家庭再生产的转变，这直观地表现为农民家庭从"过日子"向"操劳"的转变。伴随这一转变，父代与子代之间的互动模式发生变化，并且通过资源传递、权力让渡和价值实现三个层面体现出来。本书揭示，家庭再生产模式的转变是当前农村老年人危机发生的根本原因。本章的主要任务是进一步提出家庭再生产的基本要素，讨论现代性进村的主要表现和实践形态，并勾勒农村老年人危机的基本形态，从而为后文中对家庭再生产模式分析的具体展开和父代通往"老化"过程的论述做铺垫。

第一节　家庭再生产的基本要素

家庭是家庭再生产的基本对象，也是家庭再生产的基本单位。从具体的分析视角来看，家庭再生产是对家庭要素的再生产。因此，理解家庭再生产的前提是对中国家庭性质和组成要素有一个基本的认识。

家庭社会学一般将家庭视为由特定的家庭关系和家庭结构形成的组织。当前的家庭社会学因为偏重对横向家庭结构的关注，在相当程度上忽视了纵向家庭结构及其赋予中国家庭制度的复杂性。一些学者对中国家庭的丰富内涵进行了颇有启发性的探究。滋贺秀三（2013：128）认为，家庭的基本要素包括人、财产与祭祀。在此基础上，吴飞（2009：35）认为，由"过日子"主导的家庭生活包括人、财、礼等要素。陶自祥（2015：50）从家庭继替的视角，提出了家庭的三元素，认为家庭财产、伦理责任和社区性家庭构成了家庭继替的基本内容，因而家庭继替表现为家庭财产的承继、伦理责任的实践和社区性家庭资格的获得。这些学者基于中国农村的田野经验，无一例外地关注到了中国家庭构成要素的多样性和家庭制度的立体性。所谓家庭制度的立体性，指的是这些家庭要素之间并不是一种松散的构造和组合，而是在"宗"的绵延中得以规定和延续，并构成了家庭再生产之必不可少的要素和层次。由此可见，家庭不仅是血缘、姻缘等关系的组合，而且家庭关系中充盈着资源、权力和意义的流动，正是它们的流动构成了家庭再生产的基本内容。

家庭制度的立体性为中国农民"即凡而圣"的内在超越路径打下了根基。家庭再生产是家庭要素持续再生产的过程，具体表现为人口的繁衍生息、财产的积累与承继、权力的交接与让渡以及伦理价值的实现和延续。这样一个过程，农民称之为"过日子"。过日子是一种朴素的生活状态，但却蕴含着丰富的生活哲学。吴飞（2009：39—50）从"过日子"的角度理解农民的自杀行为，认为"过日子"是情感与政治混合的过程，而自杀者则是"过不好日子"的人。然而，吴飞通过将"过日子"导入家庭政治的过程，虽然呈现了家庭中"权力游戏"的复杂性，但抽离了中国家庭的神圣性。不同于吴飞以"自杀现象"切入和反观正常生活的视角，陈辉（2016：17）以关中农村的田野调研经验为基础，直面农民"过日子"的正常生活状态，并对这一概念内在蕴含的农民生活哲学进行了深入的研究。为了展开他的研究，他提出了"家庭再生产"的概念，家庭再生产这一概念是对农民"过日子"状态的一种学理化表达:"分析农民'生活逻辑'时,为了避免陷于简单的经验描述或抽象的文化分析,笔者将'过日子'概括为'家庭生活的实现和再生产',具体包括家庭经济再生产、家庭关系再生产、社会关系再生产和生活意义再生产。当把研究对象确定为'家庭生活再生产',我们也就找到了对'过日子'进行社会学分析的理论抓手,生活哲学就不再只是一个'哲学'问题。"

基于上述的理论与方法定位,陈辉侧重于对农民"过日子"过程中各种紧张关系的细腻而深入的讨论。这些"紧张关系"构成了家庭再生产的基本内容,并且呈现了农民"过日子"的基本行动逻辑。概而言之,陈辉的研究主要从家庭生活的具体内容切入到对家庭再生产的讨论,其核心的问题意识是,农民是如何从"过日子"的日常生活过程中实现安身立命的超越性目标。与他的视角有所不同,本书侧重于对家庭再生产过程本身的关注,即透过家庭再生产的过程理解家庭运行和家庭转型的微观机制,并以此为基础展开对农村老年人危机的分析。这就需要从家庭再生产的内容进入家庭再生产的机制,而核心问题也因此转化为,父代家庭是如何再生产出子代家庭的?

中国农村家庭是生产单位、政治单位和宗教单位的统一体。因此,农民的家庭再生产分别在家产配置、权力关系和伦理价值三个方面展开。在代际互动的框架下,家庭再生产可具体理解为家产转移、权力让渡和价值实现的过程。以下分别介绍家庭再生产的三要素,以理解农民家庭再生产的基本内涵。

一 家产

家产是家庭制度的基础。家庭一般被视为一个"同居共财"的基本单位。滋贺秀三(2013:57)认为,"像这种同居共财的情况对中国人的家族生活来说是本质性的要素"。杨懋春(2001:48)也指出,"人和土地(一般来说就是财产)是中国的农业家族的两根支柱"。因此,家产是家庭再生产最为基础的层次,在这个层次上,家庭再生产表现为由家产的积累、分配、承继和享用等环节构成的家产转移过程。

对于农民而言，一定的家庭资源积累是过日子的基本条件。传统的农业社会中，农民家庭资源积累的主要方式是从事农业生产，随着城市化和工业化的展开，农民也越来越多地获得了农业之外的经济收入，"半工半耕"构成了农民家计模式的普遍形态。在农民的家计模式中，农业收入日益副业化。但是，无论农民家庭经济基础和收入来源如何变化，由父代向子代的家产转移始终构成家庭再生产的基本环节。

事实上，农民家庭始终没有私人性的产权概念（张佩国，2002a）。滋贺秀三关于中国家父长的家产所有权和处分权的理解，一些学者有所质疑。俞江（2006）认为，中国家长从属于整体性的家，家长对家产可以进行管理和增益，但并不具有随意处置的权能。因此，家产是全体家庭成员的财产，子代对父代"暂时"掌管的家产享有当然的权利。家产主体的模糊性为家产的纵向转移提供了基础，使得家产成为家庭再生产的重要层次。①

并且，因为没有私产的概念，个体的人格从属于"家格"，农民的生活目标就是不断实现家产的增益，从而维护和延续祖业，并尽可能地向子孙后代延续。因此，家产处置的核心不是家产的横向分割，而是纵向承继②。通过融入家产积累和创造的物质再生产过程，农民从事生产性活动的意义就能够超越当下和个体的层次。资源的积累、消费、分配等都不是出于个体化的理性人的行为逻辑，而是嵌入家庭再生产的基本过程之中。

因此，在最为基础的资源层面上，家庭再生产最终落脚于家产代际传递的过程。由此可见，即使按照传统的"哺育-反馈"模式来看，代际互动并非完全均衡，也不应该是完全均衡的，具体的代际互动只是绵延的代际互动链条中的一个环节和片段，带着对家庭延续的希望和关照，农民的家业筹划既具有短期目标，也具有长期目标，这就要处理好积累与消费、

---

① 也就是说，在私人产权制度的情况下，就不存在"家产"的概念，家庭再生产主要表现为人口的再生产。因此，家产实际上植根于"宗"的基础上。

② "承继"与"继承"不同，后者指的是明确的权利主体与对象之间的一种财产处置方式。但是，中国传统的家产制并不存在明确的权利主体，因此，家庭内部的财产转移是伴随着家庭继替而发生的，强调了纵向的延续性。

父代与子代的关系。

二 权力

权力是家庭关系的基本命题。权力关系是中国家庭制度立体性的有机内容，家庭内部成员之间的权力互动也是家庭生活的重要内容。在家庭再生产的过程中，除了存在父代向子代的家产转移，也存在父代向子代的权力让渡。父代家庭与子代家庭之间的权力关系和权力互动是家庭再生产过程中的重要层次。

为了理解家庭再生产过程中家庭权力关系的配置逻辑，需要对家庭中的"权力"进行定义和说明。显然，家庭中的权力是运行在非常具体的关系之中的，表现为弥散性的权力形态，不同于制度性的权力形态。① 家庭关系中的权力具有如下特点。

首先，权力关系是在中国家庭特有的权威结构中实践的。按照马克斯·韦伯（2010）在比较视野下对中国家庭的分析，家父长支配的家庭权力结构是中国家庭制度的重要基础。许烺光（2001：225）基于喜洲社会的考察，将家父长支配的权威结构进一步上升到"祖先的权威"。在他看来，"祖荫下"的中国人形成了一种屈从于权威的文化性格。在权威结构中，农民家庭中的权力关系和权力互动最终被导入有序互动的框架，从而促进了家庭生活秩序的形成。

其次，家庭权力形态的另一个基本特点在于，权力关系与家庭成员间的亲密关系相互交织缠绕，并塑造了家庭政治。正如吴飞（2009：39—49）所言，家庭中的权力关系不同于公共政治中的权力关系，这种权力关系嵌入亲密关系之中，形成了情感与政治混合的"权力游戏"。无论是父子之间、夫妻之间还是婆媳之间发生的权力关系，即使以冲突的形式表现出来，也都属于自己人内部的冲突。这些权力互动和权力实践是农民家庭再生产中必不可少的组成部分。正是在此意义上，吴飞指出家庭政治是农民"过

---

① 这里借鉴了杨庆堃对中国宗教形态的区分，它将宗教区分为制度性宗教和弥散性宗教。详情可参考（杨庆堃，2007）。

日子"过程中的常态。

新儒家关于中国家庭制度的分析具有浓厚的文化阐释色彩和规范分析进路，极少纳入权力的视角。然而，伦理本位的家庭并不意味着每个家庭成员都必然依照伦理规范行动。就家庭成员个体而言，伦理规范的自觉在一定程度上来自"长老权威"的规训权力和教化权力。由此可见，在家庭再生产过程中，权力关系并非固定不变的，而是动态的、流动的和持续的。家庭政治因而调节着家庭日常生活中的各种关系。因此，制度层面的家父长权威结构并不意味着具体家庭生活实践中"权力游戏"的消弭。在农民家庭生活的实践层面，主体之间权力的互动、竞争和冲突一直存在。

"权力游戏"淡化了家庭中权力关系的严肃性和残酷性，但权力关系的动态性和持续性又赋予家庭再生产过程以持续的张力，这些张力尤为突出地发生于家产转移的过程中，从而维持和调适着家庭再生产过程中父代与子代之间的关系。如此看来，吴飞主要是从静态层面分析家庭权力关系，而忽视了家庭中权力关系的时间维度和动态交接，即在家庭中权力互动并不是立足于当下的，而是指向未来的。

因为存在代际之间纵向的权力让渡，家庭内的权力关系就是有弹性的，权力互动可以基于稳定的预期而达到长期的均衡。例如，在农村中有一个比较典型的说法是"多年的媳妇熬成婆"，指的就是在动态的家庭生活过程中权力的交接和权力主体的转换。实际上，农民家庭生活实践中富有弹性的权力关系为家庭成员个体利益的表达提供了空间。当然，个体利益的表达并不是杂乱无章和无的放矢的，它既建立在伦理责任践行的基础上，也要通过伦理化的方式表达。

三　价值

对于农民而言，"过日子"既不仅是柴米油盐生活的展开，也不仅是在磕磕碰碰的日常生活过程中维持家庭的团结，更重要的是农民由此获得了安身立命的基本载体。家庭的再生产从根本上讲是伦理价值的再生产，在这个过程中，父代的伦理价值得以实现，伦理生命得以延续。

在西方文化中，个体终极性的价值实现主要依靠上帝的关照。通过此岸世界与彼岸世界的划分，西方文化构筑了一个紧张不安的现世生活和值得期待的身后世界，这种划分实际上对应于肉体与灵魂的划分。在"灵"与"肉"的二元论视野下，现世的生命无所谓道德。但是，在中国的文化语境和农民的观念中，并不存在西方意义上的灵肉二元论的划分。桂华（2014a：6—9）对农民宗教的研究发现，农民正是通过家庭实现其生命价值。具体言之，在"我－宗"构成的纵向家庭结构中，农民通过传宗接代的行为，实现了上承祖先、下启子孙的绵延目标，从而克服了自然生命的有限性，并在现实生活中获得完满的价值体验。

由此可见，相对于西方社会"个体－上帝"的价值实现路径，中国农民价值实现的路径并不是个体主义的。农民价值实现的路径富有浓厚的伦理色彩。在《中国文化要义》一书中，梁漱溟（2014：81）明确指出中国社会是伦理本位的社会。伦理本位发端于家庭本位，家庭是农民生命价值实现的基本框架。要理解这一点，首先需要注意到中国家庭的纵向维度。

家庭社会学的还原论倾向于主要关注横向的家庭结构与家庭关系，却忽视了中国家庭的纵向维度及由此带来的伦理内核。同时，家庭伦理并不是一种抽象的、静态的本质性存在，它是一个需要在实践中展开并逐渐实现的过程。人虽然自出生始进入一个家庭中，但只有经历"三十而立，四十而不惑，五十而知天命，六十而耳顺，七十而从心所欲不逾矩"的过程，才能真正成就圆满的人生，达致"圆善"（牟宗三，1997：1—7）的境界。

在这个意义上，农民价值的实现过程成为伦理责任践行的过程，家庭再生产也就不仅是子代家庭的生成，而且意味着父代通过这个过程实现了自身的价值。因此，在家庭再生产展开的过程中，家庭中的伦理、规范不断地转化为家庭成员的价值体验，并通过代际更替的过程获得再生产。

第二节　现代性的实践形态

近代以来，中国的仁人志士从救亡图存的目标出发，探索改造社会的方式和路径。在探索过程中，传统的家庭制度逐渐成为聚焦点。在"新文化运动""五四运动"中，家庭制度受到了激烈的批判，鲁迅斥之为"吃人的礼教"。近代以来的思想文化运动一直延伸到中华人民共和国建立后以反封建为主旨的政治运动，推动了中国家庭制度的转型。但是，关于中国家庭制度的转型仍然存在一些有待廓清的认识。首先，中华人民共和国成立以前由知识分子发动的思想文化运动未能普遍渗透乡土社会，地方性社会结构的稳定性有力地抵制了新思想的进入和作用的发挥；其次，中华人民共和国成立以来，中国共产党依靠嵌入基层社会的组织网络，重建了基层社会的结构体系，但是，中国共产党对基层社会的改造并不是以消灭家庭为目的的，而主要是从制度外围层面冲击了家族制度，从而将家庭制度纳入党的基层组织网络中。因此，虽然自上而下的政治运动和国家力量对家庭制度产生了巨大的冲击，但是，国家力量主导的家庭转型主要受制于反封建的"解放"目标。政治运动并不以消灭家庭本身为目的，因而并未触及家庭制度的根本。

因此，虽然近代以来中国的家庭制度开始了日渐深入的转型，但是，在深度、广度上均远远不如 20 世纪 80 年代以来由市场化力量推动的转型。在一定意义上，家庭的基础结构之变主要始于 20 世纪 80 年代以来的市场化进程（贺雪峰，2008b），市场化以无声、隐秘而又难以阻挡的力量，不仅迅速地改变了村庄熟人社会的面貌，而且推动了农民家庭更为深刻的转型与变迁。基于以上的分析，本研究将中华人民共和国成立之前的时期和大集体时期统称为传统时期，将 20 世纪 80 年代以来现代化因素进村的阶段称为现代时期。这构成了本书讨论家庭转型的时间定位。①

学界一般将现代性视为现代化的结果，现代化即逐渐获得现代性的过程（陈嘉明，2003）。这种观点将现代性本质化了，从而设定了现代化目标的单一性。事实上，当前学界关于现代性研究的一个倾向是从不同层面和

---

① 当然，本书关于传统时期和现代时期的划分并不是否认改革开放之前家庭转型中现代性因素的存在，而是为了强调，"全能主义"的制度框架实际上有效地规避了市场现代性对乡村社会和家庭制度的冲击。

不同学科找到现代性的某种本质属性，以化解现代性内涵的多面性和模糊性。由于本研究并非专门的现代性研究，而是以现代性因素为背景来讨论家庭转型和农村老年人危机，这决定了在本书中笔者需要立足于具体的村庄社会来展现现代性的实践内涵。

社会学视角下吉登斯（2011：14）关于现代性的分析颇为典型。他认为，现代性包含了三种机制，分别是时空分离、"脱域机制"和反思性监控。相对于传统社会的静态特征，现代性具有流动性。流动的现代性打破了相对自主的地方性社会系统。但问题是，在地方性场域结构中，流动的现代性并没有突破基本的结构边界和结构载体，走向碎片化的后现代性。这意味着需要进一步思考现代性因素之流动的媒介。事实上，现代性的流动仍然要在特定场域并依托一定的结构才能得以进行，后者进而塑造了现代性因素流动的方向和路径。若立足于农村社会，则流动的现代性将具体化为"现代性进村"的过程。在这个意义上，村庄社会和农民家庭面对的并不是一个抽象的、认知层面的现代性，而是具体可感且不得不面对的现代性。因此，只有从特定的时空情境入手，进入现代性的具体内涵和实践形态，才能够把握农民捕捉和适应现代性的方式，进而真正理解农民家庭现代化转型的路径和机制。

因此，我们需要在家庭转型的背景下，重新理解现代性之于村庄社会的意义。考虑到现代性内涵的丰富性和包容性，而本研究并非对现代性和现代化过程本身进行研究，因此在这一节中，笔者主要立足于村庄社会勾勒现代性的实践形态。

一　流动与分化

传统的乡土社会是一种相对静止和相对封闭的社会。费孝通（2007：1—4）关于乡土中国的静态刻画已经成为社会学关于中国乡土社会的经典。在这样一种乡土社会中，农民像是"半身插入了土里"，在不流动的乡土社会中，自然形成了"土里土气"的农民。黄宗智（2000a：11—12）从农业生产的角度将这种状态称为"过密化"状态，进而解释近代以来商品化过程中农村社会未能实现转型和发展的原因。

但是，20世纪80年代以来，静止和封闭的乡土社会逐渐被打破：农村的人口逐渐开始向外流动，最初是往返于村庄和乡镇之间，后来，则往返于县城和村庄之间，再后来，则开始往返于村庄和东部沿海地区之间。农民外出务工逐渐成为潮流，候鸟式的迁徙成为中国人口流动的特色模式。具体而言，现代性背景下农民的流动和分化主要有如下表现。

第一，农村人口向外流动逐渐形成了一种分化效应。在人口流动的过程中，往往是有能力的先从村庄出去，这些较早出去的人成为市场经济中非正规机会的"捡漏者"，并且逐渐在城市扎根。在人口外流的过程中，相对静态和封闭的村庄社会逐渐开放，村庄的分化最为明显地体现在少数"飞黄腾达"的外出精英与仍然辛勤耕耘的在村农民之间。同时，"有无本事"成为重新标定"外出者"与"在村者"的标签。村庄社会城乡分离的格局逐渐被附加上一种价值情绪，"贱农主义"（刘燕舞，2015）逐渐成为广受认同的价值形态。

第二，农民通过外出务工接触到了现代化的城市生活方式，向上流动逐渐成为农民家庭新的目标和追求。尤其是年轻农民，面对灯红酒绿的城市生活和现代生活观念，产生了真正进入城市并在城市生活的想法。对城市生活的美好想象进一步强化了他们外出务工的动力。当前农村普遍形成了"386199"部队，农村的"老人化"和"留守化"在笔者所调研的几个村庄是普遍现象。年轻农民试图通过外出务工寻求在城市立足的机会。如果不能在自己这一代实现向上流动的目标，也可以通过暂时的、阶段性的进城务工为下一代提供更好的成长资源和机会，从而实现代际接力式进城。

总的来看，席卷全国的"打工潮"深刻地改变了农村社会的运行机制。传统的、可预期的、稳定的家庭继替和社会继替模式渐趋瓦解。农民家庭再生产越来越难以仅仅在地方性的村庄社会中实现。现代性进村不仅松动了村庄的边界，而且也为农民家庭带来了新的目标、机遇和压力。在市场化过程中，不同农民及其家庭在能力、关系、资源等方面的差异日益明显地转化为收入的差异。而且，随着现代性的持续渗透，经济分化似乎越来越具有了挣脱村庄社会关系束缚并重构地方性社会规范的能力。

在传统的村庄社会中，虽然也存在着事实上的经济分化，但与现代性背景下村庄社会的分化模式迥然有别。首先，这种分化建立在低度流动的基础上，正常情况下，村庄经济分化主要源于家庭土地资源的多少和家庭人口数量的多寡。家庭人口数量的增多和家产的诸子均分原则往往导致地权的进一步分散。在这套人口调节机制和家产均分机制的调节下，很难在村庄内部形成剧烈分化，正所谓"三十年河东，三十年河西"，村庄内部的分化自有一套平衡机制。其次，经济性分层与社会性分层并存，并且社会性分层是村庄内生性权威生成的重要机制。在社会性分层体系中，经济优势本身并不能转化为绝对的权威，社会性嵌入机制扭转了经济分层的分裂效应，村庄社会分层反而为村庄社会整合提供了基础。社会性分层在一定程度上抑制了经济性分层对村庄社会的撕裂效应，为村庄熟人社会提供了一套内生性的秩序整合机制。因此，传统社会的分层机制反而不断地再生产了立足于村庄的流动模式和循环模式，从而实现了基于村庄秩序长久预期的社会继替。

由此可见，与传统的地方社会相比，现代性背景下的流动与分化不仅是数量层面的差别，而且是质量层面的差别。现代性背景下的流动与分化，将农民置入一个更不稳定的、缺乏本体性安全感的生活世界。农民家庭逐渐背上了沉重的负担，这些负担进一步转化为农民家庭行为调适的动力。

二 发展与竞争

农村社会分化与社会流动构成了农民家庭转型面对的基本框架。在这个框架下，流动的现代性冲击了传统的村落社会体系，也改变了原有的社会运行机制。现代化和城市化导向的价值目标逐渐注入农村社会，形成了以"发展"和"竞争"为主导的现代性意涵。

发展理性和竞争动力主导的现代性与传统小农经济基础上的生活方式之间形成了鲜明的反差。事实上，在近代学者关于中国小农的研究中，一直比较强调小农的生存理性。不过，黄宗智（2000a；2000b）通过考察小农内在的生存理性与商品化之间的关联，发现商品化并没有导致农村生产关系的彻底变革，而是走向了一种"过密化"形态。小农家庭化生产模式的韧性维持了"没有发展的增长"。黄宗智关于近代以来长三角地区和华北平原的小农研究也构成本书现代性背景的讨论基础。虽然近代以来农村社会处于变迁的过程之中，但是，直至20世纪80年代之前，小农面对的都是一个"过密化"的村庄社会。这意味着，小农不仅要面对"过密化"的生产格局，而且也要面临"过密化"的关系格局。在紧密的血缘和地缘关系网络中，村庄社会的运行主要围绕关系而展开，在"关系实践"中，农民学会如何做人，并通过"做人"的实践进一步强化相互之间的关系。因此，传统社会中农民围绕"关系"本身的竞争实际上是无关发展主义的。相反，关系的经营因为消耗了农民本可以用于完成家庭经济积累的有效资源，往往与家庭发展主义的目标背道而驰。

因此，竞争本身虽然并非现代性的特有内涵，但是，以"发展主义"为导向的竞争则是现代性的特有内容。当前，现代性之于中国农村社会的实践形态即农民对"发展"与"竞争"的追求，在本书中，笔者称之为小农的发展理性。所谓发展理性，指的是农民试图摆脱低水平的家庭再生产模式，在市场化和城市化的过程中改变自己的命运。当前，研究者大多从政府与农民的关系出发，发现在政府发展主义导向的产业政策之下，农民缺乏有效回应的积极性，进而在公共政策话语层面塑造了一种追求稳定和保守的小农形象（咸春龙，2002；李恩、张志坚，2011）。但是，如果进入农民家庭内部，就会发现，农民家庭通过另一种方式践行着发展性目标，其核心表现为进城。当然，农民进城是一个持续的过程，它不仅意味着在城镇买房，而且也要能够在城市生活和真正立足。农民家庭这种内在的奋发向上的韧劲往往要在很长的时间跨度中才会显现出来。因而，现代性进村和农民进城以"一体两面"的方式构成了流动的现代性在村庄社会中的具体实践形态。

那么，需要进一步追问的是，现代性何以被转换为农民家庭发展主义的目标？在西方高度工业化的背景下，现代性的"脱域"机制实际上强调的是对个体的释放，承认个人的主体性价值。中国是一个典型的发展中国家，这一特征既体现在中国目前与西方发达国家仍然存在的现实差距上，也体现在中国社会内部，由于区位条件和自然条件的差异，西部与东部地区、农村与城市之间在发展水平上仍然存在显著的差异。正是在这个背景下，现代性虽然极大地冲击了农民可能面对的各种传统束缚，从而极大地释放了农民的个体行动空间，但是，当现代性的个体主义和自由精神遭遇农村社会时，却并不必然能够得到有效而充分的释放和表达。也就是说，对于农民而言，现代性并不是表现为抽象的个体能动性对外在结构约束的反动，而是农村向城市的流动才构成的普遍焦虑。因此，现代性进村带来的首先不是农民个体"解放"的问题，而是农民家庭整体的发展问题。[①] 如此看来，现代性进村并不仅仅表现为对传统关系和结构的冲击，它也可能触发农民对传统关系的进一步发掘和利用。

目前，一些学者对农民流动背景下乡村社会的现代性适应进行了研究。例如，谭同学（2012）对从事数码快印业的新化人进行研究发现，亲缘、地缘与现代市场之间存在契合的可能性。这些研究反映了现代性进村的宏观背景下农民的实用主义选择。实际上，过密化的乡土社会结构一经释放，小农理性便足以展现极强的适应能力和调节能力。在实用主义观念的支配下，抽象的流动被转化为农民具体而现实的发展理性。这样一种发展理性，显然不同于"没有发展的增长"这样一种内卷化状态，而是突破了原有的循环框架。这也构成了一种"去过密化"的过程。然而，"去过密化"并非一个自然而然的流动过程。由于当前绝大部分农村地区处于有市场经济而无市场机会的状态（贺雪峰，2001），围绕稀缺资源和机会的竞争成为与发展理性实践相随的伴生物。发展性竞争的压力持续地影响着农民的行动逻辑，并且改变了竞争的内容与竞争的方式。基于对城市梦的长远预期，农

---

① 在西方的文化语境中，现代化的过程是个体的主体性不断得以张扬的过程。重新发现社会的过程实际上是发现主体的过程。一个理想意义上的市民社会建立在个人的主体性得以充分张扬的基础上。但是，经历了社会主义革命的中国农村社会面临的首要问题并非人格独立，而是如何在市场化过程中立足。

民的竞争带有了强烈的否定当前生活模式的色彩，日常生活的本体性意义逐渐丧失，村庄和家庭的生活逐渐工具化为通向美好生活的桥梁。因此，这种指向发展主义目标的竞争逻辑的一个重要后果是，竞争撕裂了村庄社会，农民在村庄生活中承受着前所未有的压力，这种压力进一步促使在村的农民极力走出村庄。在农民看来，只有具备了潇洒地走出村庄的能力时，才有可能荣耀地回归故乡。但需要注意的是，竞争的压力虽然撕裂了村庄社会，却并没有如现代化理论所预期的那样撕裂农民的家庭。在现代性背景下，农民家庭再生产模式的转型呈现了较大的复杂性，后文将对之进行详细分析。

三　祛魅与风险

如上所述，现代性不仅改变了农民日常生活世界的结构，而且也为农民的生活注入了新的目标和动力。除此以外，还要注意到现代性进村带来的农民认知结构的变化。农民的认知结构涉及的是农民理解他们周围世界的方式和方法。

韦伯（2005：28—33）在论述西方文明的演进历程时，强调了现代化过程中的理性化之维。理性是现代性的重要内涵，理性化是生活系统全面的"祛魅"过程。"祛魅"的含义，通俗来讲，就是去除遮蔽，让个体直面生活世界。西方文化预设了人是生而独立自由的主体（这种观念可以追溯到西方文化的源头），并且构成了关于理性人的基本认识。即使当今面对后现代思潮的冲击，理性人的范式仍然主导了对人的基本认识。接受这样一种启蒙理性无疑需要特别大的勇气。在超越原来的生活框架所设定的种种限制时，个体需要直面开放世界中的不确定性。

接下来，我们回到中国的语境对现代性的认识论展开进一步的分析。一些学者借用马克斯·韦伯的框架来理解农民认知结构的变化，并称之为农民的理性化（钟琴，2010）。一个问题是，现代性的个体理性在多大程度上取代和置换了小农的理性，这似乎仍然是一个有待进一步研究的经验问题。以下将分别从农民对生活世界的认识和对自我的理解这两个层面进行具体的分析和讨论。

首先，对外部世界认知的变化导致了农民生活观念的多元化，为农民理解生活世界和理解自身提供了新的视角和框架。相对于以村落为中心的认知框架，在与变动的外部世界的直接接触和通过媒介的间接接触中，农民的认知模式必然发生变化。剧烈的社会变迁极大地冲击了以村庄为范畴的认知模式，农民的视野逐渐超出了村庄的范围，进入富有现代性的知识系统之中。新的认知系统改变了家庭和村庄之于农民的中心性和本体性地位，村庄和家庭生活逐渐湮没于现代性进村引发的竞争与发展的浪潮中。尤其是对于新一代的年轻人来说，村庄不再是生活秩序的中心，村庄生活成为他们成长生活中一个不太重要的内容，最为直接的体现是年轻人大多退出了农业生产，此外，他们对村庄内人情的重视程度和依赖强度大大降低。而对于父辈而言，传统的知识、经验和技能的效用不断受到质疑。一些学者认为，代际之间认知观念的差异使得父代与子代之间趋向于形成"代沟"，新旧两种观念在家庭系统中相互激荡和冲突，成为众多家庭问题发生的根源（周怡，1994；林剑，2014）。

然而，"代沟"所呈现的代际文化模式的差异是否必然会转化为转型时期家庭内部的代际冲突？"代沟"的基本假设是各代人从自身的立场和利益出发理解家庭并遵循以自身利益为本的家庭要素配置逻辑。"代沟"的文化分析关注的是代际之间在认知观念层面的可理解性。共享同一套文化模式被视为代际之间达成理解的前提，而社会的快速转型使得代际之间共时性的文化共享模式难以实现，因而出现"代沟"。但是，这样一种从信息沟通和文化共享出发的分析进路是否足以反映现代性背景下代际关联的实践模式？现代性提供的多重认知模式究竟是否具有被传统文化模式整合的可能？笔者认为，现代性进村带来的农村社会转型固然导致了代际之间的"文化堕距"，但是正如后文的分析所说明的，这种距离和落差并不必然会抑制代际之间的合作，扩大化家庭再生产为代际之间的整合提供了新的动力和框架，代际之间观念的多样化并不必然意味着代际之间相对独立的行动逻辑。

其次，现代性改变了农民理解生命、自我与价值的方式。对于一种文化而言，只有解决了个体必然要面临的"死亡"问题，个体的生活才能获得持久的动力，文明才能得以延续。在传统的村庄生活系统中，人的生命过程处于"祖荫"与"神佑"的模糊状态。同时，农民的生命与死亡通过卷入家庭生活而消解了生与死的直接性与严肃性。正如吴飞（2014：17—32）所言，在中国人的文化语境中并不存在"赤裸生命"的问题。对于传统农民而言，从生向死的自然演进过程在家庭再生产中被置换为伦理生命获得的道德实践过程，传统的村庄社会和家庭模式为农民提供了一套价值体系。这套价值体系涉及农民与现实的家庭成员和鬼神体系之间的关系，也提供了一套农民认识和理解自身的框架。因此，一个必然性的悲剧过程被转化为了一套富有意义与价值的通往"圆善"的过程。

现代性进村打破了原有的这套知识系统和价值系统的封闭式运行模式，进而改变了农民关于生命的观念：生命不仅是"自然"的展开，也可以进行人为干预。例如，通过经济资源的大量投入而赋予生活以更高的质量和层次，通过高成本的医疗系统实现生命的延续。个体的生命长度和生活质量的边界不断被突破和延伸，但是这也无形中提高了家庭运行的成本。同时，生命过程的可介入性使得自然风险转化为社会风险和道德风险，过去可以模糊处理的风险和听天由命的事件现在转化为农民家庭不得不应对的经济成本或伦理压力。也就是说，随着生活系统的转型，现代性的理性主义给农民家庭注入的不确定性恰恰构成了农民生活内容的基本特征，这些不确定性固然可能导致农民生活中的选择困境，但是冲淡和稀释了"死亡"本身的现实性。后文的分析将说明，这些不确定性能够被家庭所吸收和化解，由此进一步转化为转型时期扩大化家庭再生产的运行动力。

在这个意义上，现代性带来的风险意识似乎并未使农村和农民走向"风险社会"的形态。风险意识是外部输入的而非农村内生的。就农村社会而言，与其说它是风险社会，倒不如说它具有"稳定器"的功能。农村社会的稳定性与农民的流动性，这一静一动，为农民在进与退、发展理性与风险规避之间的腾挪提供了缓冲空间。因此，虽然现代化进程为农村和农民带来一定的风险，但农村社会和农民家庭特有的应对模式也在改变现代性的风险配置逻辑，从而保证了家庭再生产的顺利进行。

第三节　家庭再生产的模式转换

在上文的分析中，笔者试图呈现现代性进入农村社会的具体形态，分别从流动与分化、竞争与发展、祛魅与风险的角度进行了讨论。现代性进村成为转型时代农民家庭再生产的最为重要的背景，而农民家庭面向外部社会系统进行的回应和调适构成了其现代性适应的基本内容。

当前学界关于家庭转型研究的突出特点是，先行预设了由传统大家庭向现代核心家庭的线性转型过程，家庭转型的过程因而被视为现代性要素逐渐消解传统性要素的过程。然而，"传统 - 现代"的理论框架在分析中国农村家庭转型时存在一些不足。在本书中，笔者试图通过经验研究说明，只有从农民的视角出发，以农民触摸和应对现代性压力的方式为基础，才能真正理解现代性之于农民及其家庭的影响和后果。如上所述，在中国农村社会转型的经验中，"流动的现代性"具体化为农民家庭努力实现向上流动的动力和追求：家庭发展已经成为农民家庭生活中的"政治"正确，并日益主导农民家庭再生产的过程。相对于"解放政治"中的"权利"正义，"发展"的正义取得了绝对的优先性地位。这是由当前中国农村发展所处的阶段及其宏观结构所决定的。

在这个意义上，本书的核心概念——家庭再生产——便具备了进一步操作化的基础：现代性进村背景下的家庭转型可以操作化为由"简单家庭再生产"向"扩大化家庭再生产"的转型。家庭再生产的模式转变成为透视家庭转型的微观切口。同时，只有进入家庭再生产的微观过程之中，才能真正理解农民家庭的现代性适应与现代化转型的机制，也才能真正理解老年人危机如何在家庭再生产的过程中生发出来。

本书中，家庭的简单再生产和扩大再生产概念主要受到马克思关于资本主义再生产的相关论述的启发。马克思（1972：621—629）在关于资本主义再生产的论述中，围绕剩余价值的使用方式，区分了简单再生产和扩大再生产。① 受马克思的启发，可以将农民的家庭视为一个典型的生产单位，其特定的经济态度不仅决定了家庭经济剩余的数量，而且也决定了家庭经济剩余的配置方式和目标。袁明宝（2014：27）对小农理性的研究发现，农民遵循经济理性和目的理性。经济理性指农民为了保证基本的家庭经济生活采取的最大化利用家庭劳动力的策略。目的理性指家庭伦理和文化影响农民家计安排，促使农民在劳动与闲暇之间做出权衡。经济理性产生于农民家庭的生存压力，而目的理性则产生于家庭伦理与道德规则的引导。袁明宝关于经济理性与目的理性的区分初步呈现了农民理性的多元维度。在自给自足的村落系统中，农民的生产与消费实际上遵循着不同的逻辑，生产与消费的调控方式形塑了特定的家庭再生产模式。

两种不同的家庭再生产方式反映了农民基于不同的家庭目标而表现出不同的经济态度，进而对家庭内部的资源、权力和价值采取不同的调控方式。所谓简单家庭再生产，指的是农民家庭经济的剩余较少，并且不多的经济剩余在配置方面呈现以下两个特点：其一，从事项上看，家庭经济收入不仅要用于维持家庭成员的基本生活开支，而且还要用于婚丧嫁娶和人情往来等多个方面；其二，从主体上看，所有家庭成员（包括在世和已故的家庭成员）共享家庭资源，家庭整体的责任伦理约束了当下家庭成员的消费。在简单家庭再生产模式下，农民并不缺乏向上流动的积极目标，但是，家庭运行的动力和目标难以突破地方性的村庄社会，因此，从经济层面而言，农民家庭的简单再生产过程最终形成了在村庄内部的低水平循环。不过，在资源积累这一基本层次之上，农民家庭也生发出了颇为丰富的生活内容和一套厚重的价值体系，赋予简单家庭再生产以并不简单的实践内涵：家产配置需要顾及家的整体性，家庭政治往往在家庭权力互动中

---

① 马克思认为，资本主义的简单再生产是在原有规模和层次上重复进行的再生产，扩大再生产强调资本家不是把全部剩余价值用于个人消费，而是把其中一部分剩余价值转化为新的资本，用来购买追加的生产资料和劳动力，以便使再生产在扩大的规模上进行。本书在此借用了马克思的两个概念，用以概括农民家庭再生产的两种模式。

潜滋暗长，而家庭和家庭生活过程又成为其成员生命价值实现的基本载体。总而言之，简单家庭再生产是低度经济理性和低度目的理性的结合，保证了代际之间的均衡，为丰富的家庭生活和村庄社会生活提供了空间和基础。

简单家庭再生产是立足于村庄日常生活的家庭再生产模式。在《现代化与日常生活批判》一书中，衣俊卿（2005：220）对日常生活运行的特征进行了总结，认为日常生活植根于重复性思维和重复性实践，日常生活的一般运行具有强烈的自然性和自在性。衣俊卿写道：

> 日常生活的运行是在牛顿定义的时间和空间中展开的……每个人每日都在重复着昨天刚刚进行的吃喝穿戴睡眠活动，每个人都在重复着别人也在进行的生老病死的进程。尤其在农业文明中，似乎祖祖辈辈、世世代代的日常生活主体吃着同样的饭，干着同样的活，穿着同样的衣，住着同样的房。一切都是那样呆板、宁静、缓慢、凝固、恒常，日常生活就是这古老的大地、古老的日常生活世界缓慢地、沉重地旋转时所奏出的一曲单调的、无变奏的慢板。

衣俊卿的观点具有鲜明的现代化色彩。在现代化的视角下，以农业社会为典型的日常生活缺乏活力，在自然节律的循环中单调地展开。但在西方理论中，日常生活这一概念本身就具有一定的批判诉求，即对精英主义、结构主义的理论内容的一种批判。在西方理论中呈现的日常生活是反制度和反结构的，因而很快地投向了现象学的怀抱。这样一种悖论的方式又导致了日常生活的抽象化。在笔者看来，无论是现代性对日常生活的消极色彩的映照，还是西方社会理论的日常生活转向（这种转向也影响了中国学界的经验研究，即强调对生活史的研究，关注微观叙事而非宏大叙事），都未能给予具有丰富内容和意义的日常生活足够的关注。

陈辉从农民"过日子"的日常生活中揭示了农民丰富的生活哲学，桂华从农民凡俗的家庭生活中阐释了"圣凡一体"的宗教实践。这些研究无一例外地说明，农民家庭的日常生活并不是个体的松散组合，而是具有内在的结构。① 因此，我们同时也要关注农民日常生活中的结构与机制。农民家庭不仅呈现一种共时性的组织状态，同时，这种组织状态又只是家庭再生产过程中的一个片段。因此，农民的日常生活是以家庭生活为中心展开的，家庭以及家庭再生产构成了日常生活的内核，而村庄社会生活则构成了农民日常生活的外延。在这个日常生活中，不仅发生着物质层面的生产活动，也发生着成员之间的关系互动，同时还进行着生命意义的实践。农民不需要通过否定现实的日常生活来获得终极性的价值实现，而是从这套日常化的生活秩序中获得基本的生活满足。以家庭为核心，个人、家庭与村庄社区系统之间处于高度的协调状态。家庭本身就嵌入在日常生活之中，农民根据地方性规范完成人生任务和人生目标。也只有以传统村落日常生活为背景，费孝通关于"生育制度"之于家庭继替和社会继替之意义的逻辑才能更为清晰地展现。生育行为本身在很大程度上决定了"代"的延续模式，每个人通过出生获得特定的身份，并最终体现为生命过程中一系列角色的转变。

　　然而，在现代性的影响下，农民日常生活的内在结构和运行机制发生了改变。"目的－手段"理性取代了自然而然的常识。"过日子"不仅需要付出加倍的努力，承受很大的压力，还面临巨大的风险。流动与分化、竞争与发展、祛魅与风险等现代性因素改变了静态的、循环的和稳定的家庭再生产机制，推动了农民家庭从简单再生产向扩大再生产的转型。所谓扩大化家庭再生产，指的是父代家庭通过践行经济理性获得较大经济剩余，同时，这些剩余的持续积累有效、彻底地转化为子代家庭成长和发展的条件，由此不仅可以实现传统意义上的家庭绵延，而且也可以在开放的社会系统中实现向上流动。

---

① 在现象学理论关于日常生活的研究中，日常生活无非是"主体间性"的世界。舒茨通过"代"的概念对日常生活世界进行了进一步的操作化，将日常生活世界区分为"同时代人的世界""前人的世界""后人的世界"三个层次组成的世界，并且主要关心同时代人的世界。显然，主体间性的视角并未能在根本上超越方法论的个人主义，因而也难以在"代际"互动的层面对日常生活的再生产逻辑展开深入研究。

扩大化家庭再生产模式反映了转型时期农民家庭再生产展开的基本方式。在现代性的"脱域"机制下，地方性社会中的自主生活系统卷入外在的社会系统之中，个人、家庭与社会系统之间的静态均衡逐渐被打破，因此，个人、家庭与生活系统之间的张力如何弥合，进而构建螺旋式上升的动态均衡，成为困扰农民生活的现代性焦虑。现代性引发的焦虑不仅体现在父代为子代成家的"操劳"之中，而且也贯穿于家庭再生产的整个过程。这样一来，家庭再生产不再仅仅是生育行为的结果和传宗接代的过程，它成为一个需要持续地用心经营的过程。

在扩大化家庭再生产模式下，家产配置的方式、家庭权力关系的运作和农民价值实现的过程等方面均发生了显著的变化。从家庭再生产的效果来看，为了应对现代性进村的压力，扩大化家庭再生产的目标更为集中，具有高度的经济理性和目的理性特征。扩大化家庭再生产是透视现代化背景下中国家庭转型的基本脉络，也是理解当前农村老年人危机的关键变量。

从"简单家庭再生产"向"扩大化家庭再生产"的家庭转型折射出老年人危机更为深刻的面向。换句话说，只有透过农民家庭的运行机制，才能理解现代性对农民家庭的真实影响和农民家庭充满弹性和韧性的应对策略。在这个意义上，家庭再生产的"过程－机制"分析将为我们打开现代性压力下农民家庭运行的"黑箱"。也只有通过这个解剖过程，对老年人危机的理解和认识才能真正触碰到时代的脉搏，从而建立富有经验质感和理论深度的分析老年人危机的解释框架，并最终实现从微观分析向中层理论的跃进。

第四节　老年人危机辨析

如上所述，本书关于老年人危机的分析是以当前农民家庭转型过程为基础的。因此，在展开具体的分析之前，需要进一步明确本书对"老年人危机"的定位。具体言之，主要有两个方面需要注意：首先，家庭转型过程中老年人群体内部的代际差异，这涉及老年人的群体特征；其次，老年人危机的三个维度，它们是农民家庭再生产要素的延伸，并指向转型时期老年人危机的独特性。只有厘清了这两个问题，我们才能将老年人危机的分析统一到家庭转型和扩大化家庭再生产的分析之中。

一　老年人的代际差异

理解家庭转型过程中的老年人危机，一个前提条件是对老年人进行定位。在一定意义上看，老年人是一个相对性概念，指的是在特定时间节点上，在个体的生命周期中达到特定阶段的年龄群体。如果单纯着眼于年龄，老年人一般被视为一个"同期群"①。在一些更为具体的研究中，有研究者将老年人进一步区分为低龄老年人和高龄老年人，但值得注意的是，这种区分仍然属于年龄视角的内在区分。

本书关于老年人的研究也不能回避老年人年龄层次的差异。不过，相对于家庭生命周期视角对"代"的内部解释，笔者关注的是将"代"放置在特定的社会历史过程之中进行考察。"代"的差异，不仅是年龄层次的差异，在本质上也是社会历史过程的差异。当然，后者意义上的这种差异通常在相对稳定的重复性日常生活中被隐藏和遮蔽，但是在农村社会大转型的背景中，"代"的差异就不仅是时间先后的差异，也是不同的社会生活内容所导致的差异。这样一来，老年人的代际差异就很难简单地化约为年龄差异。

既有的关于代际关系的研究颇为丰富，但其中的研究大多没有考虑到转型时代农村代际分布的复杂性。大量的研究主要集中于形式化的代际关系和代际互动，而忽视了"代"本身的历史与社会基础。事实上，"代"不仅是一个时间性概念，而且是一个历史性概念。本书关注的是 20 世纪 80 年代以来的家庭转型。家庭转型是一个渐进的过程，因而很难将变迁的发生精确到某一个特定的时间点。根据笔者在多地农村的调研，当前农村老年人的代际差异可以按照如下方式进行初步的划分：一部分是在 20 世纪 80 年

---

① 所谓同期群，是指在相同时间内经历同种事件的人口群。

代之前就已经完成了人生任务①的农民，他们目前构成农村高龄老年人的主体；另一部分是在 20 世纪 80 年代以后，逐渐为人父母和完成人生任务，他们构成当前农村低龄老年人的主体。从分析的角度考虑，高龄老年人与低龄老年人可以 70 岁为分界点。通过这样一种操作化，可以打破家庭生命周期的循环路径，也就可以说明，"共时性存在"、处于不同年龄阶段的老年人，其危机状态源于不同的家庭再生产逻辑。

对老年人危机进行分析，显然要正视老年人群体内部的代际差异。从时间的维度来看，高龄老年人经历了简单家庭再生产的过程，而低龄老年人经历了或正在经历扩大化家庭再生产过程。因此，单纯从家庭再生产的过程本身并不足以充分解释当前的高龄老年人危机，即高龄老年人所面临的危机并非当前的扩大化家庭再生产的直接产物。本研究的一个重要创新之处在于正视了老年人内部的这种代际差异，并且将共时性存在的两个"代"通过不同的方式纳入扩大化家庭再生产的机制之中。如此一来，我们就能够在家庭再生产的基础上构建起老年人危机的分析框架。在此意义上，立足于家庭再生产的"过程－机制"分析不仅包括了历时性分析，也为结构性分析提供了可能。因此，老年人虽然存在代际差异，但是老年人危机的解释最终都可以纳入家庭再生产过程，并通过家庭再生产模式的转型予以解释。

二　老年人危机的维度

上文中，笔者不仅围绕资源、权力和价值等要素论述了家庭再生产的内涵，同时结合现代性的实践形态讨论了农民家庭再生产的模式转变。老年人危机内涵的丰富性与家庭再生产的立体性有着紧密的关系。但是，二者的紧密关系仍然有待做进一步说明，即老年人危机如何嵌入家庭再生产过程？为何老年人危机需要放置在家庭再生产的框架中来理解？

本研究并不是就老年人危机而言老年人危机，而是跳出老年人的视野来理解老年人危机。按照年龄，一个人的生命周期可以大致划分为童年、

---

① 这里的"人生任务"主要是指为儿子娶媳妇。

少年、青年、中年和老年几个阶段，这构成了社会认识和理解人的基本框架。在这个框架下，老年人危机往往被视为老年阶段特有的产物，进而过于强调老年人危机的生理基础。这种视角实际上在一定程度上切割了个体的老年阶段与之前阶段的关联。事实上，从生命展开的经验过程来看，老年人不仅经历了一个由青年到老年的"老化"过程，同时，在这个过程中，他们又始终处在与其他"代"的关系之中。因此，只有将老年人危机纳入家庭再生产的过程之中，才能深刻洞悉其生成的原因。

将老年人危机嵌入家庭再生产过程，意味着需要拓宽理解老年人危机的视角。老年人危机并不是伴随着"老化"过程而来的自然而然的结果。"老化"的自然过程与家庭再生产过程具有本质差异。在这个意义上，"老年"并不是一个先赋性的生活框架，相反，不同的文化形成了对老年状态的不同设定。文化差异既体现为横向的文化类型差异，也体现为纵向的文化变迁导致的差异。从横向的文化类型差异而言，明泽川（2016）通过比较西欧、日本以及世界其他地区关于老年人的界定标准和对待老年人的方式，发现"老"本身是一个文化问题。而从纵向的时代差异来看，传统中国社会中也有老年人，但却没有普遍存在的老年人问题。原因在于，传统的家庭伦理和地方性规范赋予"老年人"较高地位，老年人被认为是应该得到尊重的，老年人是智慧与能力的象征。但是，在现代性的冲击和压力之下，传统社会中那套关于老年人的规范性认识发生了认同危机，老年人的幸福生活在现代性面前似乎越来越缺乏正当性。

基于以上的讨论，老年人危机并非独立于家庭运行逻辑，也不简单的是家庭的离散化与核心化的产物。如果说，当今社会仍然存在"弃老"的现象，例如拒绝履行赡养责任，那么，"弃老"也只是深刻的老年人危机的一个不那么重要的外在表现。实际上，老年人危机并不是产生于老年父代家庭同子代家庭之间的脱离，而是产生于老年人被过度卷入子代家庭再生产的特定路径。

因此，老年人危机的生成是一个持续的过程。危机的过程性不仅直接指向家庭中的低龄老年人群体，而且也指向高龄老年人群体。危机的形成过程与扩大化家庭再生产过程具有一体两面的特征。扩大化家庭再生产在再生产了充满活力与希望的子代家庭的同时，也在不断地更新和塑造着失去未来的父代家庭，从而一步一步地改变父代的处境。现代性进村背景下家庭再生产的模式转变导致了父代的不利处境，为老年人危机埋下了伏笔。按照本研究对家庭再生产层次的操作化，并结合老年人危机生成的家庭脉络，老年人危机可以相应地操作化为三个维度：物质资源层面的底线生存、家庭政治层面的边缘地位和生活意义层面的价值依附。

1. 底线生存

家产是家庭再生产的基本层次。一般而言，家产的多少，与家庭劳动力的数量和家庭所处生命周期具有紧密的关系。这是农民家庭再生产的基本约束条件。在家庭再生产的过程中，家庭生活过程中的相关事件必然涉及有限的家庭资源在不同家庭成员之间如何分配的问题。哪些成员能够成为有限资源的重点照顾对象在一定程度上是特定的家庭再生产模式的反映。在简单家庭再生产模式下，老年人往往是家庭资源倾斜的对象，这源于老年人在家庭中的地位以及家庭伦理的制度性规范。而在扩大化家庭再生产模式下，家庭资源的配置颠倒了，在持续性的"恩往下流"的资源配置过程中，老年人只能获得最为基本的生活条件，即"底线生存"。

生存是人之为人的基本条件。在导论中，笔者梳理了关于老年贫困的研究，这些研究认为老年人的主要问题是贫困问题。此处笔者提出的"底线生存"与老年贫困似乎指涉了相同的状态，即物质层面上的低度供给。但二者指涉不同的发生学因素。底线生存固然是老年人的一种生活状态，但同时也是之前生活状态的一种延续和强化，体现了家庭资源配置模式的选择及其带来的后果。

2. 边缘地位

权力是家庭再生产的重要内容。在传统的家庭再生产模式中，老年人对家庭的支配权和当家权在相当程度上维系了"反馈模式"的稳定性。但是，在扩大化家庭再生产模式中，父代掌控的权力日益转化为对家庭的责任，以求在更为开放的社会系统中实现家庭的向上流动。实现"资本的原始积累"的要求产生了家庭高度整合的自觉，但是，家庭的高度整合是以老年人的边缘地位为支撑的。所谓边缘地位，指的是老年人在家庭中说不起话、做不起人，在家庭中缺乏存在感。在导论中笔者曾经述及的留守视角过于关注老年人的照顾不足的问题，老年人照顾缺位的状态似乎也反映了其被边缘化。但是，如果从家庭再生产的视角来看，老年人的边缘地位不仅仅是留守，这实际上反映了家庭对老年人的排斥和剥夺问题。

3. 价值依附

伦理价值的再生产是家庭再生产的重要内容。在简单家庭再生产模式下，农民通过传宗接代实现家族延续的行为，足以赋予父代家庭充实的生命价值。与此不同，在扩大化家庭再生产模式下，父代生命价值的实现方式发生扭曲，逐渐走向了价值依附。但需要注意的是，价值依附并非价值缺失。因此，价值依附的视角驳斥了学界关于老年人问题源于家庭伦理危机的简单判断。事实上，伦理和价值的讨论需要放置在家庭再生产的具体过程和具体情境之中来理解。农民家庭中并不存在抽象的、普遍的伦理。伦理发生于特定的关系之中，农民的价值体验和价值实现同样也发生于具体的家庭生活之中。因此，关于价值依附的具体讨论必须依托家庭再生产的过程。

第三章

恩往下流：扩大化家庭
再生产的资源配置逻辑

滋贺秀三（2013：128）认为，子代对父代的继承包含三个要素：人、祭祀和财产。其中，一定数量的家产是维系一个家庭正常运转的物质基础，家庭再生产首先是家产在代际之间的传递和转移。在农民家庭内部，家产转移主要是通过分家这一事件得以实现，"分家的过程也就是父母将财产传递给下一代的最重要的步骤之一。通过这一过程，年轻一代获得了对原属其父亲的部分财产的法定权利，对这部分财产开始享有了专有权"（费孝通，2010：60）。但分家并不是农民家产转移的唯一方式，家产"传递的过程通常是一点一点进行的"（费孝通，2010：59）。一般而言，在传统社会，一个男子可以有三次机会从父母那里继承财产，依次为：结婚时、分家时和父母去世时（韩敏，2007：72）。子代结婚时可以从父代那里获得一些基本的生存物资，包括彩礼、新婚夫妇居住的房间等；而分家时一般是诸子均分家产，但此时父母一般不会把全部家产分完，而是留下部分养老钱、养老地、养老房等；等到父母去世时，诸子再均分父母留下的最后一笔财产。因此，传统时期家产的分配是一个持续的、渐进的过程，父母对家产的掌控权比较大，家产的转移和分配一般都是由父代主导的：一方面，家产何时分配、如何分配主要由父代决定；另一方面，在家产分配中往往会遵循诸多原则以保证父代的权利和权力，如承继中的权责均衡和保护性原则。总之，传统时期的家产转移由父代主导，它以"家庭主义"（黄宗智，2011）为核心，以维护家的整体性为最终目的。

20世纪80年代以来，打工经济开始在全国各地不同程度地兴起，尤其是进入2000年以来，农村青壮年外出务工已经成为一种普遍趋势。市场机制和现代性的进入给农民家庭带来很大的冲击，家产转移的方式和过程也逐渐发生变化。婚姻市场中男女性别比失衡使得男性的婚姻压力剧增，女性在婚姻市场中的优势地位使得其在婚姻谈判中掌控主动权，从而出现年轻媳妇以索要高额彩礼的方式提前分割男方父代的家产（阎云翔，2006：174—175）、结婚后立即分家等诸多新现象。并且，在当前农村，分家并不意味着父代向子代输送资源的终结，反之，现代性的进入改变了农民家庭再生产的目标和周期，家庭再生产的成本上升、难度增加，从而使得父代在分家之后仍然要源源不断地向子代家庭输送资源，直到自己不能劳动为止。父代无止境地为子代付出，没有给自己留下多少资源，因此，父代年老时往往只能维持"有饭吃、没钱花"的底线生存状态。家产转移是家庭再生产的重要维度之一，本章主要从家产转移的变迁来透视农村的家庭转型，通过揭示扩大化家庭再生产模式中家庭资源的配置逻辑，理解当代农民家庭转型何以可能，农民及其家庭如何调适其行为，进而如何影响了父代"老化"过程中的资源脉络。

第一节　简单家庭再生产的资源配置

盛洪（2008）认为，中国传统是以家庭主义为主，现代西方则是以个人主义为主。事实上，"家庭主义"不单是对中国传统家庭生活的一种描述和概括。家庭主义的传统也表现出了相当的韧劲，从而为理解当下农民生活提供了重要的启示。陈辉（2016：10）基于陕西黄炎村的田野调研发现，家庭主义是对农民生活哲学的高度概括，集中表达了农民过日子过程中的各种原则、策略与方法。在本书中，笔者并不在抽象的生活哲学层面理解家庭主义，而是将其置入农民被再生产的具体过程，以理解家庭主义的现实基础。

正如西方的个人主义建立在个体私有财产权的基础上，中国的家庭主义也以特定类型的财产权为基础。如果进一步将家庭主义具体理解为以家庭为本位的资源配置方式和原则，则家庭的财产权就显得尤其重要了。按照现代法律术语，家庭的财产权是一个模糊和奇怪的概念，家庭本身似乎很难作为一个完全的财产权主体，学界更为习惯性的说法是，将中国家庭视为一个家产单位，家产制因此成为中国家庭的物质基础和制度基础。反过来看，家产制的实践则是家庭主义原则的表达。家产制超越了家庭成员的个体利益本位，从家庭整体利益的层次维持了家庭内部权责利关系的均衡，家庭内部的均衡系统为弱者的生存提供了制度基础。家庭主义的原则支撑了家庭的本体性和本位性，使得家庭内部的资源配置遵循的不是效率原则和发展逻辑，而是正义原则和生存逻辑。

本节主要对传统时期北方农村家产制实践中的"家庭主义"进行分析，从而为理解扩大化家庭再生产中的资源配置逻辑提供参照。以下分别从"家的整体性"、"承继中的权责均衡"和"保护性原则"三个层面来展开论述。

一　家的整体性

如前所述，家产是家庭再生产的基本要素。但是，在具体的地方社会语境中，家产又并非一个纯粹的财产概念。所以，"家产"并不完全等同于"财产"，也就是说，如果我们将"财产"视为一种"物"，那么，在"家产"的物化形态背后，实际上还潜藏着"家产之灵"①。家产之灵强调了农民家庭运行机制对于家产的主导和统摄。在这个意义上，我们可以进一步理解一般所谓中国农民家庭"同居共财"属性更为深刻的意涵，即家的整体性。

家的整体性，指的是家庭不能还原为个体以及个体与个体之间的关系，同时也不能还原为某一时间节点的家庭关系。从家庭形态的发生学来看，父母子构成的核心家庭结构是家庭最为基本的单位。在具体的家庭再生产过程中，父代家庭逐渐裂变，子代家庭相继成立，并且表现为核心家庭—联合家庭—直系家庭的交替过程。由此可见，一旦我们进入家庭再生产的具体过程，既有家庭形态的类型均作为家庭再生产不同时点的形态，构成了家庭再生产过程之展开的有机环节。家庭形态的交替既是代际的更替，

---

① 这里借用了马塞尔·莫斯在《礼物》一书中的表述。他认为，在地方性的土著社会中，礼物流动的背后实际上是"礼物之灵"的流动。所谓的"礼物之灵"，实际上指的是"社会"。同理，家产制的实践遵循的并不是产权的逻辑，而是服务于家庭意志的表达与家庭利益的维系。

也包括家产的流动，这些变动和分化都可以容纳在整体性家的框架中，从而赋予整体性家以内在的柔韧性。

有学者注意到，维系与离析（王跃生，1993）、组合与分裂（龚为纲，2013a）是同时作用于中国家庭的两种力量。这些力量对家庭的影响主要聚焦于分家事件。基于家的整体性的视角，农民的分家行为呈现"分中有继也有合"的特点，这就超越了仅仅立足于分家事件的家庭研究视野。这意味着，一方面，我们要正视农民家庭生活实践中分家的普遍性存在。联合大家庭作为一种理想的家庭模式即使在传统社会所占的比例也非常小，并且往往存在于经济条件较好的士绅阶层（麻国庆，1999：23）。另一方面，分家行为又体现了农民家庭在具体的组织形态和结构安排上的灵活性和伸缩性。分家析产并不是扩大家庭的绝对分裂，在一定意义上讲，分的目的是为了维持家的整体性，防止扩大家庭内部集聚的张力导致家庭彻底分解，同时，分家也是实现家产代际流动的重要方式。

由于家庭不能还原为个体，因此，家庭与其成员之间就形成了一种类似于"委托－代理"的关系。俞江（2006）在对滋贺秀三的批评中也一再强调了家父长作为家产的"代理人"而非所有者的角色。既然是代理人，就意味着家父长自身也要服从于家的整体性，并且成为积极践行家庭再生产的主体。没有人能够超越于整体性家之上，也没有人能够被排斥于整体性家的范围之外。为了理解中国的家的整体性意涵，我们可以在比较的视野下引入日本和西方社会的经验。首先，从中日的比较来看，两者的差异最为鲜明地体现在家庭财产的诸子均分制与长子继承制上。后者导致了家的专业性和企业性，这种家庭制度具有较大的排斥性。其次，从中西方的家庭经验比较来看，中国家庭的反馈模式与西方社会中的接力模式形成了鲜明的对比。在接力模式下，随着家庭的演化，逐渐形成的一个个核心家庭相继从母家庭中脱离，老年人问题因此从家庭领域溢出到社会领域之中，成为社会问题。而在反馈模式下，"抚育－赡养"这一均衡体系能够赋予老年人较好的生活，并将老年人的问题在家庭领域内部有效地吸收和消化。

在具体的家庭再生产过程中，家之整体性的一个重要表现是家产的共同创造和积累。在传统农业社会中，农业生产过程细碎、多样的特征为家庭劳动力的充分动员提供了可能。黄宗智（2000b）对华北近代小农家庭生产逻辑进行考察就发现，农民通过家庭化生产的方式，适应了外部社会环境的变迁。黄宗智将这种家庭化生产的社会经济状况概括为"没有发展的增长"。其颇具启发性的意义在于，"没有发展的增长"这种状态可以进一步被理解为简单家庭再生产的后果。家产的积累来自对所有家庭成员的动员和利用，与此同时，所有的家庭成员也具有分享家产的资格。在家庭主义的氛围中，家产积累本身无所谓意义，只有当家产积累嵌入传宗接代的人生目标中，并服务于香火绵延的价值追求时，家产才是有意义的。如果家庭本身的延续性和整体性不能保障，再多的家产也没有意义。

二 承继中的权责均衡

上文我们对家的整体性的含义进行了初步的说明，那么，作为一个整体性家，其构造的基本原则是什么？在此，我们有必要进入整体性家的内部，探寻其基本的运行原则。费孝通（1998：180）将家庭视为一个事业团体，"在一个合作的经济单位中，权利和义务的平衡是维持团体完整的必要条件"。在家庭内部，不同的家庭成员之间因为性别、年龄和血缘等因素而呈现不同的权利义务关系，并围绕这些关系形成了家庭内部的互动模式。家庭主义的理想必须借助家庭内部权利义务关系的均衡才能顺利地转化为现实。从家产的转移和配置来看，这种均衡是立体的均衡，建立在分家与养老密切关联和互动的基础上，是一种长时段内的、基于家庭整体考虑的系统均衡，本书称之为承继中的权责均衡。承继中的权责均衡是简单家庭再生产模式中家产转移的基本特征之一。

承继中的权责均衡，指的是父代家庭与子代家庭之间权利义务关系的均衡。在分家析产的过程中，子代有从父代家庭继承财产的权利，但同时子代家庭也要履行相应的义务，这种义务在父代在世前主要表现为子代对父代的赡养，而在父代去世之后则是以祭祀的方式表现出来，概括而言，即"生养死葬"。在传统社会中，父代在家庭内部享有较高的权威，因而承继中的权责均衡能够得到有效维系，这种均衡主要通过家产分配与赡养义务之间的匹配体现出来。承继中的权责均衡为父代的老年生活带来了稳定的预期。

在北方农村，养老具有较强的规则性，子代对父代的赡养是基于子代对父代家产的继承以及在此基础上形成的社区养老规则。代际之间强调公平的交换，子代继承了父代的家产，就具有赡养父代的义务。如果某个儿子继承父代的家产较多，那么在赡养义务上理所当然就应该承担更多。因此，北方农村的养老模式与分家模式是紧密相关的，特定的分家模式之下必然有一套特定的养老模式与之相匹配，以实现家庭内部的均衡。家产承继中的权责均衡主要通过两种方式得以实现：一是在分家析产时诸子均分家产，并由诸子"轮养"父母；二是在分家析产时其中一个儿子多分得部分家产，① 同时这个儿子也要承担主要的赡养责任。

河南安阳农村主要是通过第一种方式保持承继中的权责均衡。安阳农村在 20 世纪 80 年代之前都主要以"一次分家"为主，当地分家具有两个特点：一是父代的家产全部分完，分家之后父代基本没有了家产；二是父代的家产在诸子之间绝对平均分配。在分家之后，父代一般由几个儿子"轮养"，部分老人在有劳动能力时倾向于单独开伙，但由诸子共同分摊养老费和老人生活所需要的物资。父代生病的花费和丧葬费用也由诸子均摊。如果父代在去世时还留有遗产，最终也要在诸子之间平均分配。在当地农民看来，由于在分家时兄弟平均分配了父母的家产，因而在养老时必须采取"轮养"的方式，这样才能在诸子之间实现公平。事实上，当地农民在具体的分家实践中也非常重视权责均衡，以下是安阳南村一位老人对家产分配的理解。

案例 3-1：家庭经济一定要有个平衡点，只有平衡的付出，以后

---

① 某个儿子多分得的家产一般为父母在分家时给自己留下的那部分，继承父母多余财产的儿子在当地一般被称作"养老儿"。

才能有平衡的赡养。（对儿子的）① 经济不平衡，老人就会认为是短处，儿子即使养老心里也会有想法，老人拿了（养老费）心里也会不舒服。公平分配家庭财产，这是自古天理。在分家之前，要债务公开、财产公开、固定资产公开。老人不管有多少东西，关键是要平衡，这是自古天理。每个家庭都要有个家长，要学习当家长。当家长就要对孩子的心是平衡的，这样孩子才会对他没有意见，不能做到绝对公平，但要尽量公平。

（河南安阳南村，PFG，男，65 岁，2016 年 5 月 31 日访）

陕西关中农村则主要通过第二种方式维系承继中的权责均衡。关中农村在传统时期也是以"一次分家"为主，但其具体的分家方式与安阳农村有所不同，主要有以下几个特点：一是分家时父代要单独留一份家产，包括土地、房屋和部分现金；二是家产在诸子之间并不是平均分配，一般而言，负责赡养老人的儿子比其他儿子多分得部分家产。但具体各个儿子分得多少家产要视家庭经济状况而定。以有三个儿子的家庭为例，经济条件比较差的家庭，家产相对较少，长子和次子在分家时获得的家产极为有限，用农民的话说相当于"净身出户"，父代一般只会为其准备一些基本的生活物资，如锅碗瓢盆，而幼子则继承了父代大部分家产。如果家庭经济状况比较好，那么在分家时一般会把家产分为四份，三个儿子各得一份，老人单独一份，并且老人单独的那一份家产往往比儿子们的那一份多。然而，无论是哪种经济状况的家庭，老人单独的那一份家产最终都是由其中一个儿子继承，这个儿子在当地一般被称为"养老儿"②。在传统时期，当地老人可以自由选择由哪个儿子养老。因此，关中农村在分家时家产在诸子之间并不是绝对公平分配，父代的家产更多地分给了"养老儿"，包括父母名下的土地、父母的那一份房屋以及父母的劳力。在这样的分家模式之下，

---

① 括号内的内容为笔者添加，下同。
② 在中华人民共和国成立前，当地农民一般会选择跟大儿子不分家，由大儿子养老；但从大集体时期开始，尤其是 20 世纪 80 年代以来，"多次分家"在当地兴起，老人一般是与小儿子不分家，由小儿子养老。

为了维系承继中的权责均衡，当地的养老模式就不同于安阳农村的"轮养"，而是采取父代与"养老儿"不分家，并由其主要负责赡养父代的方式，其余儿子只是在父代生大病和去世时才分摊费用。费孝通（1998：254）指出：

> 所谓的平等原则并不一定指在同胞间分家时所立分单上所得到的是否相等，而是在很长的过程中，权利义务的平衡上是否公平。我们时常还可以看到，在事实上同胞间在继替上不能平等的时候，总是在义务上加重到在继替中占有特权的一方面去。

因此，虽然在分家的那一刻兄弟之间所分家产并不均衡，但分得更多家产的"养老儿"承担了更多的赡养责任，由此在大家庭内部形成了一个动态的均衡系统。

三　保护性原则

家庭主义的原则赋予了中国家庭高度的凝聚力，同时，承继中的权责均衡原则对高度凝聚的家庭内部的权利义务关系进行了调节和润滑，赋予了中国家庭极强的整合能力。家庭整合的目标就在于家庭再生产，家庭并不是达成其他外在目标的组织媒介和依托。因此，这样的整合是开放和包容的。在整体性家中，每个家庭成员都是家庭理所应当的一分子，家庭资源配置的保护性原则也满足了家庭成员的基本需求。

许烺光（2001：208）认为，中国农民生活在祖先的"庇荫"之下。在他看来，"父子一体"是中国家庭文化中最重要的特点，也是理解传统中国家庭的关键。父子一体，表明了"父子间的责任和权益并非是单方面的，而是双方相互作用的"。一方面，父代要抚育子代长大，父代对子代的抚育，不仅仅在于他对儿子有这种义务，更在于对于去世的祖先而言他要承担此责任；另一方面，子代要绝对服从父代，维护父代的权威，并且在父代年老时履行赡养义务，"儿子所必须做的这一切不仅仅是因为他对父母应尽的义务，同样还因为他对父子共同的祖先承担的责任"。因而，"父子同一仅只是一个大家庭范围内所必需的一条纽带，它一边连接着众多的祖先，另一边是无数的子孙后代"（许烺光，2001：205）。由"父子一体"所衍生出来的"兄弟一体"是中国家庭文化的又一重要特点，兄弟之间具有很强的伦理责任。因此，传统社会中家庭在分家析产时，由于"父子一体"和"兄弟一体"的伦理约束较强，家庭成员之间责任共担，家庭中相对的弱者能够得到保护，从而维系了家庭在伦理和文化上的整体性。

在分家析产的过程中，土地、房屋等是一个家庭最重要的家产，子代有从父代那里继承这些财产的权利。然而，家庭债务如何分配也是分家过程中的关键问题。在传统时期，"父子一体"伦理责任的维系，使得父代在家庭中具有一定的权威和地位，因而在分家时父代可以将债务在诸子之间均分，从而减轻父代在分家之后的经济压力。这在当时的社会里被认为是理所当然的事。笔者在河南安阳农村调研时了解到，在人民公社时期及其之前的年代，当地农民在分家时都要将家庭债务在各个儿子之间平均分配，父母一般不承担债务。

"兄弟一体"的伦理责任在分家过程中主要表现为，已婚且将要分家单过的长子或多个儿子在分家之后仍然要承担部分未婚兄弟的婚姻花费，并且将这一责任在"分单"上写明。这一做法在20世纪80年代之前普遍存在于北方农村。从家庭发展周期来看，如果一个家庭有多个儿子，那么在长子、次子等成家之后，父母已经逐渐老去，且家庭剩余资源有限。此时，"兄弟一体"伦理责任的维系能够减轻父代完成人生任务的压力，也有助于未婚兄弟顺利成家立业。

在"父子一体"和"兄弟一体"的规范性要求下，中国家庭对家庭成员的保护性主要体现在两个方面：第一，父代的人生任务是家庭成员共同努力完成的，家庭成员之间责任共担能够有效地缓解父代的压力，从而维系父代在家庭中的权威和地位；第二，兄弟和父子之间情感和伦理高强度的连带性，在相当程度上抑制了家庭成员"老化"带来的消极后果。失去生活来源的家庭成员也可以凭借其作为家庭成员的身份而享受照顾。

第二节　婚姻压力与资源集聚

在上文中，笔者初步讨论了简单家庭再生产模式下以家庭主义为核心的家庭资源配置逻辑，在这一模式下，家庭资源通过相对均衡的权利义务关系反馈到家庭中的老年人，从而减少了"老化"这一过程对家的整体性的冲击。在这个意义上，"家庭主义"不仅是一种组织和动员家庭资源的手段，也是农民生活的基本原则。在这套模式下，家产的传递过程是渐进的、多次的和温和的，父代与子代家庭的代际互动过程因而表现出张弛有度的特性，从而为父代家庭生活的相对自主性提供了基础和空间。

但是，在现代性的影响下，随着农民家庭再生产模式的转变，家产转移方式发生了巨大变化。在这一章的余下部分，笔者将主要探讨在扩大化家庭再生产模式下农民家庭家产传递和转移的机制。扩大化家庭再生产过程中家庭资源配置的方式明显地不同于简单家庭再生产模式，集中地表现为父代在家庭资源上的持续积累和无尽转移的过程。

婚姻是现代化和市场机制渗入农民家庭的切入点，随着婚姻市场上男女性别比的失衡，男性的婚姻压力剧增。男性的婚姻压力既表现为婚姻成本的上升，还表现为婚姻难度的提高。与男性的婚姻压力相比，女性在婚姻市场上占据优势地位，由此带来高额彩礼、竞争性分家等一系列对父代不利的现象。即便如此，"为儿子娶媳妇"也是北方农村父母重要的且必须完成的人生任务。父母是子代婚事消费的主要承担者（尚会鹏，1996）。在男多女少的情况下，婚事消费主要由男方家庭承担。在当前北方农村，男性的婚姻成本主要包括以下几项：购买"三金"、彩礼、建房或买房、婚礼酒席开支等。婚姻花费对于男方家庭而言一直以来都是一笔不小的开支，随着市场力量渗入农村的程度越来越深，婚姻成本也逐渐上升。

一　人口流动与婚姻挤压

北方农村男性的婚姻成本之所以不断上升，主要源于其在婚姻市场中的弱势地位，这种弱势地位在农民的话语里被通俗地表达为"男多女少"。男女性别比失衡确实是导致男性在婚姻市场中处于弱势地位的主要原因，而性别比失衡主要与以下两个因素相关。第一，计划生育政策与农民生育观念的冲突，导致出生性别比不平衡。北方农村一直以来都有较强的"男孩偏好"，"断子绝孙"在当地农民看来是对一个家庭最大的诅咒，即使是现在的年轻一代也认为"至少要有一个儿子才行"，没有儿子的家庭是村落生活中的边缘人，村庄舆论的压力以及对"绝后的恐惧"让没有儿子的家庭在村落生活中抬不起头。

　　　　案例 3 - 2：没有儿子的，面子上过不去。儿子是顶梁柱，（父母）操心也愿意，农村没有一个儿子不中。别人骂"你连一个儿子都生不了"，这是很厉害的。现在的年轻夫妻也要生个儿子才行。只要你在这个村里生活，没有个儿子就不中。在农村还是一定要有个儿子，儿子有力气，以后老了，儿子能抬得动，女儿就抬不动。女婿不能和儿子比，还是儿子亲，女婿只是半个儿子……

　　　　（河南安阳南村，QYQ，女，40 多岁，2016 年 5 月 25 日访）

　　　　案例 3 - 3：河南安阳南村的年轻媳妇 SDF，有两个女儿，大女儿 6 岁，小女儿 4 岁。当笔者问她是否还要再生一个儿子时，她说："我现在两个女儿，也还在犹豫要不要生个儿子，在外面还没有觉得有什么，但是在村里，别人都有儿子，你自己没有就觉得好像少了一点什么。公公婆婆都让我再生一个，亲戚、邻居也会经常说一说，让再生一个，我自己还在犹豫，很纠结。"

　　　　（河南安阳南村，SDF，女，29 岁，2016 年 6 月 3 日访）

北方农村普遍的"男孩偏好"观念一方面是受"养儿防老"这一传统观念的影响，另一方面则是源于"小亲族结构"带来激烈的村庄社会竞争，"有儿子"是参与村庄竞争的起点。20 世纪 80 年代以来，我国开始实行计划生育政策，但计划生育工作在全国各个区域开展的难易程度差异很大，龚为纲和吴海龙（2013）通过数据分析得出，江西、福建、广东等华南地区和山东、河南等华北地区的计划生育工作难度最大，这主要源于农民长期以来形成的"男孩偏好"观念。在华北等"男孩偏好"观念较强的农村，由于计划生育政策的约束，农民在第一胎没有生育男孩时，在二胎或更高的胎次倾向于进行做胎儿性别鉴定，若是女婴便舍弃，部分地区甚至有"溺女婴"现象，这导致北方农村的出生性别比严重偏高。龚为纲（2013b）对华南、东北、长江流域、中原四大区域的出生人口性别比进行对比分析后发现，"1970—1980 年四大区域出生性别比都维系在 103—107 之间。20世纪 80 年代之后，华南和中原的出生性别比持续上升，一直从 80 年代初的正常水平上升到 130 左右；而长江流域和东北则在 115 以下波动，大部分年份保持基本正常的水平"。具体数据见图 3 - 1。

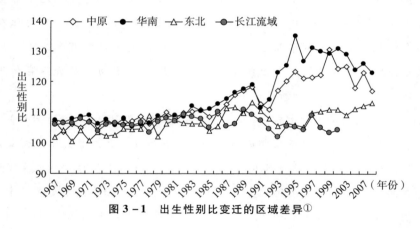

图 3 - 1　出生性别比变迁的区域差异①

笔者调研的河南、陕西和山东等北方农村都属于龚为纲所分四大区域中的中原地区，这几个地区的出生性别比从 20 世纪 80 年代以来也持续偏高。由此可看出，国家计划生育政策与农民"男孩偏好"观念的冲突是当前北方农村适婚男女青年性别比失衡的原因之一。

　　第二，打工经济带来快速的社会流动打破了传统的地方性婚姻圈。在打工经济兴起之前，由于交通、通信条件等相对落后，农民的通婚范围相

① 数据和图表来自（龚为纲，2013）。

对较小，通婚地域大多局限在村落与附近村庄，从而形成基于通婚关系所建立的地方共同体——通婚圈（唐利平，2005）。传统的地方性通婚圈相对比较封闭和稳定，如施坚雅（1998：45—46）曾经以基层市场为单位研究中国农村的通婚圈，认为"基层市场社区中有一种农民阶层内部通婚的特别趋势"。而在打工潮兴起之后，农村青年男女外出务工的越来越多，"一方面村民的婚嫁距离在扩大，另一方面村庄传统通婚圈逐渐瓦解与萎缩，换言之，打工潮背景下的村庄通婚圈呈现伸缩并存的图景"（田先红，2009），全国性的婚姻市场由此形成，女性从经济落后地区流入经济发达地区，从农村流入城镇。对于北方普通的农业型村庄而言，打工经济背景下通婚圈的变化带来的是婚姻资源的非对称性流动，即一方面本地女性外流多于男性，另一方面流出本地的女性多于流入本地的女性。在当地出生人口性别比偏高的情况下，女性资源外流加剧了男女性别比失衡，本地男性在婚姻市场上的弱势地位不言而喻。

男性在婚姻市场上的弱势地位使得其在婚姻中没有任何谈判权，女性成为婚姻市场上的主导者，她们可以任意抬高彩礼"价格"。

案例3-4：现在只要是个女的，只要开口要（彩礼），要多少男方都愿意，就怕女的不来。谁家有个女儿，好几个媒人都去说，相互竞价，最后女的嫁给出价最高的男的。

（河南安阳南村，QYQ，女，40多岁，2016年5月25日访）

在此背景下，男性的心理预期是"只要有女的愿意跟自己就行"，而女性的心理预期是"只要男方出的彩礼高就行"。因此，虽然传统的婚姻程序在相当程度上还得以保留，但当地男女青年在婚前交往的时间往往比较短，长则几个月，短则十几天，这为婚姻不稳定埋下了伏笔，而在适婚女性紧缺的背景下，男方及其父母家庭更加难以承受婚姻破裂的后果。由男女性别比失衡带来的婚姻挤压不仅加剧了男性在婚姻市场上的弱势地位，而且还进一步影响了婚姻的稳定性，将男性置于更加不利的处境。

二　婚姻形式与婚姻责任

在传统时期，在相对封闭的婚姻圈和相对静态的村庄社会中，父母主导的"包办型婚姻"是主要的婚姻形式。大家认定"父母之命、媒妁之言"，婚姻中青年男女双方缺乏自主性，以至于在结婚之前一般都没有见过面。这种婚姻形式即使在倡导"男女平等"和"婚姻自由"的大集体时期在北方农村也占绝对主流。然而，20 世纪 80 年代以来，随着打工经济的兴起，年轻人外出务工逐渐成为一种潮流，自由恋爱开始在年轻人中兴起。自由恋爱式婚姻包括两种：一是年轻人在外出打工的过程中通过自己认识或朋友介绍而结交伴侣，这种情况下"外地婚姻"占多数；二是年轻人虽然在外务工，但过年过节回家时通过家乡的亲戚或专业的媒人介绍而认识异性，这种情况以"本地婚姻"为主。在笔者所调研的这几个北方村庄，当前仍然主要以第二种方式为主。我们可以将这种婚姻结合方式称为"介绍型婚姻"①，即婚姻中的男女双方是通过媒人介绍认识的，但最终双方能否走在一起是由年轻人自己决定的。在"介绍型婚姻"之下，北方农村多以本地婚姻为主，男女双方的家庭相隔距离一般在 5 公里地以内，媳妇多是本村或邻村人，超出镇域范围的婚姻极少。北方农村普遍对外地婚姻比较排斥，② 一方面农民认为外地婚姻不稳定，另一方面与当地的村庄社会结构有密切关联。前文提到，北方农村社会结构是比较典型的"小亲族"社会结构，血缘认同单位一般在五服以内。小亲族对村民具有一定的统合作用，但统合力量不具有宗族性村庄那样的笼罩性，因而，小亲族内部和各个小亲族之间的竞争性都比较强，在村庄内部合纵连横的基础之上，还需要借助于村庄之外的力量来参与村庄内部的社会竞争，而姻亲关系无疑是最为

① "介绍型婚姻"与传统时期的父母"包办型婚姻"有所不同，前者以年轻人的意志为主导，父母、亲戚或媒人只是扮演中介角色，解决婚姻中的信息问题，男女双方能否结合要以年轻人自己的相处为依托；而后者是完全以父母的意志为主导的，年轻的子代没有表达自己意志的空间。

② 但这并不意味着北方农村没有"外地婚姻"，事实上，正如笔者在后文将要论述的，打工经济的兴起打破了传统的地方性婚姻圈。女性在婚姻市场上的优势地位使得其有了更多的选择，女性更倾向于嫁往经济条件更好的地方。

重要的资源。因此，对于北方农民而言，本地婚姻可以保证姻亲在关键时刻的及时在场，这是外地婚姻所缺失的。

总的来看，介绍型婚姻体现了当前农民理性的婚姻策略。从形式上看，介绍型婚姻介于完全的自由恋爱和父母主导的包办婚姻之间。在当前农民流动和进城的背景下，完全自由恋爱为婚姻的不确定性埋下了相当的隐患，增加了婚姻风险，闪婚闪离、骗婚等情况极大地冲击了父母对年轻人婚姻的预期。同时，远距离的婚姻往往也使得农民家庭失去了在姻亲关系上的有力支撑，这也是许多父母提倡本地婚的原因。此外，介绍型婚姻不同于过去的包办型婚姻，相对于父母的主导和专制，介绍型婚姻体现了父母与子女之间的合作，父母的理性考虑与子代的情感考虑通过介绍型婚姻糅合在了一起。

事实上，介绍型婚姻本身就体现了父代基于伦理责任而对子代婚姻的积极筹划。并且，父母对子代婚姻的筹划通过一套复杂的婚姻程序表达出来。当然，在这套复杂的婚姻程序之下，核心不再是父母之命和媒妁之言，而是现实，甚至是残酷的婚姻竞争。因此，介绍型婚姻本身是传统与现代的一种混合，既为年轻人的情感互动和爱情表达留下了空间，父母的积极介入也在一定程度上减少了子代婚姻不稳定的风险。

三 婚姻程序与婚姻成本

介绍型婚姻，意味着当前农村婚姻并不纯粹是子女自己的事情。与传统包办婚姻不同，父母的介入主要不是权力意志的粗暴表达，更多是责任的分担。介绍型婚姻在一定程度上延续了传统时期相对烦琐的婚姻程序。婚姻程序的延续，虽然与婚姻匹配中的风险规避有关，即通过相对复杂的"制度"设置来增加双方的了解和熟悉度，以尽可能地保证婚姻的幸福稳定，但在婚姻市场失衡的背景下，烦琐的婚姻程序也进一步增加了男方家庭的婚姻成本。

按当地习俗，男女双方经媒人介绍后一般先由双方父母把关。男方父母主要看重未来儿媳妇的品性，如是否勤劳、是否会过日子等；而女方父母除了要看未来女婿的品性之外，还很看重男方家庭的经济条件。在当前婚姻市场严重失衡的背景下，"父母把关"一般是指女方父母挑女婿有较大的选择空间，而男方若是经济条件较好，在婚姻市场中还有挑选的余地，若是经济条件一般，则没有任何挑选的余地。由于介绍型婚姻以本地婚姻为主，因此，男女双方家庭都可以通过熟人社会中的各种关系打听到对方家庭及其家庭成员的相关情况。父母同意后，男女双方会在媒人的安排下见一面，第一次见面通常在媒人家里，双方在简单交流之后会互留电话号码或网络联系方式，之后双方通过电话或网络联系。当两个年轻人相互比较满意时，男方就会向父母表达自己想进一步交往的意愿。媒人即安排双方进行第二次正式见面，当地人称这次见面为"相家"，即女方第一次正式到男方家里看其家庭情况。"相家"时一般是由女方的嫂子或其他同性同龄人陪同，女方父母不去。依托于这些复杂的婚姻程序，男女双方在最终结合之前都经过了双方家庭的严格"审查"，且相互之间比较熟悉，这在一定程度上可以保证婚姻的稳定性和有效性。

不过，除了这种实用理性层面的考虑，婚姻程序和婚姻仪式的延续还有着其他的动力。如前所述，性别比失衡和人口流动带来的婚姻挤压加大了农村婚姻成本，形成了女方主导的地方性婚姻市场。因此，原有的婚姻程序和婚姻仪式就成为非均衡婚姻市场中婚姻支付流动和转移的媒介。在这些程序和仪式的过程中，婚姻支付实现了由男方向女方、父代向子代的转移。下面结合河南安阳南村的情况对这一过程做进一步的说明。

一般而言，"相家"当天女方会在男方家里吃一顿午餐，女方临走时男方父母会给女方见面礼，现在一般为 1000 元左右，如果女方收下了这笔钱，就代表女方对男方及其家庭比较满意。"相家"之后一段时间，男方到女方家里"送水"，在 2000 年左右，"送水"时的礼物主要包括：两套衣服（一套秋衣秋裤、一套穿在外面的衣服）、一张三尺的被面、两双袜子、两块香皂、两瓶抹脸的雪花膏①，价值 200 元左右。最近几年，"送水"时除了送这些传统的礼物之外，男方还要送给女方一笔钱表示心意，至少是 1000 元。

---

① 雪花膏在最近几年已经由一整套化妆品替代，一套化妆品少则七八百元，多则上千元。

如果女方收下了男方"送水"的礼物，则代表同意了这门亲事，按照当地习俗没有特殊情况不能反悔，否则女方家庭在村庄的声誉会受损。"送水"之后，男女双方开始正式交往，在此期间每逢大小节日（如端午节、中秋节、春节等）男方都要向女方家庭送礼物，每次花费不少于 1000 元。在"送水"之后，媒人开始在双方家庭之间协商彩礼的金额，这是一个需要经过多次协商的、复杂的互动过程，双方父母一般不会面对面协商，而是由媒人在中间传话。双方就彩礼数额达成一致意见之后选择一个黄道吉日举行订婚仪式，订婚仪式通常在男方家庭举行，男女双方的近亲都要参加，议定的彩礼数额也要在订婚仪式上由男方父亲交给女方父亲。接下来就是最终的结婚典礼。然而，男方家庭的婚姻消费并没有止步于此，女方家庭在婚礼当天的酒席开支、新娘下车费①等都由男方家庭支付。

在所有的婚姻消费中，彩礼和房子无疑最重要，也花费最多。陕西关中农村和山东淄博农村近两年的彩礼一般在 6 万—8 万元，而河南安阳农村近两年的彩礼最低为 10 万元，在安阳部分农村地区，女方家庭对彩礼甚至提出了"万紫千红一片绿"和"一动不动"的要求，并且还有诸如"有车有房有爹有娘有姐妹，无债无兄弟"的附加条件。② 男方家庭兄弟越多，女方要的彩礼越高；男方家庭经济条件越差，女方越倾向于要高额彩礼。这对于那些经济条件较差的男方家庭无疑是沉重的负担。在女方普遍索要高额彩礼的背景下，高额彩礼甚至成为女儿优秀的标志，并转化为女方家庭在村庄中的面子（刁统菊，2006）。甚至女方家庭要的彩礼过低，反而会被认为不正常，村民可能会在背后议论"这个女的肯定有什么问题"。

彩礼高涨在当前北方农村已经成为不争的事实，"彩礼本来是长辈给后辈的礼物，现在它却变成父母在世时便开始被瓜分的家产"（阎云翔，

---

① 在婚礼当天，接亲队伍到了新郎家后，新娘不会马上下车，而是在男方家庭给出一定的"下车费"后才下车，这笔费用在当前少则几百元，多则几千元。

② 所谓"万紫千红一片绿"是指彩礼钱包括一万张 5 元的，一千张 100 元的和许多 50 元的，而"一动不动"则分别指汽车和房子，即结婚的前提是男方家在支付完彩礼之后还要买车、买房。（详情参考《今日安阳：2015 年河南彩礼最新标准》，http://www.aiweibang.com/yuedu/15890306.html。）

2006：168）。然而，北方农村的彩礼金额并非一直如此高。以河南安阳南村为例，在 20 世纪 90 年代之前，当地的彩礼一般是以"实物"的形式呈现，从 20 世纪 90 年代左右开始，现金逐渐替代实物成为彩礼的主要支付方式。但是，在 20 世纪 90 年代及 2000 年初期，当地的彩礼并没有大幅度上涨，而是保持相对平稳。1990—2000 年，彩礼一般在 1000—2000 元，超过2000 元的极少；2000—2005 年，彩礼维持在 3000—5000 元，超过 5000 元的极少。而从 2006 年开始，当地的彩礼数额一路飙升，至笔者调研的 2016 年，已经涨至 10 万元以上。图 3 - 2 是河南安阳南村 1960—2016 年彩礼金额的变迁图。

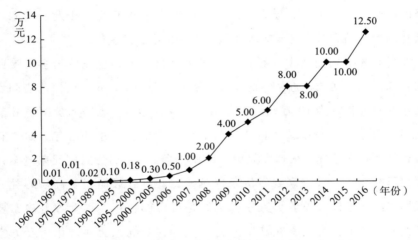

图 3 - 2　河南安阳南村彩礼金额变迁（1960—2016 年）

　　除了在结婚之前索要高额彩礼之外，女方家庭对于住房的要求也越来越高。在安阳南村，20 世纪八九十年代及其之前，新婚夫妇只要有住的房间即可，没有在婚前一定要建新房的要求。而 2000 年以来，结婚前建一栋至少两层的楼房逐渐成为对男方家庭的硬性要求，"没有房子就娶不上媳妇"。近几年来，越来越多的年轻媳妇在婚前即提出了买房的要求，"村里建得再好的房子也没人看得上"，条件低的也要到乡镇或县城买房。那些实在没钱在外买房的男方家庭，只有不断提升彩礼金额，才可能给儿子娶上媳妇。对于当地大多数村民而言，买房无疑是巨大的压力，笔者在调研中了解到，大部分家庭都是借钱买房，债务基本由男方父母承担，有少部分家庭是由父母和儿子一起承担。

案例 3-5：安阳南村的 LCQ，59 岁，有两个女儿一个儿子，都已婚。儿子 23 岁，2013 年结婚，当时彩礼花了 8 万元，且女方父母提出至少要在镇上买房。LCQ 说："儿子和媳妇是别人介绍认识的，两个人都觉得合得来，愿意在一起。媳妇的父母一开始不愿意，觉得我们这个村子太偏了，交通不便利。但是媳妇坚持要和我儿子在一起，她父母也没办法，只能同意，但是提出一定要在镇上买房，不然就不行。我们只能买啊，如果不买，媳妇就不用娶了。买房花了 30 多万，当时有十几万都是借的，娶个媳妇，欠了债也值，就是看中这个人。欠的债，父母必须还，让儿子还他压力太大了。父母要一直还，不在了（去世了）就可以不还了。现在还欠债七八万，都是我们还的，只要我们还能动，就是我们还，我挣一个还一个。儿子叫我不管，说他以后挣钱了还，但我们不放心，还是要一点一点地帮他还。"

（河南安阳南村，LCQ，女，59 岁，2016 年 5 月 27 日访）

在传宗接代的人生任务面前，婚姻压力是父代最为基本的压力，也是家庭再生产实践的第一道门槛，帮儿子娶媳妇是父代的"硬任务"。因为是硬任务，就决定了父代再没有能力，压力再大，也要硬着头皮上。如果子代最终沦为"光棍"，那么这个家庭的延续和继替就成为问题。现代性内在的市场化逻辑将婚姻压力转化为赤裸裸的经济压力，高额的婚姻成本成为压在男方父母身上沉重的负担。很显然，这种压力和负担远远地超越了简单家庭再生产模式中父代家庭的承受能力和责任边界，从而开启了扩大化家庭再生产模式的运行。

第三节　分家变异与资源输送

在现代性背景下，随着子代（尤其是男性）的婚姻成本和婚姻难度逐渐提升，婚姻压力向父代集聚不仅使得父代承受了越来越大的压力，而且年轻的子代也是这种压力首当其冲的承受者。婚姻压力进一步引发了家庭内部资源配置方式的调整。相对于传统的"结婚－分家"这一自然而且相对独立的过程，当前农民家庭的分家规则和分家形式已经发生了深刻的变化。

分家是家庭再生产的基本形式，是一个新家庭从母家庭中分离并为社区承认的标志性事件。阎云翔（1998）认为，"分家是家庭政治中最重要的事件之一，因为它标志着家庭成员相互之间权利与义务的重新界定，家庭财产的再分配，以及新的家庭之形成"。分家在相当程度上重置了家庭内部的财产关系和权责关系，偏重家产的纵向传递而非横向分割（张佩国，2002b）。但是，扩大化家庭再生产模式中，为了应对巨大的婚姻压力，分家过程中的财产分割行为日益提前，并逐渐与彩礼支付合流，从而极大地冲击了传统的分家模式。子代主动的"竞争性分家"普遍出现，改变了农民家庭内部资源的配置和传递方式。竞争性分家打破了传统分家过程中的权责均衡，分家不再是父代人生任务的终点，而是父代为子代操劳的新的起点。

一　分家模式的变异

1. 分家的阶段形态

北方农村的分家具有很强的仪式性，正式的分家往往需要请第三方到场作为证人，一般而言，舅舅、本家的长辈以及村组干部会被请来作为分家的证明人。在传统时期，北方农村的分家主要包括以下几个方面的内容，即家产的分配、赡养义务的分配、亲戚关系及与之相关的礼仪关系的分配。只有将这几个方面的内容都进行彻底划分之后，分家才算真正完成。其中，家产的分配是核心内容，往往遵循"诸子均分"的原则。从传统社会至今，北方农村的分家实践经历了巨大变迁。接下来以河南安阳南村为例，考察北方农村具体分家实践的变迁。[1]

在中华人民共和国成立以前，"父母在、不分家"是北方农村普遍的乡

---

① 笔者在陕西关中农村和山东淄博、德州等地的调研发现，北方各地农村的分家模式变迁具有一致性。

规民俗，虽然在现实生活中也存在父母在世时兄弟成家后各自分开单过的情况，但此时的分家并没有涉及家庭财产的完全分配，而只是"分爨型分家"。兄弟之间只是分开吃饭，家产仍然掌握在父代手中，直到父代去世时才由诸子均分家产。一直到人民公社时期，"一次分家"在当地仍然是主流的分家方式，农民一般要等到所有儿子都结婚之后再分家，甚至是等到父母去世后再分家。以下案例是大集体时期当地有代表性的分家方式。

　　案例 3-6：河南安阳南村的 ZQS 有四兄弟，他是老三，70 岁了。分家发生在 1978 年左右，当时四兄弟都已经结婚，父母还在世。分家时的证明人包括一个舅舅、一个本家的叔叔和一个小队长。分家时写有分单，具体分家内容如下。

　　第一，分房子。当时家里总共两个院子，其中一个院子是三间房，另一个院子是九间房（分成三个独立的套房），兄弟四人抽签决定分到哪里，每人分三间，每个儿子的三间房里有一间给父母居住，父母在四个儿子家里轮流住，一家住三年。ZQS 说："当时三间房那个院子是老院，九间房那个院子是新院，老大抽到三间房的院子，后来家里卖树的钱总共四五十元给老大，以作补偿。分家必须要公平，分家要是不公平，就要生气，弟兄之间就会有矛盾。"

　　第二，分粮食。"父母先留下一些，其余的四个儿子均分。父母留下的比我们分到的多一些。父母老了，多分一点是应该的。"

　　第三，分债务。当时每个儿子分了 360 元的债务，父母不承担债务。"那个时候都要分债务，不可能让老人去还债。"

　　第四，分亲戚。"老大管姥姥家是事先就定好的，长子一般要管姥姥家。其余的亲戚三兄弟抓阄决定。老二管一个姐姐家，我（老三）管一个姑姑家，老四管一个妹妹家。"

　　第五，分赡养义务。规定每年每个儿子给父母 100 元养老钱、150 斤小麦和 100 斤玉米。

　　（河南安阳南村，ZQS，男，70 岁，2016 年 6 月 12 日访）

从案例 3-6 可以看出，在 20 世纪 80 年代之前，"一次分家"是当地主流的分家模式。而 20 世纪 80 年代以来，当地的分家模式开始发生变化，呈现从"一次分家"向"系列分家"的逐步转变，20 世纪八九十年代是分家模式转型的过渡期，因而这一时期的分家模式呈现以"系列分家"为主、多种分家方式并存的局面。具体而言，1980—2000 年，当地的分家方式主要有以下两种：一是继续延续传统的"一次分家"模式，所有儿子结婚后再分家；二是在长子或次子结婚之后就举行分家仪式，此时家里至少还有一个儿子未婚，家产在诸子之间平均分配，分家之后，未婚的儿子和父母一起生活，其所分得的家产由父母代为保管，待其结婚之后，再与父母分开单过。

案例 3-7：案例 3-6 中的 ZQS 70 岁，有两个儿子，大儿子 42 岁，小儿子 41 岁。大儿子 1993 年（19 岁）结婚，小儿子 1998 年（23 岁）结婚。两个儿子在 1996 年左右分家，当时二儿子未婚，但家产是一起分配的。提到儿子的分家，ZQS 感慨道："当时是大儿媳妇想要分家，她也不明确提要分家，但是老是生气，不是和我们老的生气，就是和我儿子生气，就是找事，觉得家里啥都不顺她心意。我看到这种情况，就想着分开算了，免得一家人生气。"分家之后，ZQS 夫妻俩继续和老二一起生活，直到老二结婚之后五六年，老人才和老二分开，并开始在两个儿子家里轮流住。具体的分家内容如下。

第一，分房。当时家里有两个院子，一个新的，一个旧的，都是老人所建。新院子是砖房、平房，有五间；老院子是土房，也有平房五间。"当时抓阄决定，老大抽到新院子，老二抽到老院子，老大补给老二 3000 元钱，这是在分家之前就说好的，谁抽到新房就补给另一个 3000 元，这样才公平。"每个院子都要留两间房给老人居住，分家时说的是五年轮一次，但现在事实上是一年轮一次。现在老人只是轮流在两个儿子家里住，吃饭是自己做。

第二，分粮食。"分家时给了老大 15 斗粮食，一人 5 斗，当时他家里有三口人。后来与老二分开时给了老二2圈（当地土话）粮食（约1000斤）。因为这个事老大后来还有意见，认为当初分家时粮食分少了。"

第三，买生活用品的钱。老大分开过时，父母给了他300元去买生活用品；老二后来与父母分开过时，父母也给了他300元买生活用品。

第四，分赡养义务。分家时说的是每个儿子每年给老人400元，分家后，老大给了四五年，之后就没有给了。"三年前，两个儿子商量开始给养老钱，每人每年给500元。现在还不用给粮食，我们自己还在种地（老人自己开荒所得的土地）。儿子的钱是过年时给，每年都不够用，就向邻居借几百元周转一下，等到儿子给了养老钱再还给别人。我们不找儿子要钱，要的话儿子可能也会给，但是不想给儿子找麻烦。"

第五，分亲戚。"老大管姥姥家和姑姑家，老二管他妹妹家和我干儿子家。"

（河南安阳南村，ZQS，男，70岁，2016年6月12日访）

ZQS两个儿子的分家情况在20世纪八九十年代具有代表性，但在当时这也不是绝对主流的分家方式。进入2000年以来，"系列分家"在当地占据绝对主导地位，多子家庭基本都是"结一个分一个"，此外独子分家的情况也越来越普遍。以下是安阳南村一个典型的独子分家案例。

案例3-8：LM，35岁，老公是独子，有一个妹妹已经出嫁。LM和老公2006年结婚，2009年时和公公婆婆分家单过。"分家之前，老公挣的钱每个月要交几百元给公公婆婆，算是生活费，分家之后就不交了。"LM坦言，她自己很想分家，认为分家后自由。她说："谁都想分家，分开自由，（和公公婆婆）吃不到一块儿。现在一个儿子分家的也不少，占一多半。分开自由，不分家时是公婆当家，分了后，自己当家，想吃啥就吃啥，想吃大米就吃大米，想吃面条就吃面条，不分开的话，有时我想吃大米，人家要吃面条。没有分开就是不一样，分开后就是感觉各方面都自由了。分开后，我想睡到什么时候就睡到什么时候，没有分家时，公公婆婆可能会说这个媳妇懒。分开了，公婆说的我想听就听，不想听就不听。他们种他们的地，我种我的地，各人管各人的。有时也互相帮忙，我今年刚生了小孩，我的地就是公公婆婆帮我种。我有时也帮他们，相互帮忙。"

LM 和公婆具体的分家内容如下。

分房：家里一个院子，总共五间房，老人分两间（一间卧室、一间厨房），儿子分两间（一间卧室、一间厨房），还有一间客厅是共用的。

粮食：当时家里总共两圈麦子，老人和儿子各分一圈。家里的玉米也是均分的。

土地：家里总共四个人的地，均分，老人和儿子各种两个人的地。分家后地一直是分开种，今年由于媳妇刚生了小孩（二胎），儿子在越南打工，老人帮儿子种地。

养老："没有说养老的事，现在他们（指公婆）还年轻，以后老了再说。"

人情："分家后亲戚家走两份人情，村里的人情凭个人关系。"

（河南安阳南村，LM，女，35岁，2016年6月3日访）

当地分家模式的变迁主要经历了三个阶段：20世纪80年代之前以"一次分家"为主；20世纪80年代到2000年左右为过渡阶段，"一次分家"和"系列分家"并存；而2000年以来，"系列分家"成为当地主流的分家模式。通过对这三个时期具体分家实践的系统梳理，笔者发现，安阳南村不同时期的分家实践既呈现一些共性特征，也有诸多不同的特点，以下将分别对之进行分析。

2. 变迁中的共性：分家中的规则性与公平性

规则性与公平性是北方农村分家的重要特点，这展现在各个时期的分家实践之中。在调研过程中，很多农民向笔者提到"分家一定要公平，不然兄弟之间就会有矛盾"。为了使分家过程尽可能公平，当地农民主要采取以下几种方式。

第一，分家时一定要有证人在场。舅舅、本家的长辈和村组干部都可以被请来作为分家的证人。其中，舅舅在场被认为是分家过程中必需的。北方农村特别重视"舅甥关系"，"舅甥如父子，再加上舅父与其姊妹的血亲关系，使他最适合充当家务事仲裁人的角色"（王荣武，1994）。舅舅与各个外甥之间的关系都是同样亲密的，因而他不可能偏袒任何一个外甥，会根据家庭情况制订最优的分家方案。

第二，分家时要写分单。北方农村一直以来都有在分家时"立分单"的习俗，分单的内容不仅包括家产的具体分配，还包括儿子们赡养义务的分配。一般而言，每个儿子以及父亲都会保留一份分单。以下是安阳南村一个普通农民家庭的分单。

案例 3-9

分单

徐林江、徐建林、徐福林弟兄三人，经协商请愿自立门户，情况如下：

现有三院（老院、南院、北院）房屋共十四间。

林江老院四间，建林南院五间，福林北院五间。由于老院常年失修，房子破旧，经说合建林需帮林江五千元，三年还清（九三年年底交三千元，九四年年底交两千元）。因建林未成家，林江需给建林一千三百元，九四年年底还清。福林除下北院，以后婚事林江、建林不再分担钱财责任。

赡养费：林江、建林弟兄二人每人每年伍佰（五百）元，六月份交二百元，年底交三百元。福林二十岁之后交赡养费。药费：五十元以上，林江、建林二人均分，二老失去劳动能力后，弟兄三人粮、棉、油均担责任。

除单①：北院桐树十棵，老院椿树一棵。弟兄三人每人除房两间让

---

① "除单"是安阳南村的方言，意思是分家时留给父母的财物。需要注意的是，分单中"弟兄三人每人除房两间让二老居住"中的两间房在产权上分家后就属于各个儿子，老人只有居住权。

二老居住。立据为证，互不纠缠。

证明人①：张新明、张长明、候桃。

一九九二年十一月十四日

（河南安阳南村，ZSH，女，45 岁，2016 年 5 月 25 日访）

分单主要发挥规范和控制的功能，农民认为，有了分单，"白纸黑字、不会反悔"。日后如果兄弟之间因为家产发生纠纷，分单可以作为很重要的凭证。对于父母而言，分单在一定程度上可以保证儿子及时履行赡养义务，如果有儿子在分家后不赡养父母，父母可以以分单为依据向村庄内生权威或国家力量进行申诉，以维护自己的权益。

第三，如果家产分配不能做到完全平均，则要通过"补差价"或其他方式来平衡。在上述具体的分家案例中可以看到，当某个儿子分得的房子与其兄弟相比较差时，其兄弟要"补一些钱"给他。在具体的分家实践中，公平逻辑并不仅仅是指对父代家产的均衡分割，而且还表现在赡养义务的履行上。家产的具体分配方式往往和子代的赡养方式相关，具体而言，如果实行轮养，那么家产一般是诸子均分；如果主要由一个儿子养老，那么这个"养老儿"就会继承更多的家产。

规则性与公平性是北方农村分家实践中一以贯之的特点。分家中的规则和公平是为了保证家庭资源配置的正义，彰显了分家的公共性。所谓的公共性意味着分家就财产进行分割时要考虑到家庭成员的利益。这种家庭主义的原则即使在外部环境变化和农民家庭内部分化时也表现出一定的韧性。然而，现代性的压力在持续推动农民分家模式的变迁，突出表现为子代主导的系列分家模式的普遍化。

3. 分家中的竞争

在分家模式的变迁过程中，当地的分家实践呈现以下新的特点。

第一，系列分家成为主流的分家模式，家产分配的时间提前。系列分

---

① 张新明和张长明为兄弟三人的舅舅，候桃为小队长。

家从 20 世纪 80 年代开始在当地出现，2000 年之后成为当地主要的分家模式，在此过程中家产分配的时间越来越提前。系列分家模式下有两种家产分配方式：一是在长子或次子结婚之后一次性分配家产，此时家里至少还有一个儿子未婚，这种方式类似于先分家产，再渐次分爨，主要是为了更好地遵循家产分配中的公平逻辑，河南安阳农村主要是采用这种方式分家；二是"结一个分一个"，即家产不是一次分配，而是在各个儿子结婚之后渐次分配，这种方式一般是分家产和分爨同时进行，陕西关中农村主要采用这种方式。然而，不管是采用哪种系列分家方式，父代家产转移的时间都明显提前，并且在此过程中开始呈现兄弟之间"竞争性分家"的趋势。

第二，分家由"父代主导"逐步向"子代主导"转变。在传统时期，何时分家、如何分家产都是由父代说了算，子代即使有分家的意愿也不能表现出来，更不能直接提出分家的要求，否则会被贴上"不孝"的标签。然而，20 世纪 80 年代以来，分家逐渐由"子代主导"。年轻的媳妇如果有分家的意向，会以各种方式在家庭生活中表现出来，最典型的就是与丈夫或婆婆吵架，或者是回娘家。此时，父母如果"明事理"，就会主动提出分家，以减少家庭矛盾，但父代此时的"主动"其实是"被动的主动"。阎云翔（2006：177）认为，年轻的子代之所以敢于提出早分家的要求，"是因为他们看到了自己对家庭经济的贡献"。打工经济的兴起使得子代在一定程度上可以摆脱父代的控制，并且，务工收入使得年轻人对家庭的经济贡献显性化，他们认为自己有充分的理由提出分家。

传统时期的分家主要是大家庭发展到一定程度的自然裂变，父代对于分家具有很强的掌控能力。系列分家的出现使得父代难以从家的整体性出发配置家产，这使得分家越来越具有"竞争性"的特点。在系列分家模式下，父代越是追求规则意义上的公平，就越是被动地陷入子代竞争有限家庭资源的漩涡中，这一漩涡构成了家庭内部资源配置的中心场，导致了彩礼的卷入，而且也借助后者实现了家产在家庭再生产过程中的提前转移。这带来的后果是，传统意义上的分家行为在激烈的竞争中被撕裂，并导致了分家的名实分离。以下两节将对此做进一步的分析。

二 彩礼与家产分割

对于彩礼的性质，学界一直有"交换说"和"转移说"两个研究视角。婚姻偿付理论是"交换说"的代表，在这一理论视阈之下，新娘是有价值的，在婚姻交换中"作为新娘的妇女被客体化了，并通过彩礼实践而被交换"（阎云翔，1999：192）。"转移说"的代表是婚姻资助理论，这一理论认为，以彩礼为核心的婚姻支付是实现代际之间财富转移的重要途径，"新婚夫妇通过这一制度性安排获得对相对时尚物品的占有权，增强了独立生活能力，减轻了未来生活压力"（王跃生，2010a）。阎云翔（1999：192）对东北下岬村自中华人民共和国成立以来几十年的彩礼的变迁进行考察发现，"50 年代和 60 年代早期，婚姻交换实践可以用婚姻偿付理论来解释；从 60 年代中期开始，婚姻交换的资助功能逐渐凸显出来；70 和 80 年代接踵而来的变化都是朝着有利于新婚夫妇利益的方向发展：定亲礼用于资助新婚夫妇而不是对交接权的偿付"。阎云翔的分析为"交换说"和"转移说"注入了时间维度，并将婚姻偿付理论和婚姻资助理论统合在变迁过程中，从而呈现了彩礼实践的复杂性，这对笔者有很大启发。

在笔者所调研的北方农村，彩礼的性质也经历了类似的变迁路径。以河南安阳南村为例，在 20 世纪 90 年代之前，当地的彩礼基本是以"实物"①的形式表达，从 20 世纪 90 年代开始，彩礼开始以现金的形式支付，并且金额逐年上升。与彩礼金额上涨相对应的是，彩礼的性质逐渐由"对女方父母的补偿"转变为"对新婚夫妇的资助"。据当地农民说，以前的彩礼都是给女方父母的，女方父母可以根据自身家庭经济状况决定是否将部分彩礼钱以嫁妆的形式给出嫁的女儿。而现在的彩礼都是给未来的儿媳妇的，女方父母一般不会将彩礼钱留下。对于女方父母而言，他们索要高额彩礼的动力不是为了自己，而是为了让女儿婚后的生活有保障。以下两个

---

① 安阳农村 20 世纪 60 年代的彩礼为"六件衣服、六斤棉花、六张布"，在当时价值 50 元左右；20 世纪 70 年代的彩礼为"八件衣服、八斤棉花、八张布"，在当时价值 100 元左右；20 世纪 80 年代的彩礼为"十件衣服、十斤棉花、十张布"，在当时价值 200 元左右。

案例分别表明了女方父母和女方对彩礼的理解。

案例 3-10："现在的彩礼都是帮女儿要的，女方父母不会留，（是为了）让女儿以后有保障。结婚时都不要，女儿嫁过去之后就更要不到了。要的钱多了婚姻更稳定一些，是制约男方的一种方式，农村挣钱不容易，（男方）不（心）疼人还要（心）疼钱呢。而且你这地方这么小，不买房以后小孩找媳妇都不好找，（女方）父母都想得长远，考虑周到。有的是怕你（男方）骗人家，你说了要买房，万一后面不买呢，所以先多要一点彩礼钱过来。"

（河南安阳南村，SLY，女，56 岁，2016 年 6 月 10 日访）

案例 3-11："对于我们年轻人来说，彩礼钱就是用来买房子的。以后买房肯定是早晚的事啊，在结婚时就买房了可以为以后减轻不少负担呢。经济条件好点的（男方）家庭，一般在结婚前就主动把房子买好了；经济条件一般的家庭，只要女方提出买房，借钱也要买；那些经济条件实在太差的家庭，借钱都没地方借，只有在彩礼上多给一点，不然娶不到（媳妇）。"在安阳南村，如果男方在结婚之前就已经买好房子，那么彩礼钱可以稍微少一点，现在一般水平是 8 万元左右；但是如果男方家庭在婚前没有买房，那么彩礼金额肯定是在 10 万元以上。年轻媳妇将这笔钱存着，用于以后买房。至于男方家庭因为彩礼或买房而欠下的债务，一般都是父母还。SDF 说："如果不逼着男方买房，公婆的压力就没那么大，以后买房就是小两口自己的事情，公婆就不会尽力帮忙。但是如果借钱买房了，那么公婆会尽力还，儿子媳妇买房的负担就会小一些……现在就是兴起给那么高彩礼了，你要是不要那么多，别人还会说，说你彩礼都要不到，是追着男方嫁的，男方父母也觉得是没花钱的媳妇，不珍惜。（女方）要这么多彩礼钱，就是为了防备婆家人对你不好，他们不（心）疼人，还（心）疼钱呢！"。

（河南安阳南村，SDF，29 岁，2016 年 6 月 3 日访）

从以上两个案例可以看出，女方家庭之所以要高额彩礼，一是为了防备男方家庭对自己的女儿不好，二是为了给新婚夫妇的小家庭多争取资源，让女儿过上好生活。因此，无论是女方父母还是女方本人都将索要高额彩礼当成一种手段，彩礼由男方家庭对女方父母"养育之恩的感谢"变成"提前分割男方父母家产"。彩礼高涨意味着子代对父代的财产继承由父母年老或去世之后提前至子代结婚时，"亲子财产继承权前移，亲代支配资源能力下降"（王跃生，2011a）。在彩礼上还存在激烈的竞争，这种竞争一方面体现在家庭内部，即"多子家庭"中的彩礼竞争，在这种情况下往往是兄弟越多，女方家庭索要的彩礼越高；另一方面体现在村庄社会中，村里的女方家庭之间会相互攀比，高额彩礼成为自己女儿优秀的标志，要不到高额彩礼的女孩往往被视为"有缺陷"的。

高额彩礼实际上改变了男方父代家产的构成。在婚姻压力的刺激下，父代将自己未来的劳动能力变现为彩礼，这就使得彩礼越来越成为家产的沉淀，家产的转移越来越通过彩礼的支付进行。这反过来进一步强化了彩礼的竞争，提高了彩礼的价格。

三　分家的名实分离

传统时期的分家包含多个层次的内容：家产的分配、赡养义务的分配和亲戚关系的分配等。家产虽然是分家行为的聚焦点，但是通过分家实现的家产转移也伴随着家庭责任与义务的转移和分配，子代承继家产的同时要承担相应的赡养责任和亲属义务。

农村的家庭财产主要包括土地、房屋、粮食、农具、牲畜、生活用品等，此外，债务作为一种"负家产"也要纳入家产分配的范畴。北方农村的家产分配主要遵循"诸子均分"的原则，父母要尽量做到公平，否则可能会引起代际之间或兄弟之间的冲突。为了凸显家产分配的公平，分家中的证人一般会在征求家庭成员意见的基础上将家产根据儿子的数量分为若干份，兄弟之间通过抓阄的方式获得属于自己的那一份。然而，有时家产分配中的公平并不是通过分家即时体现出来，而是通过将家产分配与赡养义务联系起来实现一种"长时期的均衡"，即"财产的分配同赡养父母的责任联系在一起，那些继承了较大份额的人同时也具有更大的赡养父母的责任"（尚会鹏，1997）。

赡养父母的义务主要通过"轮养"的方式来实现，包括"轮吃轮住"、"轮吃不轮住"和"轮住不轮吃"几种情况。"轮吃轮住"是指父母在分家时没有给自己留下独立的住房和土地，分家之后在几个儿子家轮流吃住；"轮吃不轮住"指父母在分家时给自己留下了独立的住房，只是在几个儿子家轮流吃饭，这种情况主要发生在老年人丧失劳动能力之后，在有劳动能力的情况下，老人一般倾向于由儿子给粮食和养老钱，自己做饭吃；"轮住不轮吃"是指父母分家之后在几个儿子家里轮流住，但自己单独做饭，由儿子支付养老费和粮食等生活物资。此外，部分地区（如关中农村）也有由一个儿子主要负责赡养父母的情况，这种情况下父母的家产会更多地分给这个儿子。

亲戚关系的分配也是北方农村传统时期分家的重要内容。在正式分家之后，父代往往开始逐步退出熟人社会中的人情往来，子代要接替父代在社区中的人情活动。分家中亲戚关系的分配主要是针对姑舅姨等近亲，亲戚关系的分配既有规则性，又具有一定的灵活性。规则性主要表现为，按照当地农村的习俗，长子一般要负责"照应"姥姥家或舅舅家，以此来体现出长子的"特权"和舅权的重要性。

> 案例 3 - 12："如果有大外甥，让二外甥去照应舅舅，舅舅会生气，别人也会说。老大是个头，就要带头，代表这个家。有老大在，老二就代表不了这个家。长子就得管舅舅家，长子和次子不一样，长子干什么事都要带头。"
>
> （河南安阳南村，XTF，男，68 岁，2016 年 6 月 5 日访）

而灵活性主要体现在根据一些具体情况灵活地分配亲戚关系，例如，如果一家有三个儿子，其中一个亲戚与二儿媳妇的娘家在一个村庄，那么通常就把这个亲戚分给二儿子，这样二儿媳妇在回娘家时就能顺便去看望这家亲戚。一般而言，分配给谁的亲戚，谁就要负责"照应"。按当地习俗，"照应"主要体现在每年五月份的"送羊"①、春节时的送礼以及在亲戚去世时的重礼。当然，没有分配给自己的亲戚在红白事上也要往来，只是送的礼物相对较轻。

> 案例3-13："分给谁的亲戚，就由谁去照应，过年时就必须去送礼，而另外的兄弟就可去可不去。分给谁的亲戚，谁就要去照管，生病了就要去帮忙，去看望的次数也多，其余兄弟偶尔去一去就可以。比如舅舅家，要是老大不去，舅舅就要（责）怪，老二不去舅舅就不会（责）怪。以后要是舅舅不能自理了，老大也要经常去看他。谁管的亲戚，在红事上没什么区分，大家都要去，但在白事上有区分。例如，老大管姑姑，那么姑姑去世时老大就要蒸3个花糕和12个馍馍，其余弟兄就只需要送15个馍馍即可。花糕和馍馍不同，馍馍就是普通的礼，花糕就是'重礼'。在葬礼上看到是谁送的花糕，大家就知道是谁照应这家亲戚。"

（河南安阳南村，XTF，男，68岁，2016年6月5日访）

由此可见，传统时期的分家事件蕴含厚重的内容。分家完成了家庭内部财产关系、权力关系和社会关系的交接和转移，实现了真正意义上的"家庭继替"。在现代性压力下，统一的分家过程被割裂，家庭财产越来越通过高额的彩礼而被提前分割，并成为子代婚姻达成的必要条件。这就是说，分家行为中最具有实质意义的财产分割被纳入婚姻过程之中，导致了分家的"名实分离"。名实分离主要是指家产继承中的权责不均衡，子代想通过分家获得权利，却不想履行相应的义务，家产承继中的权利凸显而责任弱化。具体而言，分家的"名实分离"主要有以下几个表现。

---

① 按照当地习俗，每年的五月末到六月初，每家每户都要给分配给自己的亲戚家"送羊"，以前送的都是面做的馍馍，馍上面捏一个羊头，现在基本是直接送方便面或牛奶。

第一，分家的"家产分割"属性弱化，子代分家的动力更多是规避对大家庭的责任。传统时期子代对父代家产的继承主要分为三个时期，依次为：结婚时、分家时和父母去世时，其中，分家是家产代际传递的重要步骤，大部分家产是通过分家从父代转移到子代的。然而，在当前北方农村，年轻女性在结婚时通常会索要高额彩礼，这使得父代的大部分家产通过彩礼的形式提前转移给子代，因而到了真正分家的时候，父代的家产往往所剩无几。但子代仍然倾向于尽早分家，这主要与两个因素相关：其一，通过尽早分家，子代可以将在结婚时所获得的财产（包括彩礼、房子和其他物品）名正言顺地归于自己的小家庭，作为小家庭发展的第一桶金；其二，子代尽早分家还为了规避对大家庭的责任，从此专心经营自己的核心小家庭。因此，分家的"家产分割"属性逐渐弱化，子代更想通过分家获得自由发展的权利，规避对大家庭的责任。

第二，子代在分家时的权力和权利凸显，而责任和义务弱化。前文已述，传统时期的分家是权责均衡的，子代通过分家可以从父代那里继承家产，同时也要承担相应的责任和义务，其中，赡养老人、继承亲戚关系、承担家庭债务等是子代在分家之后需要承担的主要责任。然而，在当前北方农村的分家实践中，子代承担债务的越来越少，大部分家庭在分家之前所欠的债务由父代偿还；亲戚关系虽然在分家时会在多子之间进行分配，但往往只是一个形式，分配给子代负责的亲戚在分家之后大部分还是由父代在进行人情往来；而赡养义务的履行也最多只能维持在底线水平，甚至有子代不赡养老人的情况，后文将专门对当地的赡养纠纷进行详细分析。

第三，分家并不构成父代人生任务的终点，分家没有完成真正的家庭继替。子代在分家之后对大家庭的责任弱化，必然使得父代的"人生任务"链条不断延长，父代在分家之后仍然要不断奋斗，不断为子代家庭付出。这和华南宗族性村庄构成强烈对比，在华南宗族性村庄，只要儿子顺利结婚，父代的人生任务就完成了，分家是父代安享晚年的标志性事件。

分家的名实分离，导致了原有分家之于家庭再生产的意义日趋模糊，这带来两个后果。首先，模糊了结婚与分家之间的界限。结婚的条件——

高额彩礼成为家产分割的实质性环节。这使得家产分割过程被放置在一个更加开放的场域之中：它不是来自家庭内部父代和子代之间着眼于家庭整体发展的权衡，而是成为外部现代性压力和内部利益竞争博弈的产物。家产分割中的均衡越来越难以实现，高额彩礼因为剥夺了父代的家产控制权，压缩了分家以后父代在子代之间进行利益平衡的空间，分家中的规则日益成为父代的负担。其次，分家的实质（家产分割）与形式（仪式）的分离最终淡化了分家之于父代责任的终结性意义。问及农民关于当前分家的情况，农民经常的说法是，"现在无所谓分不分家了"。其言外之意是，该分的早已经分了，剩下的诸如债务、亲属关系和赡养义务等，子代家庭往往无主动承接的积极性。概而言之，当前农村出现的"不分家的分家"与"分家的不分家"悖论性现象说明，"分"与"不分"不再是父代基于家庭整体发展的综合考虑，分家的公共性已瓦解，分家演变成了子代自身利益需求的权宜性表达和策略性实践。

第四节　任务绵延与无限责任

分家是家庭再生产过程中的常事，传统时期的分家是家庭生命周期中的重大事件，标志着父代人生任务的圆满结束，也是子代核心家庭发展的起点。在传统社会中，父代的人生任务是有限的，虽然父代的人生任务因地域不同而呈现一定的差异性，但一般而言父代的人生任务都有一个节点，在完成任务之后，父代就开始进入由子代养老的阶段，安享晚年生活。然而，近年来笔者在各地农村调研发现，在扩大化家庭再生产模式下，父代的人生任务无限绵延，他们陷入了无休无止的劳作之中。北方农村父代的人生任务链条尤其长，安阳南村一位60多岁的农民用"生命不息、奋斗不止"和"死奔一辈子"形象地描绘了作为父代的压力。儿子结婚和分家都不再构成父代人生任务的终点，分家之后父代还要继续奋斗，一方面要努力实现"自养"，为子代家庭提供更多的发展空间，另一方面还要尽可能地资助子代家庭。本节主要论述父代在与子代分家之后新的人生任务，以及父代如何尽力完成这些任务。

一　父代责任边界的突破

传统时期，父代一般在分家之后就进入由子代赡养的阶段，而在当前北方农村，父代在分家之后有了新的人生任务。父代人生任务的绵延是现代化背景下代际关系变迁的表现之一。王跃生（2011b）认为，当代中国农村家庭代际关系变化的突出特点是父代对子代的投入越来越多（尤其表现在婚姻和教育上），而子代对父代的反馈越来越少，并指出要从制度变迁和社会转型的背景对这一变迁路径进行解释。王跃生（2010b）对当前农村的代际关系进行了深入的研究，认为"完整的家庭代际关系是抚育－赡养关系和交换关系并存和互补的关系"，其中"交换"发生于"抚育"和"赡养"之间，即在"子女已婚、亲代尚未年老时，亲子之间有一个既不需抚育，也不需赡养的时期"，这个时期就是代际之间的"交换期"。孙新华（2013）、王海娟（2013）等学者在实地调研的基础上提出"交换型代际关系"，并指出这一关系具有交换内容的物质化、清晰化和指标化等特征，从而丰富了对"交换期"代际关系的理解。以上学者所指的"交换期"事实上主要发生于子代结婚并与父母分家之后，但父母仍具有较强劳动力的这一段时间，在现代性背景之下，随着子女数量的减少以及人均寿命的延长，父代在完成传宗接代的人生任务之后往往还比较年轻，因而还要度过一个很长时间的"交换期"。在传统社会中，由于父代在家庭中具有较高权威，父代在子代结婚和分家之后就可以理所当然地让子代赡养，而在当前农村社会之中，父代在分家之后还要继续为子代付出。一方面，这是在婚姻成本提高和家庭再生产难度上升的背景之下，父代想要尽量减轻子代的负担；另一方面，"交换关系"在一定程度上决定了父母年老后被赡养的好坏，"在一定情形下，青壮年时期两代之间存在交换关系，才能为中年儿子、儿媳对老年父母的赡养打下基础"（王跃生，2008）。这与媳妇在家庭中地位的提高有直接关联，媳妇并没有受过公公婆婆的抚育之恩，因而她与公婆之间关系的好坏，更多地取决于公婆在有劳动能力时对自己小家庭的付出和帮助的多少。因此，父代人生任务的绵延源于"伦理本位"的家庭关系，至少父代还坚守对子代的伦理也是父代在家庭变迁和家庭转型过程中的理性选择。

具体而言，父代在分家之后尚有劳动能力的人生阶段，主要完成以下几方面的任务：自养、抚育孙代和资助子代。一般而言，父代只有将这几个任务都完成好，才能换来子代养老的可能性。在当前农村，年轻一代往往将父母的生养之恩看成理所当然的事，因而"生养"并不构成子代养老的充分条件。子代更为看重父代在有劳动能力时是否尽力为自己付出（阎云翔，2006：196）。

第一，自我维持。在传统时期，一方面由于子女数量较多，且人均寿命较短，父代在子代分家之后往往都已经年老；另一方面由于父代在家庭中有较高的权威，在完成传宗接代的人生任务之后父代就进入"他养"（子代赡养）阶段。而在当前农村社会，父代在与子代分家之后，往往要经历很长时间的"自养"阶段。父母只要还有一定的劳动能力，就一定会靠自己的劳动为生，那些具有劳动能力而完全依靠子代赡养的老年人在村里没有好名声，会被村民说"倚老卖老""不会做老人"。

> 案例 3 - 14：安阳南村的 ST，61 岁，老伴 58 岁，夫妻二人有一个儿子，已婚，其在婚后第二年即与父母分家。ST 没有技术，一直在外面打小工，现在在河南某高速路上看门，工资为每天 70 元，笔者调研期间他刚好请假回家收麦子。ST 的老伴身体不是很好，平常主要在家务农，偶尔出去打零工，主要在工地上帮人做饭，一个月工资 2000 元左右。当笔者问他为何这么大年纪还外出务工时，ST 说："要出去打工，不出去就没钱花。打工到不能出去就不出去了，不能动就不出去了。俺们这都是这样，不打工也要种地种到不能动为止，八十老汉去开荒，今天不死明天过时光。不种地就没吃的，自己有，自己吃得硬气，不跟儿子要。儿子给，媳妇不一定给，有的娶个媳妇不好，你跟她要，儿媳妇就翻白眼，儿媳妇看老人不顺眼。"
>
> （河南安阳南村，ST，男，61 岁，2016 年 5 月 30 日访）

第二，抚育孙代。抚育是家庭的基本功能，以父母为中心的生育制度意味着父母是最为理想的抚育主体（费孝通，1998：116—124），然而，随着打工经济的兴起，年轻的夫妻外出务工已经成为常态，这导致生育主体与抚育主体的分离，由此在农村普遍出现"隔代家庭"的抚育模式。此外，即使年轻的媳妇没有外出务工，婆婆也要帮忙带小孩，安阳南村一位中年妇女风趣地说，"媳妇是买来的，孙子是爷奶的"，这句话道出了作为父代的辛劳。一般而言，年轻夫妻在小孩两三岁之后就开始外出务工，有的年轻媳妇甚至在小孩几个月时就外出打工，将抚育小孩的任务完全交给父代，他们一般至少要带到孙代上中学为止。在抚育孙代的过程中，因为上学接送和生活照顾问题，父代至少有一方在一定时间内需要脱离生产完全照顾孙代，因而无法在劳动能力尚好的年龄为自己积攒养老钱。只要父代还有一定的收入，在抚育孙代过程中的花费基本都由父代支付。因此，父代在抚育孙代过程中，不仅要花费时间成本，还要把自己不多的钱花在孙代身上。即使如此，抚育孙代是父代的任务已经成了父代与子代的共识。

> 案例 3－15："现在一辈辈都是这样，不管儿子孝不孝，看孙子都是老人的任务。看孙子，这是任务，不看就被人笑话，你看了小，儿子才养你老。"
>
> （山东淄博郭村，HM，女，55岁，2016年5月3日访）
>
> 案例 3－16："带孙子现在成了老人的任务了，儿子媳妇在外面打工，婆婆肯定得管（孙子），大部分（婆婆）都要管孙子。能帮媳妇一把是一把，以后不能动了还得靠媳妇，女儿也可以养老，但是还是媳妇离得近一点。你没有给她（儿媳妇）扶持，她以后怎么养你？带孙子也是给儿子减轻家庭负担。"
>
> （河南安阳南村，LCQ，女，59岁，2016年5月27日访）

抚育孙代由父代的自愿行为逐渐演变成父代必须尽到的责任和义务，那些因为种种原因不能帮助子代带小孩的父代则陷入了深深的自责与愧疚之中。笔者在关中豆村调研时遇到一位 64 岁的妇女，由于身体原因她不能帮儿子媳妇带小孩，谈到此事时她不禁潸然泪下。

案例 3-17：关中豆村的 WS，64 岁，有一儿一女，都已结婚。儿子 28 岁，2014 年结婚，刚刚有小孩。WS 在十几年前患了风湿，骨骼变形，不能干活。媳妇生了小孩，WS 由于身体原因不能帮忙带，为此她非常自责和难受。她含着泪对笔者说："我现在啥都做不了，不能帮儿子带娃，这是我的任务，但我现在做不了。完不成任务，心里就生气。现在是媳妇娘家母亲带，按理说，这是我的任务，咱的娃应该咱带，外婆是次要的，我们才是主要的，按理说应该给她（指媳妇娘家母亲）发工资。我带不了心里就生气，是我的任务，没完成，心里就轻松不了。儿子之前跟我说，'你把病看好了，就可以给我看娃了，请一个保姆要花多少钱啊'。听见儿子这么讲，我心里能好受吗？这个任务是我的，不是人家的。家家户户都是婆婆带娃，能带多大就带多大，有能力上学时也要带。现在我带不了，你说我能不难受吗？"

（陕西关中豆村，WS，女，64 岁，2016 年 7 月 8 日访）

第三，尽力资助子代。在当前农村，随着现代性因素的渗入，家庭再生产的成本和难度都有所提升。男性婚姻成本的上升、消费主义的蔓延以及家庭的城市化目标等，从根本上改变了家庭再生产的路径和目标。因此，一方面，子代的婚姻成本基本由父代承担；另一方面，在子代结婚和分家之后，父代还要进一步帮助子代小家庭发展。当前年轻人外出打工的目的并不仅仅在于获得高收入，还有实现城市化的目标。然而，除少部分有特殊技能的务工者之外，大部分打工者的收入有限，单靠子代打工收入往往难以实现家庭的"城市梦"。而父代的帮助在一定程度上缓解了子代的压力。

案例 3-18：安阳南村的 LHQ，女，63 岁，老伴 67 岁，有一儿一女，都已结婚。老伴之前在县城的农场工作，现在有退休工资，一个月 2000 元左右。儿子 37 岁，已与父母分家，与媳妇在河南焦作一个建筑公司上班。LHQ 的儿子 2013 年在焦作买房，花费 35 万元，LHQ 夫妻帮儿子出了 14 万元（其中 4 万元是自己的存款，10 万元是 LHQ 向娘家的兄弟姐妹借的），借的 10 万元归 LHQ 夫妻偿还，她说："我们不去借钱不行，儿子没那么多钱，老伴有退休工资，我们可以慢慢还。要是我们老人没有债，那么儿子的债更多，那也会是我们的心病，害怕儿子过不好，作为父母，都是为了孩子过得好。孩子过得不好，老的有钱也过不好，心里有牵挂。（老人）光顾自己的生活不行，要是老人光顾自己的生活，别人也会说他，儿子需要你时你不管，以后儿子也不管你。老的，你现在行，你就帮帮儿子；以后老了，你让儿子帮你，儿子心里也舒服。不然的话，儿子虽然来管你，但是心里也不舒服。我们舍不得买东西，菜都不买，都是自己种。儿子工资不行，父母不帮他就不行。一个家庭要两面结合，父母和孩子一起努力才行。（老人）辛苦、累，但也是应该的，都是为了子孙，也不觉得有多累，觉得有意义。现在儿子（买房）正需要钱，你不帮他，以后你老了儿子也不帮你。我们（老人）天天吃饱饭、衣服穿差不多就行，也没什么需求。儿子的负担也不小，还有两个小孩要上学。父母一辈子操心，但不觉得辛苦，觉得有劲，不为儿子就没什么劲。老人活着，不是为了自己，都是为了孩子……"

（河南安阳南村，LHQ，女，63 岁，2016 年 6 月 16 日访）

从案例 3－18 可以看出，父代无尽地资助子代主要源于两个因素：其一，父代的人生意义在子代身上，"老人是为了孩子活"，在帮助子代的过程中父代实现了人生价值，过程虽然艰辛，但他们觉得无比幸福，"特别有劲"；其二，父代在有能力时资助子代，才有可能换来子代未来的赡养，无论是父代还是子代都认为这样的"交换"是对等的，由此子代能"问心无愧"地接受父代的无尽付出。

分家并不构成父代人生任务的终点，由于家庭再生产难度的提升以及父代对子代的伦理责任，父代在分家之后仍然继续为子代付出。在此基础上，父代逐渐形成了一套应对策略，即在有劳动能力时通过"半工半耕"或老人农业维持自养并尽力资助子代，在丧失劳动能力之后则以压缩开支的方式来减轻子代家庭的负担，以下两节将分别对之进行论述。

二 "半工半耕"与老人农业

"恩往下流"已经成为当前北方农村家庭代际关系的重要特点，父代持续不断地为子代家庭付出在农民看来是理所当然的。北方农村的父母似乎没有"退休"或"退养"的说法，在当地人看来，父代"只要能做就要一直做"。在子代成家之后，父代往往已经步入中年，他们已经不再具有进城务工的优势，但成为在村务农的主力，因此在城市化和工业化进程中农村地区普遍形成"以代际分工为基础的半工半耕"（贺雪峰，2013a）的家计模式。家庭中年轻的子代夫妻外出务工或经商，中年的父母则以在家务农为主，并承担起抚育孙代和维系熟人社会中人情往来关系的责任。这样，家庭就有务工与务农两笔收入。中年的父代在家务农，他们的收入除了维持自身在农村的基本生活之外，还在有余力的情况下尽力资助子代，例如为在城市打工的子代提供基本生活物资、帮助子代实现城市化的目标等。因此有学者认为"半工半耕的结构不仅是一种经济结构，也是一种社会结构和家庭结构，同时还是一种政治结构"（杨华，2015），它在维持农民家庭较高收入的同时，还有助于农民家庭实现城市化或向上流动的目标。

根据父代年龄的大小和劳动能力强弱的不同，可以将父代在子代成家以后，且尚有劳动能力的时期分为两个阶段：第一个阶段大致在子代结婚之后至父代 65 岁，在这一阶段，父代往往还具有较强的劳动能力，除了实现"自养"之外，他们通过"半工半耕"的方式尽力资助子代家庭；第二个阶段大致在父代 65 岁之后，在这一阶段，父代年纪渐大，劳动能力明显减弱，因而这一时期他们劳动主要是为了实现"自养"。以下分别对处于这两个时期的父代的行为逻辑进行分析。

在第一个时期，父代主要通过两种方式对家庭收入做贡献。其一，通过与子代家庭进行分工，形成父代家庭在家务农、子代家庭外出务工的"以代际分工为基础的半工半耕"的家计模式。父代除了种自己的口粮田之外，还要种子代家庭的土地。由于当前农业机械化程度较高，耕地、收割等需要重体力活的劳作基本实现了机械化，种地对于体力劳动的依赖度越来越低，因此中年父代只要身体健康，夫妻二人种十几二十亩的土地是可以胜任的。在种地过程中需要较多劳力合作的环节，父代既可以寻求子代家庭的帮助，也可以通过熟人社会中的相互帮工来渡过难关。笔者的调研发现，一般而言，只要父代尚有经济来源，务农过程中的投资基本由父代负责，只有在父代没有收入的情况下，子代家庭才会承担农业投资的责任。在多子家庭中，种地的花费由谁承担父代必须做到公平公正，要么都由父代支付，要么都由子代支付，否则会在兄弟或妯娌之间引起矛盾。每年粮食收获之后，子代家庭分别从父代那里拿回属于自己土地的收成，父代最后也只剩下自己口粮田的收成或是儿子给的养老粮食。

案例 3-19：安阳南村的 SQS，63 岁，有两个儿子一个女儿，都已结婚。大儿子 35 岁，二儿子 30 岁，2009 年两个儿子分家。老大一家一直住在县城，在县城开了一个副食店，老二一家住在村里。二儿子现在在山西打工，二儿媳妇在家照顾两个小孩，顺便做做微商。分家时家里总共有两块麦地和一块春地，① 麦地两个儿子一人一块，春地留给老人。由于老大一家住在县城，所以老大的地一直是老人在种。"老二媳妇看老大不种，自己也不种，我们只有一起种了。"所以虽然在分家时土地已经分给两个儿子，但实际上一直是老人在种，儿子们在农忙时偶尔会回来帮忙，种地的花费也基本由老人负担。SQS 说，"每年收了粮食之后，都把儿子那份送过去，我们自己留点吃的就行了"。SQS 在农闲时还在附近打零工，一年能挣几千元钱。

（河南安阳南村，SQS，男，63 岁，2016 年 6 月 21 日访）

---

① 当地的土地分为"春地"和"麦地"，其中春地的质量较差，一般只能种植一季玉米或红薯，不能种植小麦。

其二，在父代家庭内部也会形成阶段性的"以性别分工为基础的半工半耕"的家计模式。部分处于这一阶段的父代身体素质较好，因而在务农的同时还能在附近打零工，增加家庭的收入。一般而言，在身体条件允许的情况下，男性在农闲时节会在本镇或县市范围内打零工，他们找的活一般是建筑工地上的体力活，工资普遍不高，且工作时间不具有连续性，一年能够收入几千元到一万元。这笔收入虽然不多，但对于中老年父代家庭而言是一笔不可忽略的收入，用这笔收入，他们支付孙代的日常开销、熟人社会中必要的人情往来以及平常的小病花费等。此外，部分中年父代家庭在精打细算之下还能有一部分储蓄，用以支持子代家庭在城市发展和立足。

在第二个时期，父代年纪较大，劳动能力弱化，只能种植少量的土地，因此不能完全帮助子代家庭种地，也难以形成"以代际分工为基础的半工半耕"的家计模式。处于这一时期的父代主要是通过种植少量的土地实现"自养"，以减轻子代家庭的负担。事实上，这一阶段的父代已经完全步入老年，他们的子代逐渐步入中年，此时的中年一代正面临家庭再生产的巨大压力（如帮助儿子结婚），老年一代若能实现"自养"无疑减轻了中年一代的负担。在北方农村，70多岁还在种地非常普遍，老人只要还有一点劳动能力，就一定不会闲着，这与笔者在南方农村调研时看到的情况完全不一样。在南方农村，父代可以在50岁左右就宣布自己"退休"了，并理所当然地让子代承担起赡养责任，而子代也认为自己成家立业之后父代就应该"退休"了。北方农村与南方农村的父代所呈现的不同生活状态与心理状态既与家庭性质不同有关，也与村庄社会结构的差异有关。此外，在北方农村，由于父代在分家时往往把土地全部分给了子代，我们看到很多老人所种的土地都是自己"开荒"而来的，因此当地农民才有"八十老汉去开荒，今天不死明天过时光"的说法。

案例3-20：安阳南村的XTF，男，68岁，老伴72岁，有两个儿子一个女儿，都已结婚。两个儿子已经分家，老人在两个儿子家里轮流住，一家住一年，但吃饭是单独吃。按照分家时的约定，每个儿子每年给老人500元的赡养费，由于老人还在种地，因而儿子暂时不用给粮食。XTF夫妻二人现在种2.3亩土地，其中有0.8亩的麦地，其余都是春地或荒地。XTF的2.3亩土地中，只有0.4亩土地是自己的，其余都是别人的或自己开荒所得的土地。

当笔者问及他为何要开荒时，XTF说："我自己的土地不多，又不能出去打工挣钱，就想着多挣点钱。"XTF种植的作物主要有小麦、玉米、红薯和豆子，每年收获的小麦主要用于自己吃，0.8亩麦地每年可以收获500斤小麦，不够夫妻俩吃（夫妻俩每月要吃100斤小麦，每年吃400多斤玉米）；红薯和豆子也是自己吃；玉米除了自己吃以外，每年还可以卖六七百元钱。XTF的麦地在耕地和收割时都用机械，春地不用耕地，玉米在收割时靠人工。XTF说："我每天都要去地里忙，锄地、拔草，总能找到活干。种地也辛苦，但不种不行，人家都有收成，咱没有收成，说你是个男的，还顾不着自己吃喝，别人会笑话你。能种地就要一直种，咱就是种地的人，咱也不能去打工了，也挣不上钱了，只能种地。"

（河南安阳南村，XTF，68岁，2016年6月5日访）

在年轻人普遍外出务工的情况下，当前农村"半工半耕"背景下的"老人农业"已经成为一个社会事实。不管老人是主动自愿，还是被迫无奈而劳作，老人农业确实给老人及其家庭带来一系列好处。首先，老人农业让老人实现了自养，从而在一定程度上避免了因为向儿子要养老费而引起的代际冲突；其次，在实现自养的同时，老人农业还在很大程度上减轻了子代家庭的负担，从而有利于子代家庭更好地积累资本，提高子代家庭应对城市化的风险和参与村庄竞争的能力；最后，老人农业对于老人而言还是休闲农业，在农业对体力劳动的依赖度降低的前提下，种地对于老人而言还能充实生活，并起到让老人锻炼身体的作用。

然而，在关注老人农业之于老人生活、闲暇与自主性意义的同时，还必须将老人农业放置在代际关系中来理解，即老人农业在多大程度上是老人自由意志的体现。老人在种地上是否具有可以自由选择的权利非常重要。笔者在前文提到，华南宗族性村庄的父代在 50 岁即可宣布退休，但当地仍然有很多六七十岁的老人下地干活，不过这些老人都表示，这是他们自愿的，他们可以种地，也可以不种地，种与不种的决定权完全在自己手上，并且不管老人是否种地都不会影响子代对其的赡养。然而，北方农村的老年人自由选择的空间很小，绝少有南方农村老年人的洒脱心态。老人有劳动能力就一定要干活，否则不仅子代会对老人有意见，而且村庄舆论也会认为老人"倚老卖老""不会做老人"。关于老年人选择的权利在下一章中还有专门讨论。总而言之，北方农村的父代普遍要"死奔一辈子"，并在此过程中将自己获得的所有资源向下传递给子代家庭。

当前，学界主要从农业生产效率的角度评价老人农业。暂且不论老人农业效率引发的争论，站在老年人的立场上，老年人种田的目的本来就不是农业内在的效率逻辑，但非常合乎特定阶段劳动力本身的效率，进而合乎扩大化家庭再生产对家庭资源效用最大化和成本最小化的要求。总而言之，通过老人农业，父代维持了其向子代家庭继续输入资源的能力。

三　需求压缩与自杀抉择

父代在有劳动能力时，通过与子代家庭的分工形成"以代际分工为基础的半工半耕"的家计模式为家庭收入做贡献，在劳动能力逐渐弱化时则通过种少量土地实现自养以减轻子代家庭的负担。而当老人完全丧失劳动能力之后，他们不仅不能为家庭做贡献，而且成为家庭内部完全的消费者，此时老年人的内心极为内疚，只能以不断压缩自身需求的方式来减轻子代家庭的养老压力，部分老人甚至会自杀，以较为彻底的减轻子代家庭的负担。

在传统时期，父代在完成自己的人生任务之后就可以退出生产领域，到了丧失劳动能力的人生阶段更是可以理所当然地让子代履行赡养义务。而在当前农村，老年人丧失劳动能力之后，往往陷入深深的自责与愧疚之中。无论子代对老年人的看法和行为如何，老年人自身都认为他们是家庭的累赘，拖累了子代家庭。调研中我们遇到不少老年人，其子女在对其日常照顾和生活支持方面可谓尽心尽力，但是，子代的孝心却加深了老年父代的内疚。北方农村的老年人已将自身的需求压缩到了极致，他们说自己没什么需求，只要吃饱穿暖就行。在当地老年人看来，只要子代能够"给口饭吃"就不会被认为不孝。以下案例描述了北方农村老年人在丧失劳动能力之后的生活状态。

案例3-21："（老人的）生活开销，无所谓多少，有热菜热饭吃就行了，没什么要求。没钱就少花，吃个咸菜就是一顿饭，吃个蒜也是一顿饭，不讲究。一个月能吃一回肉就不错了，一次买10元或20元的，平常就吃馒头，吃点小菜，都是自己种的，有的时候也改善生活，弄点饺子或菜饼。老人有钱就花，没有就不花。有粮食吃、有水喝，就行了，不管吃好吃坏。过日子，咋过都是过。"

（山东淄博郭村，HL，女，73岁，2016年5月3日访）

案例3-22："（老人）只要有粮食吃就行，饿不着就行。钱没有数，没有钱就紧着点花，有钱就吃好一点，没钱就吃差一点，不向儿子要钱，儿子有钱，（但是）人家要买房子，小孩要上大学，都要花钱……父母支持儿子，是应该的义务。儿子支持孙子，也是他应该尽到的义务。赡养老人也是儿子应尽的义务，但是和养孙子比起来，还是孙子比较重要，我们（老人）可以紧着点，孙子上学是必需的。现在都是疼下不疼上，老人辛不辛苦就那么回事。反正老人有地，有粮食吃，这就可以了，现在也不可能真正饿着。"

（河南安阳南村，GKL，女，75岁，2016年6月20日访）

对于大部分老年人而言，只要"有饭吃、有衣穿、有房住"就很满足。老年人最怕的是生病，尤其是生大病。一旦老年人患了大病就会陷入纠结与不安之中，治与不治成为困扰老年人及其子女的难题。如果治病，那么势必会给子代家庭增加经济负担；若是不治，那么子代家庭会在村里落下不好的名声，没有面子。当地人还是普遍认为老年人生病要尽量医治，如果有老年人生大病而子代不管，那么村民会在背后指责子代是不孝子孙。对于老年人而言，他们既不想给子代家庭增加经济负担，也不想让儿子在村庄里没有面子，因此他们往往陷入纠结之中。调研中，很多老年人都说自己生病了不给儿子讲，"不想让儿子操心"。安阳南村一位老人的经历很有代表性。

> 案例3-23：安阳南村的QLQ，女，70岁，有一个儿子两个女儿，与儿子没有分家。QLQ在三四年前因为胆结石在安阳住院十几天，总共花费1万多元，报销了两三千元，其余基本是儿子出钱，每个女儿给了500元。QLQ说，"当时没有等治好就回来了，回来在村里输液，在医院花钱多"。同一年，QLQ又不慎摔伤了腿，当时到县医院检查，医生建议到大医院治，估计要花费几万元，QLQ不愿意去，她说，"当时医生说要到大医院治疗，我不去，去了要花好几万。孩子挣不上钱，咱把这些钱花了，孩子受苦。我一个人受苦，不让孩子累。现在每天晚上腿痛得睡不了觉，我就自己按一按，动一动，锻炼一下。我不想去治了，也不给儿子说（腿痛），说了儿子又要带我去看，又要花钱。都是70岁的人了，咱还能活几天，一治就是好几万，让孩子受累。儿子问我我就说已经好了，不让他知道，知道了他心里也不好受。大孙子今年15岁了，再过四五年就20岁了，又得娶媳妇了。现在孩子娶媳妇都要买房才行，我怕孙子娶不上媳妇，给儿子减轻负担。你不给儿子减轻负担怎么办？咱现在把儿子的钱花了，给儿子增加了负担，以后人家一打听，听说有债，就不愿意嫁过来了。当时我们欠了债，儿子娶媳妇都不好娶。我不想让孙子以后也不好娶媳妇。孙子现在都大了，我尽量避免花钱，我能节省就不乱花钱，我自己从来不买什么吃的，媳妇买什么回来我就做什么。我就不想多花他们的钱。咱苦吧，咱都是上了年纪的人了，不怕"。
>
> （河南安阳南村，QLQ，女，70岁，2016年6月17日访）

笔者在调研过程中遇到过很多类似 3－23 的案例，老人在生病后都是能忍则忍、能拖则拖，很多老人将小病拖成了大病。对于老年人而言，只要还没有丧失自理能力，他们都能维持最基本的生存状态。然而，老人一旦丧失自理能力，生活就会变得比较凄惨。在调研中很多农民提到"老人不能动（自理）就完了"。笔者在江汉平原农村调查时，当地老年人在生大病或者是生活不能自理之后往往选择以自杀的方式结束生命，一方面是为了减轻子代的负担，另一方面也让自己少受病痛的折磨。江汉平原农村已经形成了"一种类似自杀秩序的文化现象"（杨华、范芳旭，2009），"老人没用了就该死"成为当地农民的一种共识。因此老人自杀在村民看来是很正常的事情，自杀成为当地农村一部分老年人的最终归宿。与江汉平原农村相比，北方农村老人自杀的现象相对较少，村民认为"老人自杀就是给儿子脸上抹黑""老人自杀会让儿子在村里没面子"，安阳南村 71 岁的 SXQ说，"自杀上吊，给孩子丢脸，别人会说孩子不孝顺，孩子孝顺老人还会自杀？老人要顾及孩子的脸面"。因此，北方农村的老人即使在生大病或不能自理的情况下也不会轻易自杀。然而，这并不表明北方农村的老年人在丧失自理能力之后可以心安理得地活着，他们也可能选择一些类似"慢性自杀"的方式来结束自己的生命，希望以此避免自杀事件可能引发的针对其子女的舆论压力和道德指责。

> 案例 3－24："生病了，不能自理的老人，就愿意早点去，觉得孩子也费力，不想给孩子增加负担。老人不能动了，儿子不去挣钱也不行，因为要养家糊口；去挣钱吧，也不行，别人又会说儿子不孝顺。老人不能动了，就不想活了，就少吃点饭、少吃点药，死得快一点。自己不想受罪，也不想给儿子增加负担。"
>
> （河南安阳南村，LXC，女，72 岁，2016 年 5 月 24 日访）

由此可见，流动的现代性向农民日常生活注入的不确定性极大地延伸了父代的责任边界，父代对家庭再生产几乎负有无限的责任。这种责任不仅体现在父代积极地为子代奔波付出，而且体现在父代自我需求的极度压制。如前所述，即使是自杀，北方农村老年人也难有中部农村老年人的那种自由坦然。沉重的负担极大地降低了老年人的生活质量，在子代家庭逐渐成长的背后，是老年父代底线生存状态的逐渐形成。

第五节　有限反馈与底线生存

费孝通（1983）将中国的代际关系概括为甲代抚育乙代、乙代赡养甲代的"反馈模式"，以区别于西方家庭中甲代抚育乙代、乙代又抚育丙代的"接力模式"。在"反馈模式"之下，家庭养老是我国农村地区主要的养老方式，"养儿防老"也成为大部分农民一定要生儿子的主要原因。在传统的孝道观念之下，子代对父代的赡养包含丰富的内容，曾子曰，"孝有三：大者尊亲，其次弗辱，其下能养"（转引自崔高雄，1997：138—144），这就是说，孝道包含三个不同的层次，尊敬父母为大孝，不使父母受辱为次孝，而赡养父母是最低层次的孝。然而，笔者近年来在各地农村调研发现，现在能够做到"最低层次的孝"，即赡养父母的子代在农民看来就已经是大孝子了。而进一步调研发现，当前大部分农村地区的老人都处于"底线养老"的状态，北方农村尤其如此。所谓底线养老，是指子代只负责给老人提供基本的生活物资，老人处于有饭吃、没钱花的生存状态。"孝道"丰富的内涵逐渐降格为仅仅是物质层面最为基本的供养。而且，无论是老人还是子代都认同"底线养老"的模式，"只要儿子给饭吃"就不能被视为不孝，已经成为大部分北方农村的共识。

在扩大化家庭再生产模式中，随着子代家庭的崛起，代际权力的重心不断下移，家庭资源的整合不仅延及子代，而且也延伸至孙辈。扩大化家庭再生产的本质就是对家庭有限资源的动员，以实现发展性的家庭目标，这实际上是一种强动员、弱反馈的家庭资源配置模式。因此，随着父代的老化和劳动能力的弱化，他们逐渐成为家庭资源动员范围之外的成员。

一 失效的"分单"

北方农村普遍有在分家时"立分单"的习俗，兄弟之间在协商好家产如何分配之后，往往要通过写分单的方式将分家内容相对正式地确定下来。一般而言，分单上要写清楚两大内容，一是家产的具体分配，二是赡养义务的分配。对于子代家庭而言，分单主要是为了避免兄弟之间日后因为家产而发生纠纷；而对于父代而言，分单可以督促子代及时履行赡养义务。在传统时期，如果子代拒不履行赡养义务，那么父代可以以分单作为凭证向家族长老或村组干部控诉，以维护自己的权益。然而，在当前的北方农村，随着家族权威的消失以及村组干部在家庭纠纷调解方面的逐渐退出，分单已经难以保障父代的权益，分单逐渐变成一种形式，不再具有实质意义。

北方农村在分家时往往将赡养责任分配得特别精细，包括老人的饮食、住宿、生病花费以及丧葬责任等方面。然而，在扩大化家庭再生产模式之下，分单上关于赡养义务的契约与子代实际赡养义务的履行之间存在巨大反差。这种反差主要表现在以下两个方面。

第一，在赡养时间上，子代实际履行赡养义务的时间滞后。以河南安阳农村为例，按照当地习俗，父代在分家时往往将所有的家产（包括土地、房屋、农具等）均分给各个儿子，因此在传统社会中，一般在分家之后子代就开始承担起赡养父代的责任，父母不再有为子代操劳的义务，分家即构成了子代养老的起点。而近年来，虽然在分家时仍然要求分家后子代要履行赡养义务，但子代往往是在父代丧失劳动能力或者不能自理之后才开始赡养老人，还能劳动的老人就坐等子代赡养在当地被认为是不合情理的事情。因此，在分家之后，父代还要过很长一段时间的"自养"生活。

　　案例3-25：安阳南村60多岁的MQX说："还能种地，就不算太老。有了病了，失去劳动能力了，才是老人。有的当了爷爷奶奶，还去打工，不是当爷爷奶奶了就是老人。有劳动能力就还不能说你老了。你还能种地、干活，就在家里当老汉，让别人养活你就说不过去。能劳动就不能倚老卖老。能劳动，不劳动，别人评价不好。别人说你好吃懒做，让别人养活。你要是能做而不去做，儿子不说，儿媳妇也要说。（老人）自己劳动，花个钱就不用向儿子要，都能自己照应，就给儿子减轻负担了。儿子本身就有负担，上有老、下有小，小的的负担是减不了的，老的你不帮他，至少要帮他减少负担。"

（河南安阳南村，MQX，男，65 岁，2016 年 6 月 6 日访）

从 MQX 的话语中可以看出，子代赡养父代时间的滞后在当地已经成为一种共识，在一定程度上是父代与子代"共谋"的结果。当然，"自养期"的延长也与农民身体素质的改变有关，但这并不意味着父代就此进入"退休"的自由生活。如前所述，对于北方农民而言，"自养期"内父代除了维持自己的生活外，还要尽力支持子代。

第二，在赡养质量上，子代实际承担的赡养责任明显少于分单上的规定。前文已述，传统时期的"孝道"包含三个层次，即使是最低层次的"赡养"也包括对老人的"生养死葬"，具体而言，子代对父代的赡养内容包括物质层面的供养和精神慰藉。然而在当前农村，老年人孤独与情感空虚已经成为一个普遍问题，很多老年人一天下来没人可以说话；而在物质供养层面，子代只为父代提供能维持生存的基本生活物资，这与分单上关于赡养义务的要求相差甚远。分单成了一纸空文，不能构成对子代家庭的约束，子代可以根据个人意愿随意改变赡养规则。以下是来自安阳农村的一个案例，详细地呈现了子代家庭在赡养父代时如何斤斤计较，以至于父代忍无可忍，最终造成一起严重的赡养纠纷。

案例 3 - 26[①]：2008 年 6 月，东村前任村支书 HCH（女）与二儿媳妇之间因为赡养一事发生纠纷。HCH 当时 62 岁，老伴 67 岁，有三个儿子，均已成家，并已经分家，当时 HCH 与老伴两人单过。分家时土

---

① 此案例来自华中科技大学中国乡村治理研究中心报告汇编——《老年人报告汇编》，东村与笔者调研所在的南村同属于安阳市。

地全部分给了儿子，并约定每个儿子每年给父母 400 斤小麦和 150 元钱。2008 年，因为 HCH 夫妇俩上一年还剩余 200 斤小麦，就只向每个儿子要了 300 斤小麦。大儿子和三儿子在庄稼收获之后先将小麦给了老人，给的是当年新收的小麦。二儿子在外务工，二儿媳妇最后给老人小麦。2008 年 6 月 21 日，二儿媳妇称了 300 斤小麦给老人，用四个袋子装着。HCH 将袋子里的麦子倒出来晾晒时，发现许多小麦已经发霉变质，老两口非常生气，马上打电话让村主任 DSB 和会计 GQB 来处理此事。村主任来到现场之后，连声说道："这麦子还能吃？这还是人干的事？"HCH 还打电话给村支书 HHQ，但当时他在安阳市，要下午才能回来，于是他联系乡镇司法所的一个干部来调解这起纠纷，但司法所的工作人员没有前来。

HCH 带着哭腔向村干部诉说着二儿媳妇的不孝顺行为。村主任 DSB 马上跑到 HCH 的二儿媳妇家里，但敲门没人应，接着，他去了村里的蔬菜大棚找到 HCH 的二儿媳妇，询问此事原委。但二儿媳妇矢口否认此事，并说道："这不是俺的麦子，不是俺给的。"DSB 没办法，只好回到 HCH 家里，告诉她二儿媳妇不承认这是她给的麦子。HCH 听了更是觉得冤屈："这不是她的麦子还能是谁的？老大（大儿子）和老三（三儿子）给的麦子都在这角落放好了，我自己又没种地，哪来的麦子？当时老三在这里，他可以作证。"于是，HCH 去把三儿子叫了过来，三儿子过来之后，说让二儿媳妇把麦子换了就了事。几个人议论了一番，没有做出最后决定，村主任 DSB 和会计 GQB 等人都各自回家。

下午 5 点左右，村支书 HHQ 从安阳市回到村里，来到 HCH 家里看了麦子的情况，他说："这麦子的质量确实差，不能要了。"于是，他马上去找 HCH 的二儿媳妇，要她换成好麦子，但 HCH 的二儿媳妇大发雷霆，骂道："俺们的事情不要你管，这不是俺的麦子，你要告就尽管告去，俺不怕。"HCH 夫妇俩差点和二儿媳妇吵起来，被村支书 HHQ 制止了。后来，HHQ 回家里吃饭，并要 HCH 打电话给村里的公益事务理事会会长 HQF。

7 点左右，HQF 赶来 HCH 家里。HQF 说："这不是什么大事，不需要让你二儿媳换麦子，只要对她进行批评教育就行了。"但是，HCH 说："这不中（当地方言，意为不行），肯定要她换，不然以后我们这日子就没法过了。今年给的坏麦子，明年她还是这样。"HCH 的老伴更是生气地在旁边骂娘："她（指二儿媳妇）讲的是啥话，叫别人别管，我日她娘的，她如果不换好麦子给俺，俺就通过法律途径解决。"HQF 劝说他要冷静，别生气，HQF 说："咱们做父母的要冷静，不跟他们小孩子一般见识，不要这样破口大骂他们。"

HCH 又打电话把村支书 HHQ 叫了过来，HHQ 坐在那里一声没吭，到后来说了几句："这本来是个小事，但是你们把它弄大了，没必要。"HCH 的老伴非常激动，说道："如果她不把好麦子给俺，俺就一头撞死在这里。"HCH 也说："以前俺们都要 400 斤麦子，今年只要 300 斤，还向他们少要了，没想到她这样对我们。"

HCH 把三儿子叫来一起商量，三儿子一开始说这事他也不好插手，这让 HCH 的老伴非常生气："你不管这事的话，以后也就别叫俺爹了！"三儿子只好去给二嫂做工作，她（HCH 二儿媳）最后答应了换麦子的事情。

7:40 的样子，几个人商量好，决定第二天让 HCH 的二儿媳妇换好麦子。HCH 夫妻俩也做出妥协，只要二儿媳妇将其中一袋麦子换成好的就行了。大家一起把倒在地上晾晒的麦子用袋子装好，并过了一下秤，四袋麦子总重量为 286.5 斤，离约定的 300 斤还差 13.5 斤。HCH 的老伴又骂了："这还是人吗？这就是畜生，给了俺们坏麦子，还少了十几斤。"

此后，村支书 HHQ 没有再来过问此事。当 HCH 的二儿媳妇给她换好麦子时，村支书也不在现场，这让 HCH 非常生气，三番五次地跟我们说："这事他竟然连问都不问，你说你还当啥村支书？还是什么文明村？光这一条就可以把他否定掉。他不管的话，到最后俺们没法活了，就去上访去。"

笔者在北方农村调研发现，与 HCH 夫妇有类似遭遇的老年人很多，子代不是完全不赡养父母，但只是维持底线养老，正如安阳南村一位农民所言，"儿子会养你，但是怎么养就是一个问题"，山东淄博郭村一位村民在谈到当地的养老状况时感慨地说，"有的媳妇养老人像喂狗一样"。这样的个案虽然有点极端，但这些个案的存在表明了当前农村老年人的生活存在很大问题。在当前北方农村，像 HCH 夫妇这样在子代不按规定给付养老粮时敢于与之争吵的老年人非常少，而敢于上告至村组干部的情况更是少之又少。大部分老年人在遭遇子代不孝的情况下选择忍气吞声，一方面，老年人认为"家丑不可外扬"，他们不希望因为自己的状告使子代遭到村庄舆论的谴责，并且，如果子代知道老人在外面说自己不好的话，结果是老人过得更加悲惨；另一方面，这也是由于传统的村庄非正式权威和正式权威调解家庭纠纷的能力逐渐弱化。在 HCH 的案例中，HCH 作为老年人，思想观念相对比较传统，她认为村干部或村庄内有权威的人就应该来管自己家的事，因此她在第一时间就通知村组干部，并对村支书最后"消极无为"的表现非常不满。HCH 的二儿媳妇在村干部找其说理时，可以直接骂村干部，并且说出"俺们的事不要你管"，在她看来村干部就是多管闲事。以村支书为代表的村庄正式权威以及以村庄公益事务理事长为代表的村庄非正式权威的到场，在很大程度上仅仅是出于给当事人一个面子，在纠纷调解中发挥的作用并不大。

"分单"原本所具有的规范和保障功能逐渐消失，"立分单"仅仅成为一种形式。实际上，当年老的父代最终不得不完全依赖分单向子代索取养老物资时，就已经表明老年父代的弱势和被动的处境。分单的失效正是家庭再生产模式转变的反映。拟定分单的原则是权责的均衡，而分单的失效则意味着家庭内部代际之间权责体系的改变。失去了分单保障的老年父代生活水平只是维持生存。

二　"软"收入与"硬"支出

上文在总体上论述了北方农村老年人的"底线生存"状态，并从分单失效的角度进行了一定的阐述。为了对当地老年人的"底线生存"状态有进一步的认识，笔者统计了 2015 年安阳南村第一村民小组 60 岁以上的老年人的收入和支出情况。具体见表 3 - 1。

在统计过程中笔者发现，老年人对自己的收入都知道得比较清楚，因为其收入来源有限，因而较好统计。但老年人对支出情况却不能非常清楚地记得，很多琐碎的日常开支难以统计，因而关于其"支出"的最终数据只是接近于老年人的实际支出水平，真正的支出数额应该比统计数额稍多。从表 3 - 1 可以看出，老年人的收入主要包括个人劳动收入（包括务农和务工）、子女赡养费和政府养老金三部分，其中老年人的个人劳动收入和养老金是其最主要的收入来源。除了部分有退休金或退伍军人补贴的老年人之外，大部分老年人的收入差距不大。由于养老金是统一的，因而影响老年人收入差距的主要变量是年龄和劳动能力，根据这两个变量，可以将 60 岁以上的老年人分为三类：低龄且身体素质较好的老年人、中龄且身体素质一般的老年人和高龄且丧失劳动能力的老年人。对于第一类老年人而言，其身体素质较好、具有较强的劳动能力，因而在务农的同时还有外出务工机会，这部分老年人的收入较高，但他们在自养的同时往往还要资助子代，如表 3 - 1 中编号 13 和编号 18 即是如此；对于第二类老年人而言，其身体素质一般，只能种部分口粮田以实现自养；而对于第三类老年人而言，他们只能依靠子代赡养。

从表 3 - 1 可以看出，老年人从子女那里获得的赡养费具有非规则性和非固定性特点，20 个个案中只有 8 个从子女那里获得了赡养费，所占比例不到总样本的 50%，根据笔者的调查，这 8 个个案也并不是从分家之后就可获取赡养费，而是最近几年由于收不抵支才有的。老年人只是在生命中的某个阶段获得子女的赡养费，一般而言是"中龄且身体素质一般的老年人"可获得，这一阶段的老年人往往以"自养"为主，但由于劳动能力有限，需要子代给予一定的支持。而对于低龄老人和高龄老人，子女一般都不会给其赡养费，老年人一般也不会找子女要，这是因为，低龄老人的身体素质较好，有能力实现自养；高龄老人已经丧失劳动能力，甚至不能自

表3-1 2015年安阳南村第一村民小组60岁以上老人的年收支统计

单位：元

编号	姓名	年龄	收入					支出						
			个人劳动收入	子女赡养费	政府养老金	其他收入	总收入	吃穿等生活开支	医疗开支	人情开支	农业生产投入	水电煤（气）等开支	其他开支	总开支
1	WHG	71	1000	1500	936	1100	4536	500	3000	0	300	500	200	4500
2	LWQ夫妻俩	67	1500	0	1872	0	3372	500	1300	1000	500	600	0	3900
3	LDY夫妻俩	66	2000	500	1872	0	4372	500	1500	500	500	500	0	3500
4	ZDN夫妻俩	65	500	2000	1872	0	4372	1000	2000	500	100	200	0	3800
5	XTF夫妻俩	68	700	2000	1872	0	4572	800	1700	500	200	1000	0	4200
6	LMC	71	500	2000	936	4200	7636	800	1700	500	250	670	1500	5420
7	WDN夫妻俩	73	1000	900	1872	0	3772	500	1500	200	500	1100	0	3800
8	LXC	72	1000	0	936	1200	3136	600	1000	1000	400	1000	0	4000
9	LYS夫妻俩	70	2000	0	1872	0	3872	700	1300	500	500	500	0	3500

续表

编号	姓名	年龄	收入					支出						
			个人劳动收入	子女赡养费	政府养老金	其他收入	总收入	吃穿等生活开支	医疗开支	人情开支	农业生产投入	水电煤（气）等开支	其他开支	总开支
10	PLX夫妻俩	63	2000	0	1872	1100	4972	800	1200	1000	500	800	0	4300
11	SXQ	71	0	0	936	10000	10936	100	8000	200	0	0	0	8300
12	WXY夫妻俩	71	1500	0	1872	0	3372	500	1000	500	500	800	0	3300
13	LXG夫妻俩	65	12000	0	1872	0	13872	800	700	1000	500	800	8000	11800
14	LDY	67	0	0	936	24000	24936	1000	16000	500	0	500	0	18000
15	ZCY	86	0	0	936	0	936	0	500	0	0	0	200	700
16	SEN	87	0	0	936	0	936	0	700	0	0	0	100	800
17	YXY夫妻俩	71	0	2000	1872	0	3872	500	1500	0	0	500	0	2500
18	LXG夫妻俩	65	11000	0	1872	0	12872	600	1400	500	300	500	8000	11300
19	LXY	77	0	0	936	0	936	0	600	0	0	0	200	800

续表

编号	姓名	年龄	收入					支出						
			个人劳动收入	子女赡养费	政府养老金	其他收入	总收入	吃穿等生活开支	医疗开支	人情开支	农业生产投入	水电煤（气）等开支	其他开支	总开支
20	RSG夫妻俩	68	1000	3000	1872	2400	8272	1000	1800	3000①	500	2000	0	8300

注：（1）编号1、编号6、编号8、编号11、编号14、编号15、编号16、编号19为单身老人的年收支统计，其余编号为夫妻两人的年收支统计，并且是除去家庭食用之后卖粮食的收入。

（2）关于"个人劳动收入"，编号13和编号18的收入包括务农和务工两部分，其余编号的"个人劳动收入"都只是务农收入。

（3）关于"子女赡养费"，笔者在此将子女给老人的粮食也折算成现金，并和子女给老人的现金一起计算。

（4）关于"政府养老金"，当地的基本养老金为60岁以上的老人每人每月78元。

（5）关于"其他收入"，编号1、编号8、编号10分别为村民小组组长、村民小组副组长和小组会计的工资收入；编号6、编号20为退伍军人补贴；编号11为丈夫去世时留下的遗产；编号14为退休工资；编号18为资助孙子代的开支，每月2000元。编号6是全家（包括子代）的开支；

（6）关于丈夫"其他开支"，编号13、编号18为资助孙子代（包括子代）购买社保的开支；编号1、编号15、编号16、编号19为日常的其余开销，如给孙代买零食。

---

① RSG只有一个儿子，儿子和媳妇在外打工，没有正式分家，所以与儿子共走一份人情。儿子每年向父母交3000元左右的钱，基本只够父母补用于走人情。

理，一般与儿子同吃同住。表 3 – 1 关于"子女赡养费"的呈现进一步印证了笔者在前文中所提到的"分单的失效"。

从老年人的支出情况来看，老年人最大的支出项是"医疗开支"，其次是"吃穿等基本生活开支"、"人情开支"以及"农业生产投入"。表 3 – 1 中的"医疗开支"一项，除了编号 11 和编号 14 生大病住院之外，其余都是当地老年人一年一般的医疗开支水平。在调研过程中，很多老年人向笔者提起，"老人最怕的就是生病"，尤其是生大病。由于当前农村的社会保障体系还不完善，乡镇组织的每年一次的体检往往流于形式，而老年人到了一定的年龄一般有多种疾病，大部分老年人每天要吃好几种药，这构成他们最大的支出。老年人生病后一般是在村卫生室或乡镇卫生院买药或输液，一旦检查出患有大病，老年人一般会选择不治疗，以给子代减轻负担。

在"人情开支"方面，按照北方农村的习俗，老年人一般在子代分家之后逐渐退出村庄里的人情往来，由子代接替父代维系熟人社会中的关系网络。然而，当前农村在老年人还有劳动能力时一般还要继续维系亲戚之间的人情往来，如侄子、外甥等结婚，老年人都要单独送礼，正如安阳南村一位老年人所言，"老了难道就不是亲戚了？老了你还是他舅舅、叔叔，还是要送礼"。因而，大部分有劳动能力和收入来源的老年人维系着一定的人情往来，这构成他们另一项较大的日常开支。

总体而言，北方农村的老年人收入有限，笔者将其收入概括为"软收入"。收入之"软"，在于老年人并没有广泛和稳定的收入来源，因而他们往往将生活开支压缩到最少，形成一种"底线生存"的生活状态。老年人一般只会开支生活中的"必需项"，如生病、人情、基本生活物资等，即所谓的"硬支出"。部分老年人甚至呈现"零消费"的状态。老年人的"零消费"与其子代和孙代家庭追求相对舒适的生活之间形成了鲜明的对比。老年人普遍认为："人老了就不用再指望什么了！"因此，虽然流动的现代性正在加速农村社会的经济分化，但是，分化的力量主要作用于中年人和青年人，在老年人群体中，生活水平的分化程度远远低于中年人和青年人。即便老人只是维持底线生存状态，一些老年人的生活也入不敷出，这些老年人一般会选择向邻居"借钱"周转。

三 老人"借钱过日子"

笔者在调研中了解到，北方农村很多老年人有向别人借钱的经历，部分老年人甚至每年都要通过向邻居借钱周转才能维持正常的生活，由此当地形成了老年人"借钱过日子"的现象。一般而言，借钱次数最多的是处于中等年龄且劳动能力一般的老年人，这部分老年人一般依靠种部分口粮田"自养"，子代会给予部分赡养费。但这部分老年人的现金收入普遍较少，一旦生病次数较多，或者是人情开支较大时，他们就会面临收不抵支的问题。对于低龄老人而言，他们在务农的同时还能在乡镇或县市附近打零工，因而收入相对较多，一般不用借钱就能维持基本的生存；而高龄老人基本由子代负责食宿，子代至少能够保证其基本的吃、穿、住等，而且高龄老人由于几乎没有收入来源，也没人愿意借钱给他们。老年人借钱的数额普遍不多，一般是三五百元，对于子代而言这笔钱根本算不了什么，但对于老年人而言却是维持基本生存所必需的，当他们没有挣钱能力且不能向子代开口要钱时，只能"悄悄"向邻居借钱渡过难关。

> 案例 3 - 27：安阳南村的 WHG（表 3 - 1 中编号 1），71 岁，有三个儿子，老人单独居住在一个老房子里，自己做饭吃。从前年（2014 年）开始，每个儿子每年给老人 500 元的赡养费，WHG 说："每年的钱基本都不够用，自己想办法，借钱，在村里借还是好借。一年一年地借，到年底还，第二年再借。一年要借两三百元，一般 11 月就要开始借钱了，那个时候钱都花完了。（老人）没钱向儿子要钱，他也会给，但我没法开口向儿子要，他们都要养活人口，（买房）还欠了债，不想给他们增加负担。儿子不知道我去借钱，要是知道了他会不高兴，给他丢人了，儿子怕别人说他不孝顺。"
>
> （河南安阳南村，WHG，男，71 岁，2016 年 5 月 28 日访）
>
> 案例 3 - 28：安阳南村的 ZDN（女）（表 3 - 1 中编号 4），65 岁，

老伴 71 岁，腿有残疾，不能干活。ZDN 有两个儿子一个女儿，由于老伴残疾，且 ZDN 一个人的劳动能力有限，两个儿子从去年（2015 年）开始每年每人给父母 1000 元的赡养费，但两个老人还是过得节衣缩食，经常需要向邻居借钱。ZDN 说："每年都要借钱，去年借了 600 元，分三次借的，向邻居借。今年前段时间又借了 200 元，一般都是在年底还。儿子的养老钱过年时给，到时候就可以还。老人自己没有钱，儿子也挣不上，只能借，我借钱不给儿子讲，讲也没有用，咱自己借自己还。儿子顾不上我们，不能要他的钱，没法去向他要。儿子也要顾人口，是小工，挣不了多少钱，老人去要了（钱）媳妇会生气，不能让他们两口子吵。儿子要是知道我们借钱了，肯定也不高兴，不给他说。"

（河南安阳南村，ZDN，女，65 岁，2016 年 6 月 21 日访）

当地有借钱经历的老年人都说自己借钱不让儿子知道，他们不愿意让儿子知道自己在村里借钱主要是出于以下两个考虑：其一，担心儿子知道后不高兴，觉得自己在外借钱给儿子丢脸了；其二，若是儿子知道父母在外借钱，碍于面子儿子一般会帮助父母还，但这无疑会加重子代家庭的负担，并且还可能引起儿子与媳妇之间的矛盾。事实上，在老人"借钱过日子"比较普遍的情况下，子代或多或少能听闻父母在外借钱的信，但只要父母或村民不对自己讲，子代就算知道也会装作不知情。

在当地的舆论氛围中，老年人找儿子要钱并不具有正当性和合理性，当地农民认为，子代家庭本身有很重的负担，老年人如果不能资助子代家庭，至少不能给子代家庭增加负担。在此舆论氛围下，那些向子代要钱的老年人被村民认为"不会做老人"或者是"太刁钻"。

案例 3-29："父母向儿子开口要钱的少，父母向儿子要钱不好意思，脸皮抹不下去，儿子问爸要钱容易，爸向儿子要钱就难，你是他爸，你就应该给他钱，老人问儿子要钱不容易。老的还能向小的要钱？这是不可能的事。看儿子自觉，自觉的就给。一般老人能过得去，就不向儿子要，要了也没啥用，死了还是儿子的。老人只要身体好，就没啥要求……农村人老了就没啥用了，到老了就被人嫌弃，在家里就没啥地位。"

（陕西关中豆村，YZW，男，75 岁，2016 年 7 月 15 日访）

老年人"借钱过日子"是家庭转型过程中出现的新现象，并且在北方农村具有一定的普遍性。但华南宗族性村庄的农民对此则很难理解，在华南地区，父代在完成传宗接代的任务之后就理所当然地由子代赡养，这无关子代家庭经济状况的好坏，并且子代家庭也认为这是自己应该履行的义务，在华南农村调研经常遇见的情形是，随着父母年龄渐长，本来在外务工的子代放弃在外面的较高收入回乡，以方便照顾父母。在传统的"抚育－赡养"模式中，父代到了一定的阶段就应该由子代赡养，这是子代义不容辞的责任。这种代际关系具有厚重平衡的特征，对老年人进行安顿是家庭的重要功能。

第六节　小结：从"过日子"到"死奔"

"过日子"是时常出现在农民话语中的词，而将日子过好则是农民最希望实现的目标之一。"过日子"是每个人都必须经历的过程，是一个无法再化约的生活状态（吴飞，2009：32）。"过日子"涉及两个最基本的要素：一是物质基础，二是伦理基础。一定的物质基础是"过日子"的首要条件，这也是笔者在本章探讨的主要内容。"财产是过日子的三个基本特点中的一个重要方面，没有财产基础，是谈不上过日子的"（吴飞，2009：35），"过日子"中的物质基础具体体现为家庭生活实践中的财产创造、积累和继承。伦理基础或道德基础也是"过日子"过程中必不可少的，它们既为过日子注入动力，也约束着农民过日子的方式和方向。在传统社会中，过日子作为农民的一种生活常态和生活伦理，"集中表达了小农经营家庭的具体策略、原则和方法"（陈辉，2016：196）。是否会"过日子"，首要的意思即是否会持家，是否能把家庭生活过得红红火火。因此，"过日子"虽以特定的家庭资源积累为基础，但却只是必要条件而非充分条件。家庭资源的集聚方式受到地方性规范的约束，家庭资源的配置也要合乎整体性家的要求。

"过日子"体现了简单家庭再生产的实践逻辑。家产的承继是家庭再生产过程中的重要内容，但家产承继的过程受到家庭伦理和家庭规范的约束，也服务于整体性家的伦理责任实践。家庭财产和家庭资源因而融入家庭伦理。

20世纪80年代以来，随着市场化的逐渐深入和现代性进村，传统的家庭再生产模式发生了重大转型。现代性逐渐瓦解了传统的"家庭主义"，地方性婚姻圈的破裂和男女性别比失衡造成的婚姻挤压增加了男性的婚姻压力，并且引发了分家的变异，为了子代家庭的顺利再生产，中年父代在分家之后仍然要源源不断地向子代家庭输送资源。家庭财产和资源配置的方式打破了原有的均衡状态。家庭资源集聚本身获得了相对独立的意义：只有尽可能多地集聚资源，子代的婚姻才有可能，子代家庭向上流动和城市梦的实现才有可能。

扩大化的家庭再生产在实现家庭继替的同时，还要实现家庭阶层流动、家庭城镇化等目标。在扩大化家庭再生产模式之下，家庭再生产的难度提高、成本上升，男性婚姻成本上升、竞争性分家、父代"恩往下流"成为常态，这一切都打破了农民"过日子"的原有状态。父代必须源源不断地向子代家庭输送资源，以回应时代变革与社会转型的要求，进而突破家庭生命周期的循环模式。因而，"死奔一辈子"成为转型时期父代家庭的人生任务。在为子代家庭耗尽所有之后，父代老年生活逐渐进入"底线生存"的状态。在这个意义上，扩大化家庭再生产模式展现了代际剥削的持续过程。不过，有待进一步解释的是，这样一个资源剥夺的过程还伴随着对父代权力的剥夺和价值的剥夺。在接下来的两章中，笔者将分别从权力层面和价值层面展现扩大化家庭再生产的运行机制。

第四章

权力整合：扩大化家庭
再生产的政治过程

在第三章中，笔者以简单家庭再生产模式下家产传递中的家庭主义原则为参照，对扩大化家庭再生产模式下的家产转移过程进行了细致讨论，从而阐述了家庭内部资源配置逐渐向子代倾斜的逻辑。简而言之，相对于简单家庭再生产的代际均衡模式，当前家庭再生产过程中的资源配置日益失衡。随着资源配置失衡格局的持续和父代的老去，老年人逐渐陷入底线生存状态。那么，在从均衡向失衡的转变过程中，父代为何没有抗拒这一持续的失衡过程？随着家庭资源纵向配置逻辑的变化，家庭内部的权力关系如何作用于资源关系？要回答上述问题，我们的讨论需要进入家庭再生产的权力层次。

代际之间权力的让渡是家庭再生产之必不可少的要素，父代向子代的权力交接也是家庭再生产顺利完成的重要标志之一。在传统家庭伦理的规制下，家长的权力并不是固有、绝对的权力，而是家庭的"代理权"（俞江，2006），因此，家庭再生产必然要求当家权的代际流动，子代家庭只有成为一个自主的权力实体，才可能获得"家格"（陶自祥，2015a）。权力的流动必然伴随围绕权力而产生的竞争、冲突、妥协、合作等权力互动形式，这些都可以纳入"家庭政治"的范畴。家庭政治通过调适代际之间的权力和利益关系，激活家庭伦理，平衡家庭利益，从而成为直接决定家庭结构离散抑或整合的因素。而现代性进村除了带来家产转移过程的变迁之外，也触发了家庭权力关系的变迁。在扩大化家庭再生产模式下，家庭政治日益服务于家庭整合的大局，最为核心的表现即代际层面的家庭政治的失语，[①] 家庭成员之间直接的冲突越来越少，家庭政治走向了"去正义性"。

---

① 实际上，代际层面的家庭政治与代内的家庭政治表现出两种完全不同的趋势。在现代性逐渐渗入家庭的过程中，代内的家庭政治失控与代际间家庭政治的失语并存，并且前者在一定程度上强化了后者。

"去正义的家庭政治"带来家庭内部权责关系的失衡，家庭再生产的展开过程同时成为老年人走向边缘地位的过程。

本章主要基于家庭权力让渡的过程理解扩大化家庭再生产的运行机制，从父代老化过程中生活处境和行为逻辑的变化来透视农民家庭转型的权力之维和老年人危机的发生脉络。笔者首先在第一节建构了简单家庭再生产的权力模式，以此为参照，从第二节开始进入扩大化家庭再生产过程中的权力互动过程，以理解当前农村父代权力的纵向演化逻辑。

第一节　简单家庭再生产的权力格局

基于伦理规范和尊卑等级，中国家庭内部的权力结构一般被认为具有高度的稳定性和封闭性。这一认识主要基于父子轴基础上的伦理秩序。农民家庭内部的伦理秩序与生活秩序并不能简单等同。陈辉（2016：53）认为，伦理秩序具有较强的等级色彩，强调长幼尊卑，这是维系大家庭秩序的关键，但是，从过日子的角度来说，还有一个家庭内部的生活逻辑，以及由此生成的一套生活秩序。伦理秩序代表的文化理想与实际生活之间往往存在偏差，因此，不能仅仅通过文化理想来解释农民的现实生活秩序。从实践的视角来看，笔者认为更重要且值得关注的是伦理、规范是如何参与到家庭生活秩序的塑造的，农民如何化解伦理理想与生活现实之间的张力，从而形塑家庭再生产的路径与模式。农民并不是沉思的哲学家，陈辉关于农民生活哲学的研究也是来自对农民朴素的"过日子"过程的观察。

如前所述，权力是家庭再生产的重要内容。在本节中，笔者基于农民现实的生活逻辑，展现简单家庭再生产的基本权力模式，从而为理解扩大化家庭再生产过程中的权力互动提供参照。相对于以"权威"为中心的分析，"权力"分析是一种更加微观和细腻的分析视角，可以展现农民家庭关系互动中更为现实的层面和要素，对理解农民家庭再生产展开的实践路径具有不可替代的意义。在权力视角下，农民家庭可以被视为一个政治单位，家庭成员围绕利益而展开的权力关系互动具有了家庭政治的色彩。家庭政治是家庭成员日常互动的重要方式，也是农民"过日子"过程中的常态。家庭政治以亲密关系为起点，同时也以亲密关系为最终目标。在吴飞（2009：138）看来，家庭政治的存在表明了人们对于继续"过日子"是有兴趣的，并且想努力把日子过好，而不是为了结束"过日子"的状态。家庭政治首先是家庭内部的政治，这是其不同于公共政治的根本之处。在传统家庭模式中，家庭政治的空间是开放的，家庭矛盾和冲突也就不可避免，并且构成了家庭再生产的有机内容。正是通过家庭政治中的一次次"博弈"，家庭成员心中的不满情绪得以宣泄，家庭正义得以伸张，家庭内部的紧张关系不断产生而又不断化解，由此形成了家庭生活的节奏。需要注意的是，家庭的政治性与家庭的伦理性并不是对立的。在传统的简单家庭再生产模式中，从家庭成员的成长过程来看，主体本身的伦理性获得依赖于家庭政治中的权力互动。在这个意义上，家庭政治既受到伦理的约束，又成为家庭伦理性之实现和延续的媒介和载体，家庭政治不断地激活和强化了家庭的伦理性。

与此同时，家庭政治又是在具体的村庄社会场域之中运行的，在这个意义上，政治性构成家庭权力关系实践的内涵，社区性则构成其外延。家庭的社区性，意味着家庭政治并不是完全封闭在家庭内部的政治，社区舆论、规范和价值构成了激发和制衡家庭政治的力量和资源，因此，家庭的政治性和社区性，赋予动态的家庭再生产过程中的权力互动以更牢固的稳定性。

一 家庭的政治性

家庭政治指的是家庭内部不同成员之间围绕家庭资源分配而展开的竞争，往往以家庭冲突或家庭矛盾的形式表现出来。吴飞（2009：42—49）透过家庭政治这一分析框架解释了华北农村的自杀问题，家庭成员之间围绕情、义、礼而展开的权力游戏，导致了自杀行为的发生。因此，吴飞将自杀现象视为家庭政治的后果，然而，将自杀与家庭政治联系在一起，容易引发对家庭政治的问题化想象，即认为家庭政治等同于家庭冲突或家庭矛盾。事实上，家庭政治内嵌于农民"过日子"的过程之中，构成家庭生活开展的重要动力。对于农民而言，"过日子"是一个具有丰富内涵的生活过程。在北方农村，评价一个人日子是否过得好，不仅要看其家产的积累，这是最为基本的条件；同时还要看其家庭内部关系以及家庭与社区之间关系的处理状况，这构成会"过日子"的必要条件。过日子的过程绝非风平浪静，任何家庭成员遭遇的个体性事件都必然具有扩散效应，并且在一定程度上重构家庭内部的资源配置关系。在此意义上，家庭政治从本质上反映了"过日子"过程中不同家庭成员之间围绕家庭权力和家庭利益而展开的竞争和冲突。

然而，家庭政治并非一个纯粹的私人生活领域的权力斗争问题，还涉及家庭规则、家庭正义、家庭伦理等诸多要素。不同家庭成员之间围绕家庭资源和家庭规则，形成复杂的家庭关系模式和互动方式。总体而言，传统北方农村社会中的家庭政治具有以下两个基本原则。

第一，家庭政治的伦理性。家庭政治与公共政治存在实质的差异。家庭中并无真正意义上的个人利益及由此生发出来的纯粹的权力斗争（杜鹏，2010），"家庭政治的根本目的是进一步的亲密关系和好好过日子"（吴飞，2009：99）。家庭政治贯穿于农民过日子的过程之中，是家庭情感与家庭权力之间的交织与互动，而非纯粹的权力斗争。因而，家庭政治是以家庭成员之间的亲密关系为前提的，同时也是以实现家庭发展为最终目标的。因此，家庭内部权力关系的均衡实质上来自情感与权力之间的平衡，而非权力本身的平衡。

第二，家庭政治的"正义性"。"正义性"是家庭政治的核心，吴飞（2009：46）将家庭政治中的正义划分为两个层面，分别为"形式上的正义"和"在形式正义的基础上的公平交往"。实际上，正义性就是指家庭中的权责均衡，即公平地分配家庭权力和家庭责任，每个家庭成员在人生当中的不同阶段会获得某些家庭权力，同时也要承担相应的家庭责任或义务，从而使得家庭作为整体的再生产得以顺利进行。

因此，在简单家庭再生产模式下，家庭政治是农民家庭生活中的常态，往往以家庭矛盾或家庭冲突的形式表现出来，但却以伦理性、正义性等为基本内核。家庭政治为农民过日子的过程注入动力。

二 家庭的社区性

北方农村的家庭不仅具有政治性，而且还具有社区性，并且通过家庭的政治性与社区性之间的互动，形成和维系了家庭伦理、家庭规则等要素。实际上，家庭的社区性构成了家庭政治的外延。对于家庭内部的成员而言，他们不仅生活在家庭政治的场域中，而且生活在村庄社区的评判和监控体系之下。家庭的社区性指的是，在村庄社会中，家庭并不是一个孤立、自足的存在，在村庄的公共性与家庭的私域性之间存在互动与勾连。具体而言，传统社会中家庭的社区性主要包含以下几个层面的内容。

第一，家庭的社区性首先是指家庭的社区性资格获得，表现为"社区性家"的形成。子代成家、分家之后必然需要经历一个在村庄社会中"立户"（陶自祥、桂华，2014）的过程，它是子代核心家庭获得村庄成员资格和村庄社会认同的过程。陶自祥（2015b：70）从"家庭继替"的角度理解家庭的社区性，认为"家庭继替就意味着子家庭从母家庭的'庇护'下脱离出来，获得独自参与社区公共生活的资格，成为一个新的社区性家"。因此，"社区性家"的形成是家庭继替的重要组成部分，同时也是家庭与社区互动的基本前提。

第二，家庭的社区性还指涉家庭与社区之间的互动。这种互动贯穿农民过日子的过程，这个过程同时也涉及家庭成员在村庄熟人社会中社会性价值的实现。北方农村家庭的社区性与其村庄社会结构之间存在关联，北方农村普遍存在超越于个体和核心家庭之上的小亲族结构和村庄共同体，因而村庄中往往具有一定的规范，且村民对于村庄生活都具有相对长远的预期。小亲族结构一般具有很强的竞争性，这种竞争性压力会传递到家庭内部，使得每个家庭成员都尽量恪守家庭和村庄的规范，以避免家庭整体形象的受损和个人在村庄中做人的失败。因此，社区规则能够进入家庭内部。

第三，家庭的社区性还强调社区规范对于家庭的约束与渗透，即村庄社区对家庭的规范作用。北方农村的家庭关系相对比较有规则，代际之间、兄弟之间的权责关系都比较清晰。同时，家庭的政治性与社区性之间存在密切的互动，即家庭政治中的主体往往利用社区性的规则和资源，由此能够维护家庭正义、家庭规则和家庭伦理。在小亲族之间竞争激烈的背景之下，村庄社区内部关于家庭关系的规则会对家庭成员之间的互动和相处构成外在压力，使得家庭中参与互动的任何一方都不敢轻易打破规则，否则，个体及其家庭都会被推上村庄舆论的风口浪尖。

家庭的政治性与家庭的社区性同时存在，使得农民过日子的过程没有走向规则失范和伦理缺失，维持了简单家庭再生产模式的平稳运行。家庭社区性的存在保证了家庭成员在权力互动过程中具有基本的底线和可以参照的规则，否则家庭政治就会变成纯粹的个体的任意行为。

三　当家权的公共性

韦伯（2010）关于中国家庭支配结构中"家父长制度"的说法易于造成对中国家庭权力形态的误判。在上一章关于家产的讨论中笔者已经指出，家产并不为"父"所有，同样的道理也适用于家庭中的权力。这样来看，"父权"这一概念将权力实体化和静态化了。为了在家庭再生产的动态过程中考察家庭中的权力互动形式，笔者引入"当家权"的概念。当家权淡化了权力的主体，强调了家之于权力本身的主体界定。陈辉（2016：44）也认为，当家权而非父权才是家庭权力的本质。在家庭继替的过程中，当家权也要以某种方式流转。结合上文所述，当家权是家庭权力关系的凝结点，也是家庭政治的焦点。当家权的流转和让渡是在家庭的政治性和社区性等属性编织的权力关系互动链中实现的。

一般来讲，"当家权就是在家庭生活中某个角色掌管经济分配、做决策以及承担家庭责任的权力"（曹广伟等，2008）。农民在过日子的过程中需要处理很多事务，如家庭生产、家庭经济、家庭关系、人情往来等，以家庭再生产为目标，对这些事务的统筹安排构成了当家权的基本实践内容。家庭权力并不是一种"私"权力，而是体现为家长之于家庭的义务和责任。

也因此，当家权是以伦理责任为核心的权力，而非一种专制性权力（张建雷、曹锦清，2016）。概括而言，当家权主要指涉内部的家庭政治和外部的社区关系，当家者因此成为勾连和贯穿家庭的政治性与社区性，实现二者互动的焦点。接下来笔者分别从当家权的主体、当家权的属性和当家权的转移方式三个层面展开对简单家庭再生产模式下当家权的具体分析。

第一，当家权的主体。在传统北方农村，当家权一般主要由父代掌握，父代依托当家权而主导家庭秩序。父代当家固然与年龄分层基础上的伦理规范有关，同时也是农业社会的需要。在传统农业社会中，农民家庭收入以务农为主，因而合理地进行家庭分工，有效调动家庭成员的积极性，实现家庭利益的最大化，便成为家庭再生产之实现的必由之路。农业社会中的当家权并非专断权，而是具有以性别分工和代际分工为基础的分权色彩。不过，也要看到，分权是有限的。分权之后，一定要在家庭内部形成一个合力，使家庭生活具有一体性，而不是各自为政。例如，在安阳农民看来，"当家"和"管家"是两回事，从性别分工来看，男人是"当家"，女人是"管家"。① 男性作为当家者构成家庭权力之核心，女人则是以"管家"的身份参与到当家权的实践中。

第二，当家权的属性。传统社会中的"当家权"实质上是一种"代理权"，对于家长而言，当家权固然是家庭延续赋予其的权力和权利，但是，这种权力和权利的行使要对大家庭的延续负责，因而具有浓厚的责任和义务的属性。当家权因为是权利与义务的结合体，家长需要调和家庭内部的不同意见，担负起对整个大家庭的责任，他的一切决策都是以大家庭的团结与延续为最终目的，而不是以个人利益为核心的。因此，传统社会中的当家权往往责任多于权力，这也是很多老人回忆起以前都说"当家难"的

---

① 安阳南村59岁的WWX向笔者描述了他小时候当地农村的当家情况："以前，家里家外的事都是男的管，男的当家，女的只是管家，当家和管家不同，谁当家就是谁说了算。但是都有一个共同目标，就是想把家庭搞好。男的考虑周全，男的考虑的是大方向；女的考虑不周全，女的只看眼前，不顾大局。以前家里有客人来了，妇女就要问男的今天中午吃什么菜，是好菜还是一般的菜，妇女不能自己做主，要由男人来决定。以前别人在家门口喊家里有人没有，要是只有妇女在家，一般都是回答'没有人'。妇女（虽然）也是人，但是外面来找人，肯定是找男人。以前'面条不算饭，女人不算人'。"

重要原因。

第三，当家权的转移方式。家庭的整体性和绵延性意味着当家权只有通过代际转移才能保证家庭再生产的有序进行。在这个意义上，特定父代的当家权具有暂时性，当父代年老或去世时，则要将当家权让渡出来，流转给成为新的父代的子代。若父代抓住当家权不肯放手，则既不利于子代成长，也不利于家庭的再生产。只有在当家权的实践中，子代才能真正触及家庭政治以及家庭政治与社区关系之间的互动，逐渐洞察生活中的人情世故，成长为真正有担当、能立足于村庄的新的家长。

当家权是从权力维度理解简单家庭再生产的关键概念。当家权并不是一种排斥性的权力，而是一种整合性的权力，具有鲜明的公共性色彩。从当家权的实践来看，当家权也不是为家庭中某一特定成员独占的权力（"家长"是一个相对的概念），当家权的实践不仅表现为相对的分权，而且要在代际链条中有序流动。传统的简单家庭再生产模式中，以父代为中心的当家权流动维持了代际之间权力关系的相对均衡，家庭生活中没有形成针对特定个体的笼罩性和压制性力量，这就为家庭政治提供了运行的空间。如此一来，当家权的公共性构成了家庭政治之正义性的基石。因此，在简单家庭再生产的政治过程中，家庭内部的资源分配一般向所有家庭成员开放。家庭政治固然造成了家庭生活中的紧张和波澜，但是为家庭成员情感和利益的表达提供了机会，家庭矛盾本身作为家庭生活秩序的要素，为家庭关系的调适和家庭融合提供了契机，最终促成了大家庭的实质性整合和团结。

第二节　婚姻主导权：权力主体的转换

家庭政治体现了家庭本位的权力关系模式，是在家庭框架内部展开，并且以家庭继替为依归的权力互动实践。然而，随着现代性进村，不仅村庄社会的边界逐渐被打破，而且家庭的伸缩性边界也日趋固化。在扩大化家庭再生产模式下，农民追求的不再是过日子，或者说，过日子本身面临着很大的压力和挑战。如何过好日子、实现家庭的发展，成为包括子代、父代以及其他所有家庭成员的共同追求，在这种情况下，家庭生活中细微的事件即可能激起巨大的波澜，造成家庭内部关系的动荡甚至家庭解体。以"结婚难、离婚易"为主要表现形式的婚姻风险，对于农民而言不再是新鲜事。笔者在全国多地调研时经常听到农民感慨"现在离婚的比结婚的还多"，虽然这是一种比较夸张的说法，但农民朴实的话语确实表达出了当前农村离婚现象的普遍性。在婚姻市场不平衡的背景下，离婚将造成家庭再生产暂时甚至永久的中断，婚变也就可能引发家庭之变，成为家庭再生产之殇。

婚姻风险承担中的性别差异极大地影响和改变了农民的家庭再生产模式。女性在婚姻市场中的优势地位传递到了家庭政治之中，并转化为女性参与家庭政治的外部资源，从而塑造了妇女的婚姻主导权。妇女的婚姻主导权改变了家庭再生产过程中权力互动的模式和当家权转移的方式，实现了权力主体由大家庭向妇女主导的核心家庭的转换，从而弱化了当家权的公共性，带来当家权的变异。

一　婚姻主导权的崛起

学界对农村离婚现象的研究主要是从社会流动带来的经济变迁（徐安琪，1986）和文化变迁（刘燕舞，2009）角度切入，认为打工经济的兴起是农村离婚现象增多的根源。离婚习惯上被认为是妇女地位弱势和权力缺失的表征，然而，笔者近年来在各地农村的调研发现，在当前的离婚潮中，女性并不是被动的承受者，反而在很多时候是离婚的主动提出者。基于此，笔者曾提出"妇女的婚姻主导权"这一概念，并将农村妇女婚姻主导权的形成机制归结为"打工经济在经济独立、婚姻优势与观念变迁这三个维度对农村妇女的影响。这三个维度分别对应婚姻中的权利主体、权利空间和权利合法性，三者共同塑造了妇女的婚姻主导权"（李永萍、杜鹏，2016）。离婚对于农村妇女而言不再是地位弱势的表现，她们不仅是离婚的主动提出者，而且，相对于男性而言更能规避离婚的风险与成本。在婚姻成本不断增加的背景下，离婚对于男性家庭而言无疑是一颗"定时炸弹"，"人财两空"的威胁随时可以将一个家庭毁灭。因此，男方家庭对年轻媳妇都是百依百顺的，家庭内的权力关系发生逆转。在此意义上，子代婚姻的不稳定性奠定了家庭政治失衡的基础。

在表4-1中，笔者统计了关中金村① 2000年以来的离婚案例，金村的离婚现象在北方农村具有普遍性。

表4-1 关中金村2000年以来的离婚案例②

编号	出生年份	婚姻持续时间（年）	离婚年龄（岁）	离婚年份	孩子情况	离婚提出方	离婚原因	再婚情况
1	1970	6	30	2000	1个儿子，归男方	男方	父母看不上儿媳妇	男女均已再婚
2	1972	3	28	2000	无	女方	女方变心	男女均再婚
3	1972	5	28	2000	1个儿子，归男方	女方	女方外遇	男未再婚，女已再婚
4	1987	3	26	2013	无	女方	女方变心	男未再婚，女已再婚
5	1984	1	24	2008	无	女方	男方太穷	男未再婚，女已再婚
6	1973	3	30	2003	1个儿子，归男方	女方	女方变心	男未再婚，女已再婚
7	1980	3	28	2008	无	女方	不详	男未再婚，女已再婚
8	1984	2	29	2013	1个女儿，归男方	女方	家庭不和	不详
9	1978	8	35	2013	1个儿子，归男方	女方	分家致使家庭不和	男女均已再婚

---

① 关中金村总共有1400人，320户。该村在2000年以前外出务工的农民相对较少，2000年之后年轻的男女青年基本都外出务工。笔者于2014年7月份在该村调研了一个月。

② 表4-1的数据来源于笔者2014年7月份在关中金村的调研，详情参考（李永萍、杜鹏，2016）。

续表

编号	出生年份	婚姻持续时间（年）	离婚年龄（岁）	离婚年份	孩子情况	离婚提出方	离婚原因	再婚情况
10	1984	6	29	2013	1个儿子，归男方	女方	不详	男未再婚，女不详
11	1978	8	33	2011	1个儿子，归男方	男方	男方外遇	男未再婚，女已再婚
12	1978	8	35	2013	1个儿子，归男方	女方	家庭不和	男未再婚，女已再婚
13	1979	5	30	2009	1个女儿，归男方	男方	女方有白癜风	男女均未再婚
14	1979	10	35	2014	1个儿子，归男方	女方	女方外遇	男未再婚，女已再婚
15	1984	2	30	2014	1个女儿，女方带走了	女方	"娘家穷，想把女儿多卖点钱"	男女均未再婚
16	1978	8	34	2012	大女儿归男方，小女儿归女方	女方	男方干不了重活	男未再婚，女已再婚
17	1980	20天	33	2013	无	男方	女方有轻微精神病	男女均未再婚

注：表格内的出生年份、离婚年龄均是指男方的情况。

农村离婚的普遍性不仅表现在离婚者越来越多，还表现在农民对离婚的接受程度越来越高，大部分村民认为离婚现象"见怪不怪了"。且看笔者在调研过程中农民对离婚现象的直观描述。

案例4-1："现在的娃，结婚快、变脸快、离婚快。现在的娃都不顾家，说变脸就变脸，说打锤就打锤，没有忍让。有了小矛盾，想走就走，有娃就把娃也抛下。现在的年轻人，不忍耐，没有包容心，把婚姻看得淡得很，说一句话就离婚，一吵架就上纲上线。"

（陕西关中金村，FM，女，50岁，2014年7月20日访）

案例 4-2："离婚大多数都是女的提出的，女的就是老天爷，说一不二。反正女的又不缺嫁，这家不中，那家还抢。不说几婚，只要是个女的就行。现在的年轻媳妇，都是以她为中心，不合她意，就不愿意。现在女的光顾自己享受，不为子女考虑。"

（河南安阳南村，ZSH，女，45 岁，2016 年 5 月 25 日访）

从以上关于离婚现象的统计数据和农民关于离婚的描述中，我们可以总结出当前农村离婚现象的新特点。第一，离婚的提出者多为女性。在婚姻市场失衡的背景下，男方即使在婚姻中过得不幸福也不敢轻易提出离婚，而女方则显得更为随意和主动，家庭生活中任何的不顺心或矛盾都可能导致其提出离婚。

案例 4-3："以前提出离婚，一般是男的。有的是嫌女的不生（小孩），有的是嫌女的干活不麻利。现在 99% 都是女方提出的，女方在屋里成领导了，成皇上了，男的啥都不敢说。女方把自己看得高，认为女的少，啥都要给（跟）你谈钱，不给钱，没钱花，就寻事。一闹仗，说不对，就离婚。娃媳妇难定，父母都给儿子说，'人家（女方）要怎样就怎样，尽量满足，不要让人家生气'。现在娶个媳妇都当贡品一样供着，有求必应，要吃啥就买啥。媳妇娶过来，比宝还宝，都是手心捧着的，男的还敢提离婚？归根结底还是女的少了。"

（河南安阳南村，WX，女，55 岁，2016 年 6 月 19 日访）

在传统社会，家庭是妇女的生活重心，在"未嫁从父，既嫁从夫和夫死从子"的伦理观念下，婚姻对于妇女而言是"安身立命"的基础（杨华，2012：315—327）。妇女通过婚姻进入丈夫的家族，并通过生育来实现夫之家族的绵延，在此过程中，妇女自身的生命价值和人生意义也得以实现。因而，传统社会中的妇女是以家庭为生活重心的，家庭是其生活的全部，离开夫之家庭，妇女不仅在经济上难以自足，更失去了生命价值实现的依托。在调研中农民经常说"以前的妇女都受得了气"，而现在的妇女"一点气也受不了"。妇女现在之所以不愿意受气，一方面是因为打工使得女性在经济上相对独立，有了自我生存的能力；另一方面是由于打工经济带来的观念改变，妇女"以家为生活重心"的传统价值观受到冲击，"追求个体幸福"成为更多年轻女性的梦想。

> 案例4-4："以前女的，一般都不出去打工，所以离开男的就生活不下去了。（要是）离了婚，别人都会认为这个女的有问题，再嫁就难了。回娘家也要受气，两头都要受气。你自己没收入，吃喝都要靠娘家，娘家人肯定有意见了。现在女的就不同了，都可以出去打工，有生存能力了，自己可以养活自己。父母也管不住了。"
>
> "过去让你离婚你（妇女）都不敢离，想到死都不会想到离婚。以前都要顾脸面、顾家、顾孩子、顾老人，现在什么都不顾。过去的婚不好离，离了婚的女的就是寡妇，别人都不要。女的走了，又怕娃受罪，为了娃都要受气，有忍耐心，嫁鸡随鸡嫁狗随狗。现在的人，把娃看得淡得很。过去我们都舍不得丢娃，怕别人管不好。现在的女的，光追求自己的幸福，只管自己。"
>
> （陕西关中金村，GHQ，女，50岁，2014年7月14日访）

第二，离婚的风险主要由男方承担，且男性再婚难度明显大于女性。女性离婚后再婚的比例高达90%以上，很多女性再婚时的对象都是初婚，而且在男女性别比失衡的背景下，女性再婚时一样可以获得高额彩礼。部分女性甚至在离婚之前就已经有了"备选"，有的女性还在协议离婚阶段就已经有媒人来介绍"下家"。男性在离婚后再婚难度较大，基于此，由男性主动提出离婚的情况非常少。正如案例4-3所示，很多男方的父母会劝自己的儿子不要惹媳妇生气、在物质上尽量满足媳妇提出的要求。离婚在某种程度上成为女性"威胁"男方家庭的一种手段。

案例 4-5："现在女的不缺嫁，不管几婚都可以嫁，不觉得丢脸，带了孩子也不觉得丢脸，谁也不管旁人事，见怪不怪。现在离婚也不觉得丢人，没人说，离了婚还觉得自己很光荣，又当了一次新娘，又挣了一次钱，二婚一样地办酒席，一样要彩礼。男方家除非是家庭条件好的，或者是有外遇的，才可能会提出离婚。普通的男方家庭不敢提出离婚，离婚了再娶很难，有人跟你你也娶不起。一般都是女方提出离婚的。"

（河南安阳南村，WT，女，53 岁，2016 年 6 月 19 日访）

第三，提出离婚的女性基本都有外出务工的经历，城乡生活反差所带来的失落感是女性提出离婚的主要原因。打工经济的兴起带来了年轻妇女生活空间的时空转换。首先，城市标准化生产基础上的工业时间模式取代了村庄社会的弹性时间模式，改变了个体闲暇的方式和意义，对于年轻妇女而言，个体性的消费主义逐步取代了传统的社会性闲暇。其次，城市陌生人社会的性质逐渐消解了传统的村庄结构与家庭伦理对女性的塑造。打工经济兴起之前，妇女主要受家庭伦理的规训，其生命周期围绕家庭而展开。而打工经济兴起之后，妇女外出务工极为普遍，很多年轻妇女在结婚前和结婚后都在外打工，家庭和村庄对其已难以构成规训，城市成为妇女重新进行社会化的空间，城市的生活方式构成农村年轻妇女的参照系。

案例 4-6："女的出去打工，挣点钱，把自己打扮好点，到城里就变了，就想跟个人，心就野了，看不上农村的。这都是出去打工的原因，要是当初让她一直在家带娃，心就不野了。在外面越逛越野，心越来越大。打工时间多了，接触的人多了，回来看啥都不顺眼。就和外面比，比谁条件好，光给你寻事、吵。"

（陕西关中金村，WM，女，50 岁，2014 年 7 月 15 日访）

因此，打工经济打破了传统社会中农民以家庭为中心的"过日子"

的朴素状态。妇女一旦进入城市，"城市的流动性和陌生化使得原有的乡土规则在很大程度上失效，妇女的生活目标和意义指向在奔向城市的过程中潜移默化地发生了改变"（李永萍、杜鹏，2016），即从传统的"家本位"转向"个人本位"，从传统的"过日子"为核心转向"追求个人幸福"为核心。

通过以上论述可以看到，打工经济带来年轻女性的经济独立、婚姻优势和观念变迁是理解当前农村离婚现象的根源。此外，国家正式力量和乡村非正式权威对农民个体及家庭生活的介入越来越少，使得离婚变成了个人的私事，个体所受到的伦理约束弱化。

> 案例4-7："现在离婚容易，都是一句话的事，在气头上，说离婚就离婚。以前离婚困难，至少要两三年，你去民政局离婚，民政局的人还要劝一劝，让你再回去反省一下，有的反省一年半年就不离了。现在没人劝，干部不管，最多是家里人劝一下，也管不了什么用。"
>
> （河南安阳南村，LY，男，51岁，2016年6月20日访）

在婚姻市场性别比严重失衡的背景下，男性的婚姻成本上升、婚姻压力加剧，很多男方家庭要经过多年的努力才可能为儿子娶上媳妇。然而，男方父母并不能因为儿子娶上媳妇而"懈怠"，年轻媳妇随时可能提出离婚，婚姻的不稳定性使得男方家庭继续生活在压力之下。实际上，父代的压力是双重的，一方面是在子代结婚之后继续向子代家庭输送资源的压力，笔者在第三章已对此进行了论述；另一方面则是在子代（尤其是媳妇）所主导的家庭权力结构中承受的压力与委屈，笔者将在本章接下来的部分对之进行详细分析。

由此可见，女性的婚姻主导权是子代在结婚后迅速掌握家庭权力的关键因素之一。借由女性的婚姻主导权，子代家庭在与父代家庭的互动中占据了优势。这改变了家庭政治中的权力互动模式和家庭再生产过程中的权力交接方式，并进一步造成新时期当家权的变异和名实分离。

二 当家权的变异

在传统的家庭再生产模式中，当家权是父权的象征，"子孙即使在成年以后也不能获得自主权"（瞿同祖，2003：6）。只有在父代年老或去世之后才由子代当家，但其实这时接替当家权的子代也已经有了自己的子女，且子女往往都已经成家。这就保证了当家权始终在大家庭层面传递和转移，并且主要指向大家庭的整体利益。

但是，女性的婚姻主导权改变了当家权的运行模式和实践属性。媳妇在过门不久就在夫家的家庭里争夺当家权，父代甚至主动让出当家权，年轻的儿子不再事事顺从父母的意见，而是越来越站到妻子一边；而父代在家庭内部逐渐丧失话语权和决断权，这与传统社会中经常出现的婆婆的厉害和公公的权威存在鲜明对比。女性的婚姻主导权不仅重塑了当家权的主体，割裂了当家权的内在统一性，而且也改变了当家权的转移模式，从而造成了当家权的变异。具体而言，当家权的交接逐渐从大家庭降落到核心家庭层次，即子代以核心家庭之当家者的身份承接和争夺当家权，这样一来，当家权实践主要指向子代核心家庭的利益。当家权的交接过程实际上异化为子家庭从大家庭内部的分离过程，从而形成了以子代家庭利益为本的权力交接模式。因此，当家权的变异主要表现为当家权内在的权责分离：当家权的交接过程本质上成为核心家庭从扩大家庭中挣脱和独立的过程。因此，在扩大化家庭再生产模式中，子代家庭在建立不久就替代父代家庭，子代成为当家者，父代在家庭内部处于依附性地位。无论是父代还是子代都认为子代（尤其是媳妇）当家是正常的，但父代主动让出当家权的背后实际上隐藏着深深的无奈，这种无奈表现为如今的父代根本当不了子代的家，如果父代不主动交出当家权，那么一定会引来激烈的家庭矛盾。因此，父代为了尽量减少或避免家庭矛盾，一般在儿子婚后不久就交出当家权，这种现象在多子家庭和独子家庭都具有普遍性。

由此可见，转型时期的媳妇当家与传统家庭模式中的父代当家存在本质差异：媳妇当家主要是为了划清家庭利益边界，维护自己核心小家庭的利益，而较少承担大家庭的责任；而父代在丧失当家权的同时，却不得不继续承担起家庭的责任。简而言之，媳妇当家是想获得由当家权所赋予的权利，却并不想承担当家者所应当履行的责任和义务。事实上，年轻媳妇争夺的并不是当家权，而是家庭的经济权，因而有学者认为"媳妇当家就是当钱的家"（曹广伟等，2008），这种说法具有一定的合理性。年轻媳妇当家不仅可以自己掌握核心小家庭的经济收入，而且还可以将父代的收入以"大家庭"和"家庭发展"的名义占为己有。因此，传统时期权责相匹配的当家权发生了变异。以"子宫家庭"为核心的当家权进一步强化了子代家庭的行动自主性和资源调动能力。

例如，在关中农村，父代一般是与其中一个儿子不分家，但在儿子结婚后不久父代就交出当家权，由媳妇当家。之后，父代如果还有经济收入，一般也会把收入的大部分交给媳妇，只留下少量的零花钱，并且往往不能让媳妇知道，否则可能会引起家庭矛盾。以下一个案例在当地农村很有代表性。

案例4-8：关中豆村的ZQC，男，67岁，老伴70岁，有一儿一女，与儿子没有分家。儿子结婚后不久ZQC就主动交出当家权。ZQC说："现在都是这样，娃一结婚，老人就把权交了。要是老人继续掌权，媳妇就不高兴了，老人的想法她不同意，现在年轻娃劳神。咱老了，有饭吃就对了。儿子结婚后不久，老人自动就把权交出去，你（老人）继续当家，儿子和媳妇生气，成天吵架，划不来。一代跟一代不一样，现在的娃都看不惯我们。"

现在ZQC的儿子和媳妇在江苏打工，有一个四岁的女儿在家由老人照顾。ZQC夫妻俩在家种三亩地，其中一亩地种小麦，另外两亩种植猕猴桃，一年收入一万多元。此外，夫妻俩还养了一头肉牛和三头奶牛，一年可以收入七八千元。ZQC夫妻俩每年的收入都要交给儿子，他说："家里的种地收入也是归儿子，他一回来就把钱拿去了，咱拿钱也没用，他们还不高兴。他们当家，就他们管钱。"

（陕西关中豆村，ZQC，男，67岁，2016年7月22日访）

在调研中我们还发现一个有趣的现象，部分家庭的年轻媳妇在结婚后不想立刻当家，这似乎与媳妇当家的大趋势很不相符？经过了解发现，这些媳妇之所以不愿意当家，主要是因为这些家庭经济条件相对较差，有些家庭甚至还有债务，媳妇觉得"家没什么可当的"，她们不想将沉重的经济负担揽到自己身上。而一旦家庭经济条件发生转变，这些家庭的媳妇就开始表露出想要当家的想法，此时，"聪明"的父代就会主动将当家权让出，从而避免家庭陷入矛盾和纠纷状态。

> 案例 4-9：关中豆村的 YZH 75 岁，有两个儿子两个女儿。老人与小儿子没有分家，一直一起生活。小儿子 2001 年左右结婚，婚后第三年当家。YZH 说："小儿子结婚第一年，我就想交权，但是儿子不接，当时还欠了四千多元债务，是儿子结婚欠下的，后来债还完了，儿子才接的……我（交权）主要考虑的是，儿子结婚了，有家了，媳妇也有娘家，有时儿子媳妇找我要钱（之前是老人当家），给多给少还有矛盾，我嫌麻烦，也是为了减少自身负担。"
>
> （陕西关中豆村，YZH，男，75 岁，2016 年 7 月 12 日访）

总体而言，媳妇当家主要是出于对核心小家庭利益的考虑，媳妇在争夺当家权的同时没有承担起对家庭整体的责任。而父代在丧失当家权的同时，不得不继续为家庭做贡献，"操心一辈子"，家庭生产的安排、日常生活起居的照料、人情往来的维系等都是由父代操持的。例如，在人情往来方面，按当地习俗，一旦父代退出当家权之后，人情礼单上就会写儿子的名字，但事实上无论是仪式性人情的开支还是日常性人情中的帮工，都主要由父代继续维系。只有等到父代年老之后，子代才会从实质上接替父代的人情关系，因此，子代家庭作为社区性家庭的资格的承接呈现相对的"滞后性"。子代家庭越来越不在意村庄社会中独立身份的获得和社会性价值的实现，反而表现出对母家庭的依附性，但这种依附性的实质是"啃老"。从父代仍然操持家庭事务的层面而言，他们似乎仍然掌握着当家权，但是从操持的目的而言，则子代已经在实质上掌控了当家权，家庭再生产的权力重心下移。子代家庭获得了主导家庭再生产走向和目标的权利和能力，父代家庭则扮演"兜底"的角色。当家权的权责走向分离，当家权因而发生变异。

第三节　策略与委屈：权力关系的失衡

当家权是家庭政治的中心和焦点，家庭政治既包括围绕当家权本身的竞争和博弈，同时也包括权力关系对当家权的修正，以使其运行在家庭再生产的正常轨道中。这赋予家庭政治以伦理性。扩大化家庭再生产过程中当家权的变异进一步影响了家庭政治的格局和状态，剥离了家庭政治的伦理性，家庭政治的正义性逐渐扭曲。从当前农村婆媳关系的变迁历程可以看到，家庭政治的空间逐渐受到压缩。随着媳妇当家和妇女主导婚姻，家庭权力关系逐渐失衡，父代在家庭政治中逐渐失语，并自觉地退出家庭政治。家庭政治日益退缩到核心家庭内部，表现出更强的私人性和隐秘性，从而为家庭再生产注入了更大的不确定性。但是，父代从家庭政治中的退出并不意味着其家庭责任的中断。并且，由于失去了通过当家权对家庭再生产过程的干预和引导能力，父代只能采取策略性的行为，在满足子代家庭要求的同时还要尽力平衡子代家庭之间的利益关系，从而使得家庭关系更加微妙和复杂。为了维持家庭关系的团结，父代有苦不能言，形成了普遍的"委屈"心态。

一　家庭政治的演化与失衡

1. 婆媳关系的变迁

家庭再生产过程中的权力关系和权力冲突，主要通过婆媳关系表现出来。因而，婆媳关系的变迁呈现了代际层面家庭政治的变迁，并鲜明地反映了当家权的时代流变。中华人民共和国成立以来，北方农村的婆媳关系主要经历了以下三个阶段，分别为：20 世纪 80 年代以前、20 世纪 80 ~ 90

年代、2000 年以来。下文将结合笔者在北方农村的田野调研对当地婆媳关系的变迁进行具体的阐述，从而为阐述扩大化家庭再生产模式下家庭权力关系的失衡奠定基础。

第一阶段，20 世纪 80 年代以前，婆媳关系中总体而言还是婆婆占据主导权，只是出现了极少数敢于与婆婆争吵的媳妇，但这些媳妇无一例外都受到村庄舆论的谴责。虽然新中国提倡的男女平等、婚姻自由等观念对传统的家庭关系有所影响，但总体而言还是以维护父代在家庭中的权威地位为主，因此婆媳关系在这一时期并没有发生根本性的变化，婆婆还是掌握更大的话语权和主动权，家庭内部还是婆婆说了算，媳妇一般都不敢和婆婆顶嘴。关中豆村的 MPR 75 岁，1959 年结婚，向笔者讲述了她做媳妇时的很多遭遇。

> 案例 4 - 10："我们那会儿，都是婆婆说了算，要是媳妇跟婆婆吵架了，那老公回来后媳妇就要挨一顿打，老公不打媳妇，婆婆的气就消不了，那时认为媳妇就应当受气，那时的媳妇把饭给婆婆端，现在都是婆婆把饭给媳妇端。老公打过我一次，那是刚结婚第二年，我没有和婆婆吵架，是婆婆让我做什么事我没有做好，老公从西安回来，婆婆就向他告状，老公就打了我一顿，那时都把媳妇看得下贱，为了给母亲出气，可以打媳妇。（此时 MPR 的丈夫在旁边插话，'其实也不敢真打，老公打媳妇哪有真打的，就是做个样子，让母亲高兴'。）那时要是婆婆有什么不高兴的，就会给儿子告状，以前（婆婆）都不讲理，都是以前的老思想、老观念，只能把媳妇往下压。那个时候我也觉得委屈，被打之后跑回娘家一两天，娘家再把我送回来。"
>
> "那个时候没有离婚的，有的媳妇压力太大了，有上吊、跳井的。那时的婆婆都歪得很，婆婆还敢打媳妇，那时都是这样，也没有觉得有什么。那时人也老实，媳妇地位低，一切都是公公婆婆说了算，老公说了算，那时的媳妇下贱得很。（媳妇）只能自己把自己看浅薄一点就好了，不然没法活，我们的婆婆都是旧社会过来的人。当时我们这流传一句话，'当了姑娘做了官，当了媳妇做了贱'。意思就是当姑娘时在家没人管，

在家就是官；当媳妇时就要受公公婆婆管，要受老公管，就比较下贱。"

（陕西关中豆村，MPR，女，75 岁，2016 年 7 月 17 日访）

第二阶段，20 世纪 80～90 年代是婆媳之间的权力关系开始发生变化的过渡时期。随着打工经济的逐渐兴起，子代对家庭的经济贡献越来越大，因而年轻的子代在家庭中越来越具有话语权，媳妇开始敢于和婆婆争权。在当地农民的印象中，八九十年代时媳妇开始变得厉害了，但婆婆也并没有完全让权，婆媳之间在家庭政治中谁占上风主要看谁的个性更强，因而在婆媳关系中谁拥有更大的主导权具有一定的偶然性。这一时期也是婆媳之间矛盾最为激烈的时期，婆媳之间争吵最多，笔者在山东淄博农村调研时当地村干部提到八九十年代调解家庭纠纷（主要是婆媳矛盾）是当时村干部的主要工作之一。这一时期婆媳之间的矛盾主要源于两代人的观念差异巨大，一方面婆婆继续坚守传统的老思想，认为媳妇应该服从自己；另一方面年轻的媳妇开始习得新观念和新思想，敢于挑战婆婆的权威。

案例 4-11："从（20 世纪）80 年代开始，媳妇的地位就开始慢慢提高了。毛主席提倡男女平等，但在我们结婚那会儿（1959 年），老风俗还改变不了，旧社会出生的人死了后，（思想观念）才换过来的……80 年代开始，媳妇就开始厉害了，提倡男女平等，思想观念变了。有了电视之后，妇女地位慢慢提高了，看多了，脑筋也受影响。但是 80 年代的强势媳妇还不多。"

（陕西关中豆村，MPR，女，75 岁，2016 年 7 月 17 日访）

可以看出，虽然在中华人民共和国成立后即提倡男女平等、婚姻自由等新观念，但这些观念对出生于旧社会的妇女并没有根本性的影响，正如 MPR，她出生于 1941 年，1959 年结婚，在她结婚那个时期国家已经开始提倡男女平等的观念，但对于和 MPR 一样出生于旧社会的妇女而言，"男尊女卑""婆婆为大"等观念已经深入其心，因而难以从根本上改变观念。而

20 世纪 80 年代以来的年轻媳妇都是出生于中华人民共和国成立之后，从小就接受这些新观念，加之 80 年代以来年轻的子代在家庭中的经济贡献越来越大，媳妇开始敢于挑战婆婆的权威，敢于在家庭中争夺话语权。但正如 MPR 所言，八九十年代的媳妇虽然不像传统时期的媳妇那样听话，但她们"也不是特别厉害"，并且在婆媳之间发生矛盾时村庄舆论仍然主要站在婆婆一边。因此，在八九十年代，婆媳之间的权力关系开始由婆婆转向媳妇，但还没有发生彻底的转移。

第三阶段，2000 年以来，这一时期的婆媳关系表现为"一切都依着媳妇"。进入 2000 年以来，妇女地位进一步提高，并且由于婚姻市场上男女性别比失衡，年轻女性在婚姻市场中占据绝对优势，这种优势地位通过妇女的婚姻主导权，一直延续到婚后的家庭生活之中。正如关中豆村一位村民所言，"现在的媳妇难搞定了。娶个媳妇，像请神一样，难伺候，像供神一样供着"。

案例 4－12：现在没有婆婆管媳妇的，婆婆管媳妇门儿都没有。现在是花钱买了个"老奶奶"，娶个媳妇要花几十万。媳妇对婆婆不好，婆婆也不吭声，不敢吭，一吭媳妇就跑了。婆婆受气，受委屈，婆婆净干活，有啥活都干。委屈也没人去说，婆婆也不去外面说，儿媳妇再不好，婆婆也在外头说这个媳妇好，家丑不可外扬，要是媳妇听到了，对婆婆就会有意见。

儿子也不敢说儿媳妇，儿媳妇就是家里的老天爷。花钱花得越多，越不敢说，儿媳妇一走，就人财两空。现在都是男多女少，女方父母都是看谁家给的彩礼多，就把女儿给谁。现在儿媳妇给婆婆下命令的很多，比如说今天找你婆婆要钱，要是婆婆没有，仁义一点的媳妇会说那你明天给我，不仁义的媳妇明天就走了。现在对儿媳妇没有标准，儿媳妇想干嘛就干嘛，婆婆不敢说也不敢问。婆婆的标准就是光做不说，（媳妇）问你要啥就给啥，不能不给，这样关系会慢慢好一点。

（河南安阳南村，WYX，女，56 岁，2016 年 6 月 1 日访）

婆媳关系中媳妇占据绝对的主导权，由于媳妇的强势逐渐成为一种既定事实，这一时期婆媳之间发生直接冲突的情况很少，婆媳关系表面上风平浪静，背后却是以婆婆的忍让和委屈为代价。然而，婆婆的隐忍并没有带来"道德资本"（吴飞，2009：91）的积累，或者说婆婆隐忍所带来的道德资本在家庭内部没有可以释放的空间，正如当地农民所言，"婆婆的委屈只能带到土里去"。如今媳妇在家庭内部具有绝对的话语权，关中豆村一位中年婆婆说，"现在媳妇一进门就要当家，有的还没有进门就要当家"，婆婆要尽力满足媳妇的一切要求。

2. 家庭政治的失衡

透过婆媳关系变迁的三个阶段，可以明显看到家庭权力关系的平衡点逐渐倾斜：婆婆的主导性地位逐渐被媳妇取代，二者的地位逐渐发生颠倒。婆媳地位的颠倒是家庭政治失衡的重要表现。因此，在扩大化家庭再生产模式中，子代不仅通过婚姻主导权获得了实质性的当家权，而且导致了家庭政治的失衡。失衡的家庭政治进一步强化了子代的当家权，造成了父代在家庭权力关系中的弱势地位，并且父代日益顺从子代的主导权。

吴飞（2009：229—231）在对华北农村自杀问题的分析中，将农民自杀行为视为家庭成员积累道德资本并参与家庭政治的最后手段，通过陷其他相关家庭成员于"不义"而赢得权力游戏。吴飞的分析事实上仍然着眼于相对均衡且面向所有家庭成员开放的家庭政治。与之不同，张建雷和曹锦清（2016）对关中农村养老危机进行考察后发现，家庭政治本身的"无正义"是养老危机产生的根源。吴飞和张建雷的经验研究之地都是北方农村，从他们的研究也可以看出，北方农村的家庭政治正在经历一个重大转型，即从相对均衡的家庭政治转向相对失衡的家庭政治。

家庭政治的失衡，主要表现为家庭内部代际之间权力关系的失衡，子代在家庭权力关系中占据了优势地位，父代家庭日益退出家庭内部的"权力游戏"，家庭政治日益退缩到子代核心家庭内部。当前北方农村家庭政治的失衡常常表现为父代在家庭政治中的"失语"，父代与子代之间直接的冲突越来越少，代际关系呈现"温情脉脉"的一面。然而，代际关系的温情是以父代的妥协、忍让和退出为前提的。如果说，家庭政治是以亲密关系为起点和终点，那么家庭政治的失衡则表达了代际关系的疏离与隔阂，以避免家庭矛盾或不激化矛盾。

然而，家庭政治向核心家庭的退缩以及家庭政治的失控并不必然带来当家权的持续性和稳定性。子代首当其冲地面临各种来自外部的生存压力和社会竞争，这些压力和竞争对于新生家庭而言充满着挑战。外部风险的进入在一定程度上转移了代际层面的家庭政治，弱化了父代参与家庭政治的动力，进而为子代家庭的奋斗提供保障。由此可见，现代性进村冲击了相对稳定的村庄社会结构和价值评价体系，如何能够在更加流动的社会中立足成为农民家庭尤其是父代家庭的主要关切。在第三章中，笔者已经论及了父代家庭向子代家庭持续的资源输入过程，资源输入的最大化意味着父代往往需要将几乎所有的精力投入劳动，这进一步压缩了父代的权力空间。

二 策略化的平衡与悖论

在家庭政治失衡的背景下，父代为了维系家庭的稳定，从而维持扩大化家庭再生产，不得不做出牺牲，并通过一系列的"策略"行为进行应对。父代的策略主要包括两个层面：其一，对各个子代家庭尽力做到平等；其二，为了实现子代家庭之间的平衡，父代往往通过自我剥削的方式尽力讨好子代家庭。

首先来看父代的平衡术。笔者在第三章对北方农村的家产转移进行论述时指出，"承继中的权责均衡"是简单家庭再生产模式下家产继承的原则之一，子代在继承父代家产的同时也要承担相应的家庭责任和义务，父代在分配家产时要尽量做到公平公正，但父代的均衡在此时着眼于分家与养老之间的整体性均衡和长期性均衡，是基于子代家庭延续的系统考虑。因此，均衡本身就是最终目的，意味着家庭的和谐。然而，在当前北方农村，随着均衡体系的瓦解，对"均衡"的追求也逐渐成为一种手段，蜕化为父代的平衡术。父代试图通过各种方式达到扩大化家庭再生产过程中各个子代家庭之间的利益均衡，以免引发家庭矛盾。

我们的调研发现，当前农村父代的平衡术不仅遵循公平公正的逻辑，而且表现得非常巧妙。父代对子代实际上有两套平衡术。其一是"前台"的平衡，这是每个子代家庭都看得到的，主要表现在家产分配、父代劳动力的配置等方面，即父代为每个子代家庭做了什么，每个子代家庭都很清楚，在这一层次的平衡术上，父代不敢有丝毫的不公，否则一定会引起家庭冲突和矛盾，并且置其于不利和不义的处境。其二是"后台"的平衡，它实质上也是以父代对每个子代家庭的公平为内容的，但这种均衡往往并不公开表现出来：一方面，父代要尽力在每个子代家庭之间做到平衡，如此才能获得心理上的踏实；但另一方面，父代又总是想要每个儿子觉得父母对他付出更多，因而父代对其中一个子代家庭的付出往往不让另一个子代家庭知道。"后台"的平衡术体现出父代行为的策略性。以下是安阳南村的一个案例，较为典型地体现出父代在"后台"的平衡术。

案例 4-13：安阳南村的 ZM，女，64 岁，老伴 66 岁。ZM 有两个儿子，大儿子 40 岁，小儿子 34 岁。2003 年分家，当时小儿子未婚。分家时家里只有一个院子，五间房，分给老人三间，老二两间。说好以后老人去世之后，这三间房由老大老二均分。老大分家时没有分到房子，当时对老大主要从以下两个方面进行补偿：一是老人承诺以后帮老大买好建房的地基，并且将房子的框架搭好；二是以后老二结婚的所有花费由自己承担。

然而，在老二结婚时（2004 年），婚姻花费还是全部由老人担负，包括 7000 元彩礼和其他花费，总共 1 万元左右。ZM 说："当时老二就是一个小孩，哪有钱？老人心里光有娃，我们当时也没钱，也是借的，但是不给（老二）不中，你能看着孩子不娶媳妇？"因此，老人偷偷地将老二的婚姻花费全部承担，但没有让老大和老大媳妇知道这件事。然而，老大虽然不知道，但老人心里并不踏实，总觉得亏欠了老大，因此，在 2006 年老大建房时，老人又悄悄给了老大 1 万元，但没有让老二知道这事。ZM 说："要是没有给老二钱（娶媳妇花的钱），那我就可以不用给老大那 1 万元。给了老二，不给老大，咱心里就觉得不平衡，都是自己的孩子。老人心里觉得公平就行了，没有给儿子说，说了会有矛盾……"

（河南安阳南村，ZM，女，64 岁，2016 年 6 月 13 日访）

在上述案例中，ZM 在小儿子结婚时之所以"违约"替小儿子承担了所有的婚姻花费，一方面是出于父代人生任务的考虑，不可能"看着孩子不娶媳妇"；另一方面也会使小儿子觉得父母对其"有恩"，从而更有可能孝敬父母。而 2006 年大儿子建房时，ZM 给了他 1 万元，一方面这是父代出于公平、平衡的考虑；另一方面也是为了让大儿子觉得父母"偏袒"自己，从而更可能对父母孝顺。ZM 用"后台"的平衡术让每个儿子对其都有好感，如果 ZM 在 2004 年公开地帮小儿子承担婚姻消费，那么一定会引起大儿子和大儿媳妇的强烈不满，同样道理，如果小儿子知道 ZM 在 2006 年给了大儿子 1 万元，那么也会对父母有意见。"后台"的平衡术的优势在于父代以同样的付出会换来与"前台"的平衡术不同层次的回报，然而，"后台"平衡术的存在并不表明父代在家庭中占据优势地位，反而是父代弱势和处于边缘地位的一种体现。

"后台"的平衡术是家庭现代化转型的产物。在简单家庭再生产模式中，家庭再生产的正常进行有赖于以大家庭整体为基础的实质性均衡，突出了父代的主导和主动，因而其行为呈现较高的原则性和较弱的策略性；而"后台"的平衡实质上表现出父代在家庭中的被动，是父代"讨好"子代的一种方式。"后台"的平衡术表现出父代本身已经陷入了非常矛盾的处境，这种矛盾处境凸现了父代的不安全感，并且进一步表明了在家庭权力关系变迁过程中父代在家庭内部的边缘地位。由于对当前生活和未来生活都缺乏明确的预期，父代需要通过平衡术（尤其是后台的平衡术）来讨好子代，换取子代对父代赡养的可能性。

而为了施展平衡术，父代家庭往往不得不通过自我剥削的方式讨好子代家庭。父代通过各种方式讨好子代的目的是达到家庭和谐，并维持父代最基本的生存空间和生活基础。安阳南村的一位农民说，"现在媳妇乖都是因为老人乖，老人把啥活都干了，媳妇不乖都不行"，笔者在调研中多次听到农民说起"好婆婆"的标准，如"只做不说""对媳妇百依百顺""把媳妇当女儿"等，却从未听到农民谈论"好媳妇"的标准。笔者向很多农民请教这个疑问，农民的回答几乎一致："现在有媳妇就不错了，还想要好媳妇？"正如前文所述，男性所面临的婚姻压力进一步重塑了家庭内部的权力关系，父代在此过程中逐渐处于边缘地位，家庭政治呈现失衡的状态。以下一个案例在当地农村很有代表性。

> 案例 4 - 14：关中豆村的郭大爷 77 岁，在村委会当保洁员 7 年了，最开始工资为每月 300 元，现在为每月 800 元。他有三个儿子，按当地习俗，郭大爷与小儿子没有分家。小儿子 1990 年左右结婚，婚后 3 年左右郭大爷即交出当家权。他说："每个月 800 元工资都给小儿子，要用的时候小儿子再给我钱，一般一个多月给 100 元左右，我手上一般有两三百元钱。（工资）不给（小儿子）会有矛盾，老人看不得儿子媳妇生气，儿子不要我也要硬给他，免得家里生气。儿子一般不会和老人生气，一般都是媳妇，现在儿子管不住媳妇是常态，给儿子钱，就是为了让媳妇高兴，说穿了就是这个道理……养老金（每月 160 元）是我自己拿着，那是党给我的，但是我不吃烟、不喝酒，不太花钱，每年腊月把养老金领回来，过年时给孙子发压岁钱就差不多发完了，发完了就了了……"
>
> （陕西关中豆村，郭大爷，男，77 岁，2016 年 7 月 19 日访）

郭大爷省吃俭用将自己几乎所有收入主动交给小儿子，主要原因就是为了"让媳妇高兴"。在当地农民的语境中，郭大爷这样的行为是很正常的，村民认为作为父代就应该每时每刻为子代考虑，反之，那些只顾自己的生活而不顾子代的老人，会被村民贴上"不会做老人"的标签。

在当地语境中，父代用自我剥削的方式讨好子代也被认为是理所当然的事，因而并不能由此获得子代家庭的感恩。父代尽力支持子代，并尽可能在子代之间做到平衡，这势必使父代陷入一个无限给子代提供资源的过程，在父代总体资源有限、外部形势快速变动的情况下，父代实际上很难做到绝对的均衡，反而常常把自己陷入"不义"的境地。因而，父代的策略性行为总能给子代找到不养老的借口，奋力"讨好"不一定能落得好的结果。在家庭政治失衡的背景下，父代的平衡术并不一定能为他们积累"道德资本"，反而可能不断强化失衡的家庭政治格局，父代"有苦不能言"，其"委屈心态"也就成为常态。

三 无处释放的委屈

妇女的婚姻主导权建构了年轻媳妇在家庭中的主导地位，家庭政治的失衡带来的矛盾并不能通过父代的平衡术或父代不断为子代付出而缓解太多，父代的平衡术反而进一步再生产了其自身的不利处境。同时还要看到，一旦父代试图通过平衡术，尤其是后台的平衡术的方式来获取子代家庭的好感，则只能陷入无尽追求平衡的过程中，在来回奔波于多个子代家庭的过程中，父代一步步地丧失了自己的主体性。父代的付出被认为是理所当然的，一旦父代没有能力为子代付出时，则被认为是家庭的负担和累赘。家庭成员之间的直接冲突或纠纷虽然越来越少，但父代的委屈、失落和不满只能深埋在心里，随着年龄的增加，父代的委屈感越来越强。家庭政治的失衡格局并没有为父代的情绪提供合理释放的空间，因而他们只能在背后"默默委屈"。

在调研过程中笔者发现，北方农村的父代都很怕自己的儿媳妇，对媳妇多是"百依百顺"，但即使如此，媳妇还是对父代有各种不满，尤其是当父代不能为子代付出时。关于父代的委屈，以下两位农民的话很有代表性。

案例 4 - 15：关中豆村 YSW，男，81 岁，老伴从 2014 年瘫痪在床。有三个儿子，根据分家时的协议，老人与小儿子一起生活，没有分家，但在老伴瘫痪之后，小儿子和小儿媳妇都出去打工了，不管老人。在访谈中，老人失落地说："老人还讲啥地位？人家（指子代）一天给你吃一点，把命救住就对了，你还要地位？现在能让你有吃的就不错了。老人在家里讲话没人听，现在时代都是这样了。有的儿子还把老人的养老金拿了不给老人。现在的潮流就是这样，儿子还好一点，媳妇没有好的，儿子想在老人跟前好，媳妇不同意，儿子没权，媳妇地位提高了……老人还能发泄？还有发泄的机会？心里有气带到地狱里去。（老人）最好不要到外面去讲（儿子媳妇不好），讲了传到媳妇耳朵了，老人罪更大。老人只能自己受着，自己忍着。"

（陕西关中豆村，YSW，男，81 岁，2016 年 7 月 15 日访）

案例 4-16：安阳南村的 QYQ，女，47 岁。当被问到现在的婆媳关系时，她发出了以下感慨："现在的媳妇都知道享受，吃吃要要，媳妇就是宝，想去哪里玩就去哪里玩。现在的婆婆都不和媳妇吵架，为了孩子（儿子），一吵媳妇就跑了。婆婆都是想着咱就做吧，做死了就算了，不要让媳妇做事。婆婆受气，受气也不讲，婆婆在背后偷偷抹眼泪的不少。媳妇啥都不做，地里家里都是公公婆婆做。婆婆还是觉得委屈，但是不能说，一说媳妇就跑了，到时候还得给儿子浅媳妇。婆婆心里委屈，只能找年纪差不多的，玩得好的诉诉苦，心里舒服一些，可千万不能在儿媳妇面前讲。那些婆婆都说，'现在儿媳妇都像仙女一样生活，现在我们能做就做吧，到不能做的时候再说'。个性再强的婆婆，在媳妇面前，磨一磨就不强了。媳妇啥都不做，吃了饭碗也不洗，女的少了，自己地位提高了，我说了算，你要说我我就走。干活都是公婆的事，买什么东西都是媳妇说了算。"

（河南安阳南村，QYQ，女，47 岁，2016 年 5 月 25 日访）

在当地农村，父代委屈、在家庭中没有话语权已经成为一种普遍事实。在家庭内部，父代即使有再多委屈也只能忍着，不敢在媳妇面前表现出来，否则可能会带来家庭的解体。村庄舆论对父代也不利。在村民看来，年轻人都很辛苦，上有老，下有小，因此父代应该体谅年轻人，不给子代增加负担。由此，父代的委屈与"气"在家庭和村庄内部都没有可以释放的空间，正如案例 4 – 15 中的 YSW 所言，"心里有气带到地狱里去"。这说明，在农民经济状况普遍改善的背景下，真正完全不赡养父母、不给父母吃喝的情况非常少，但农民经济状况的改善，在特定的资源配置逻辑和权力互动机制下，并没有为中老年父代带来福利提升。以下是来自关中豆村的一个个案，它深刻地表现了父代在家庭政治中的弱势地位和退让策略。

案例 4 – 17：YZW 75 岁，有三个儿子。根据当地习俗和分家时的协议，老人与小儿子不分家，主要由小儿子赡养，其余儿子只在老人生大病和去世时与小儿子一起均摊费用。当然，分家时家产也主要分给了小儿子。根据老人的说法，小儿子还是比较孝顺，但是他们和小儿媳妇关系搞不好。十几年前，由于在家里受不了媳妇的气，老人夫妻俩跑到镇上租了一个小房子住，顺便开了一个小卖部，以维持生计。YZW 说，"当时实在在家里受不了了才出去的，小儿媳妇经常和老伴（婆婆）吵架"。2011 年，老人从乡镇搬回村里，原因是乡镇出租的房子要拆迁，老人只能回家。回来后一起生活了几年，还是与小儿媳妇搞不好关系，2015 年阴历七月，老人与小儿子分家单过，按当地习俗，只有在代际之间出现重大矛盾时老人才会与小儿子分开单过。但老人没有单独的厨房，如今夫妻俩做饭和睡觉在同一间房。

YZW 说："小儿媳妇不想和我们一起过，看到别人家没有老人过得轻松，心里就不愉快。经常和老伴生气，老伴天天做饭，还要问她今天吃什么饭，媳妇说，'你爱做啥饭做啥饭'。去年实在在一起生活不了了，一次老婆子在灶房做饭，小儿媳妇冲她吼道，'你别做了，你歇着吧'，她不敢直接说不要我们一起吃饭，但是手段多得很，说话巧妙得很。我们也受不了这个气了，就提出分开吃饭，小儿子不敢说媳妇，说了媳妇就要跳井（自杀）。现在老人普遍过得不好，除非有退休工资，一般老人都过得不好。像我这样的很多，只是很多人不敢说实话，出来都说儿子媳妇好，对他不好也要说好，说了不好，要是被媳妇听见了，回去后就更不好。老人都不敢说话，我跟媳妇天天在一个院子，一天说不上一句话。我们就自己过吧。还能怎么样呢，还是得活啊，只能自己想开一点。我现在心里很难受，整天都不愉快。也只能怪自己，没把儿子培养好。老人做不动了，年轻人就不爱了，你不能帮人家干活，还要花钱，谁爱啊？天下乌鸦一般黑，老人都是这样（的处境），难受也没办法。儿子媳妇都盼着老人早点死，好给腾出个地方来……现在国家法律管不了这个，要是不管老人的都给我抓到派出所关起来，那肯定就好了，还是要国家法律的制裁。"

（陕西关中豆村，YZW，男，75 岁，2016 年 7 月 15 日访）

在访谈过程中，YZW 远远地看到小儿媳妇从村口进来，赶紧让笔者把笔记本收起来，并且说道，"再也不能说了，小儿媳妇看到了回来要骂人"。老人流露出对小儿媳妇的惧怕感，这一画面让笔者印象深刻，为了不使自己的访谈给老人带来麻烦，笔者匆匆结束访谈，并起身离开。在调研过程中，很多老年人都对笔者说"现在的儿子媳妇都很嫌弃老人"，尤其是当老人不能为子代家庭创造财富或者失去自理能力时。

由此可见，现代性进村改变了农民生活的参照系，从而影响了家庭成员的生活预期，为家庭中的权力关系注入了新的要素。家庭中权力的天平彻底地倒向了子代家庭一侧。在这样一种权力关系下，日常生活中的代际互动反而更加平稳、有序，但正如前文所述，这种平稳和有序是以父代的妥协和退让为前提的。对于父代而言，该交的权力早就交了，父代的任务主要是为子代家庭的成长提供进一步的服务和支持，并忍受着在这个过程中的失落和苦闷，为家庭的扩大化再生产创造条件。在这个意义上，父代的"委屈"是农民家庭转型重要的心理支撑。

第四节　排斥与边缘：权力关系的锁定

现代化和市场化力量的进入改变了传统家庭的运行规则，随着子代的崛起，子代逐渐掌控当家权，并形成了失衡的家庭政治。扩大化家庭再生产的权力机制逐渐将父代置于非常被动的位置。在权力关系的视角下，父代为子代家庭的持续付出成为父代家庭为了弥合家庭关系而采取的策略性行为，同时，持续付出的行为也不断地再生产了失衡的权力关系。事实上，父代"笼络"子代的策略性行为是个一旦开始便可能没有尽头的过程，它往往一直持续到父代劳动能力的衰退乃至丧失，父代由此逐渐走向边缘地位。父代的边缘地位突出了扩大化家庭再生产的选择性排斥机制，走向老年的父代丧失了存在感和话语权。具体而言，本节主要从以下三个方面阐释当前农村老年人在家庭中的边缘地位。首先，由子代所主导的公平养老逻辑使父代在家庭中完全被物化，子代家庭之间的"即时性均衡"取代了传统社会基于分家与养老相匹配的"长期性均衡"，养老规则缺乏情感支撑，变得越来越形式化。其次，笔者将以北方农村老年人的居住空间为例，具体阐释当地老年人在家庭中的边缘处境。最后，笔者将聚焦于北方农村的养老纠纷等事件，从纠纷的发生以及解决方式透视当下老年人的生活处境。这三个方面共同展现了扩大化家庭再生产模式中代际权力互动的基本逻辑。随着当家权日益进入子代核心家庭之中及当家权主体的转化，以核心家庭为本位的当家权实践呈现了浓厚的工具性和理性化特点。

一　养老规则的形式化

北方农村的养老一直以来都具有较强的规则性与公平性，这主要表现为子代在家产继承和赡养义务履行两者之间的均衡，即"承继中的权责均衡"。具体而言，北方农村主要有两种养老方式，一是"轮养"，二是固定由一个儿子养老，其中第一种方式占大多数。如果在分家时家产平均分配给各个儿子，那么赡养父代时以"轮养"为主；如果分家时家产更多地分给其中一个儿子，那么这个儿子就要承担更多的赡养责任。因此，在分家与养老之间形成了一种均衡关系，这对于各个子代家庭而言也是公平的。需要指出的是，传统社会中这种"承继中的权责均衡"具有以下几个特点：第一，它是一种长期性、系统性的均衡；第二，它是以父代为主导的均衡，父代主导了均衡规则的制定和实践；第三，它是以家庭伦理为支撑的均衡，在规则与公平的外衣之下还包裹着代际之间厚重的情感。这样一种养老规则，在家庭资源配置方面向父代和老年人倾斜，从而保证了老年人的赡养秩序。

但是，在扩大化家庭再生产模式下，家庭养老的公平逻辑逐渐发生了变化。首先，它是以子代为主导的公平逻辑，子代主导了规则的制定与实践，父代在此过程中没有话语权，处于极端被动的地位；其次，它追求的是当前的、即时性的均衡和公平，各个子代家庭都只看重当前的利益关系，从而打破了传统社会中基于分家与养老相匹配的长期性的均衡体系；最后，当前子代在养老中所追求的公平是完全形式化的、外显的公平，它将传统赡养体系中的情感因素抽离，缺乏情感与伦理支撑的公平逻辑使得赡养越来越变成一种理性的算计。因此，在由子代所主导的、形式化的、即时性的公平养老逻辑中，作为赡养对象的父代被物化和符号化。事实上，传统社会中"承继中的权责均衡"不仅强调了兄弟之间权责关系的公平与均衡，而且还强调了代际之间付出与回报的均衡，前者是其外显形式，而后者是其本质内核，也是保证父代权威地位的关键。而当前北方农村养老中的公平逻辑更多是强调兄弟之间的公平与均衡，父代只是作为一个被赡养的客体而存在，没有任何话语权。并且，兄弟之间在赡养父代时都竞相逃避责任，谁也不想"吃亏"，谁也不想多付出，只要能够做到最底线的养老即可。对于这种变化，当地农民有着最为直观的感受，在调研过程中，很多农民向笔者提起，以前兄弟之间在赡养父母时都会相互"攀比"和"竞争"，即在轮到自己赡养时都要设法将父母照料好，至少不能比别的兄弟照顾得差，否则既可能遭到别的兄弟的指责，也会受到村庄舆论的谴责，"别的兄弟都能将父母养好，你怎么就养不好"。因而，在家庭伦理规范和村庄舆论的影响都相对较强时，被"轮养"的父代能够获得很好的赡养。而在当前北方农村，兄弟之间在赡养父母时不是竞相对父母好，而是竞相推卸责任，以下是安阳南村一位村民对此的叙述。

案例 4-18：现在轮养的老人都过得不好，这个月轮到哪个儿子那里，（儿子）生活就将就一点，等你老人走了，伙食再开好一点。轮到谁跟前，只要饿不死你（老人）就对了，等你走了，再改善伙食。现在老人实在活不成了，没人愿意管，以前的老人过得好一点，现在思想意识变了，"爱他媳妇爱他娃，就是不爱他爸妈"。以前要是儿子不孝，一大家子人都不答应，会说你。现在都是各扫门前雪，门子不管，邻家也不会管，你个人儿子都管不了，邻家还能管？现在把娃看得比先人（祖先）要紧，都把娃看成先人，不管老人。

（河南安阳南村，LXS，男，47 岁，2016 年 6 月 11 日访）

当前北方农村在养老中形式化的公平逻辑最突出的体现是：随着父代年龄越来越大、身体状况越来越差，子代轮养的周期变得越来越短。以安阳南村为例，一般而言，如果父代身体健康，能够自己照顾自己，一般是一年轮一次；如果父代身体较差，不能自己做饭，需要子代花费较多时间照料，一般是一个月轮一次；而等到父代完全丧失劳动能力、不能自理时，一般是两三天轮一次。对于轮养周期随着老人身体状况的变化而变化，当地农民的解释如下。其一是出于公平的考虑，随着父代身体状况的恶化，死亡随时可能降临，如果还是按照一年轮一次或一个月轮一次，那么在子代之间就可能造成不公平。以三个儿子的家庭为例，假如父代瘫痪了一个月之后去世，若按照一年一轮或一个月一轮的方式，那么就只有一个儿子在此期间赡养了父母，这个儿子就可能觉得自己吃亏了。其二是父代一旦不能自理之后，需要子代花费的时间较多，"久病床前无孝子"，时间长了，子代尤其是媳妇就会感到非常厌烦。因此，一旦父代不能自理之后，基本都是两三天轮一次。有的父母固定居住在老院子里，由子代轮流过去送饭和照料；而有的父母是在儿子家里轮流居住，因此隔两三天就要被子代送到另一个儿子家里。对此，当地一位老人说，"老人就像个东西，被送来送去"。虽然这种方式在当地已经非常普遍，但当老人向笔者讲述他们的经历或村里别的老人的经历时，他们眼中闪烁的泪花还是向笔者传递出他们的无奈与委屈。以下是安阳南村一位过世不久的老人在去世之前被子代轮养的状况。

> 案例 4-19：安阳南村一位老太太，78 岁，刚刚去世，老伴已经去世几年了。老人有三个儿子四个女儿，据村民介绍，从分家后老人就由三个儿子轮养。刚开始是一家轮一年，轮到谁家老人就去谁家住，但是自己做饭吃。大约 5 年前，老人身体不好，不能自己做饭，几个儿子商量后改为一个月轮一次。从 2015 年开始，老人瘫痪在床，基本不能自理，儿子们商量后将轮养规则改为一家三天。因此，邻居隔几天就看到老人被一个儿媳妇送到另一个儿媳妇家里。
>
> 这位老太太的邻居告诉笔者，"（老人）几个儿子条件也都可以，都是打工的，就是媳妇不讲理，儿子当不了媳妇的家。小儿媳妇最厉害，对老人最不好。反正也饿不死你，儿媳妇把饭给你端那，你自己能吃就吃，不能吃拉倒；把尿桶给你放房间，你自己拉，也没人管你。儿媳妇把饭放在那就不管了，有时连饭都不送进去。我们有时吃完饭了想起老人，就端一碗饭过去喂她，儿媳妇还要骂，说老人给她丢脸了，说我们'以后你对你老人也是一样的'，我们后来都不敢去了。这种媳妇就是这样，她不怕人家说，要是怕人家说那就好了"。
>
> （河南安阳南村，LM，男，66 岁，2016 年 6 月 4 日访）

随着老年人身体状况越来越差，子代轮养周期越来越短，以尽可能维持子代之间养老责任的"公平"。这是当前北方农村养老规则形式化最突出的体现。子代的赡养行为打破了"承继中的权责均衡"这一原则的束缚，子代家庭之间的即时性公平替代了长期性均衡，随着父代逐渐老去，其在家庭中的地位越来越边缘化。在此过程中，父代成为子代家庭之间平衡自身利益的工具，而父代自身的需求和利益被忽视。

二 居住空间的边缘化

空间社会学主要关注的是空间与社会之间的互构及其相互影响。"空间弥漫着社会关系；它不仅被社会关系支持，也生产社会关系和被社会关系所生产。"（列斐伏尔，2003：48）家庭内部空间资源的配置是家庭权力关系结构的一个表征，"居住空间不仅仅是家庭的一个外部性的结构框架，它本质上是深深地嵌入家庭的关系政治中的"（汪民安，2005：155）。中国人对居住空间的安排尤为重视，在传统中国社会中，家庭内部空间资源的分配具有严格的规定性和层级性，家庭成员具体居住空间的安排与其年龄、辈分等因素相关，一般而言，老年人都居住在家庭内的"上房"，其余家庭成员的居住空间再按照年龄、辈分等因素依次分配。按照北方农村的习俗，"东为上"，因此东房是家庭中的上房。在传统时期，在分家时一般都会给父代留下两间养老房，养老房一般都是家里的上房，父代在其中居住直至去世为止。此外，也存在父代分家之后在子代家庭轮流居住的情况，但这种情况相对较少，且主要存在于那些经济条件较差的家庭，但即使是轮流居住，父代在每个儿子家里一般都是住上房。因此，总体而言，传统社会中北方农村的父代一般都被安排在家庭中相对较好的房间。父代在居住空间上的优势地位与家庭内部的权力关系结构息息相关，正是父代在家庭内部权威的维系保证了其在居住空间上的优势地位。

然而，20世纪80年代以来，随着家庭内部资源和权力关系的重构，父代的居住空间也逐渐呈现边缘化的特征。从居住空间的历时性变迁和共时性差异来看，不管是相对于传统社会中父代的居住空间还是相对于共时性在场的子代的居住空间，父代都处于相对边缘的地位。当前北方农村的父代在子代结婚、分家之后一般是在各个子代家庭之间"轮流居住"，并且正如前文所言，轮养的周期随着父代身体状况越来越差而变得越来越短。"轮流居住"实际上是一种"流动性居住"，它不仅消解了父代对房屋的所有权，还限制了父代的空间支配权。

首先，"流动性居住"消解了父代的房屋所有权，父代在子代分家之后就已经没有真正属于自己的房子了。在调研过程中，当被问及居住在哪里时，老人普遍的回答是住在某个儿子家里，老人没有自己名下的房子。事实上，在各个儿子结婚之前，父代都要为其建一栋住房，这是北方农村婆媳妇的基本条件之一。等到所有儿子结婚、分家之后，父代已经老去，他们已经没有能力再为自己建一栋房子，因此，他们只能在各个儿子家里轮流居住，在每个儿子家里享有一到两间房子的居住权，但没有住房的所有权。当父代在一个儿子家里居住时，另一个儿子可以将留给父代居住的房间挪作他用。虽然父代一生中可能建了几栋房子，但最后没有一栋属于自己，这些房屋转化为了子代的家庭财产，老年父代在生活居住上依附于子代家庭，普遍有"寄人篱下"之感。当前父代在子代家里住的往往都是相对较差的房间，一般是"门房"或"偏房"，而不再是上房。虽然"流动性居住"在当前北方农村已经成为父代的必然归宿，但父代内心还是会有排斥感和无奈感，他们很渴望有属于自己的独立院落。

> 案例 4-20：安阳南村的 XTF，68 岁，老伴 72 岁，有两个儿子，分别为 42 岁和 41 岁。大儿子 1993 年结婚，二儿子 1998 年结婚，1997 年分家。分家时家里有两个院子，均是砖房，都是老人所建。两个儿子抓阄，一人分得一个院子，每个院子里有两间房留给老人居住，分家时说好的是一家轮流住五年，但实质上现在是一家轮住一年。XTF 说："其实我们不想这样（轮流住），搬来搬去也很麻烦，有自己的院子最好，不看媳妇脸色，过得自由……一直住一个儿子家里也比现在这样（轮流住）好，但是不能那样，那样不中。现在能动你不去另一家，以后不能动了就更不能去了，儿子儿媳会说，你能动时不来住，不能动了就来我这里住了。"
>
> （河南安阳南村，XTF，男，68 岁，2016 年 6 月 5 日访）

其次，"流动性居住"限制了父代的空间支配权，这主要体现在对父代社交空间的限制。除了自己居住的房间以外，父代很少使用子代家庭的其余空间。在调研中我们发现，父代（尤其是老年人）相互之间串门的现象很少，而年轻人相互串门相对较多一些，这并非因为老年人没有社交或串门的需求，而是居住空间的边缘化限制了父代将子代家庭作为接纳来访客人的空间。因此，一方面，老年人一般不会去别人家串门，担心自己的到访会引起对方子代家庭的不悦，从而引起对方家庭代际之间的矛盾；另一方面，老年人也不会主动请别人到自己家串门，这也是为了避免子代对自己的不满。调研中很多老年人说"年轻人都嫌弃老人"，所以老年人很自觉地避免与年轻人接触，以免引起年轻人的厌恶。大部分老年人在空闲时间坐在家里，或是在村子里闲逛。而那些子代常年不在家的老年人的家成为部分老年人会聚的地方。

案例4-21：安阳南村的 YZH，男，75岁，老伴已经去世五年左右。有两个儿子两个女儿，分家后老人就在两个儿子家里轮流居住，现在是一家住半年。YZH 每天上午去地里劳动，下午一般在家闲坐。和 YZH 经常一起玩的有两位老人，一位叫 YQZ，一位叫 YLL，都是70多岁。他们三位老人经常在 YQZ 家里玩，因为 YQZ 的儿子儿媳妇常年在外打工，家里只剩下老两口。YZH 说："我们三个经常在一起玩，他们两个一天不做啥，我一天也不做啥，都有时间。一般都去 YQZ 家里，他家在我们两个家的中间。他（YQZ）儿子媳妇不在家，就老两口在家，要是他儿子媳妇在家，那就去不成了，说话就有影响，老年人说话，年轻人不爱听，年轻人也不高兴老人去他家。我们一般就在一起说说闲话，看看电视，我家有电视，但是在儿子媳妇房间里，客厅里没有电视，在家里我一般不看电视，不去儿子房间看。"

（河南安阳南村，YZH，男，75岁，2016年6月21日访）

在子代结婚、分家之后，"流动性居住"是当前北方农村老年人主要的居住方式。而近年来，在城市化、工业化以及政府新农村建设的大力推动下，全国各地的农村兴起"农民上楼"集中居住的热潮，即将原来分散在村庄各处居住的农户集中到新建的小区居住，这些小区一般就近建在原来的村庄周围，政府希望以此来达到节约利用农村土地和城乡居住一体化的目标。在此过程中，农民需要将原来的宅基地退出，以换取在新建小区的住房。虽然各地的具体置换标准有所不同，但一般来看，大部分农户只能在新建小区获得一套住房，部分经济条件较好的家庭可以再出资购买，但这毕竟只涉及少数家庭。父代原本是在各个子代家庭之间轮流居住，但是在"农民上楼"集中居住之后，随着家庭居住空间的进一步压缩，父代如果还是按照以前的方式在子代家庭轮流居住，势必会引起很多家庭矛盾。原来居住在村庄时，虽然父代和子代共同居住在一个院落，但农村的院落空间相对较大，给代际之间留下了很多缓冲空间，从而在一定程度上减少代际之间发生冲突的频率和可能性。然而，集中居住到单元楼之后，家庭整体的居住空间大大压缩，"在有限空间中形成的刚性结构加剧了代际之间的张力"（范成杰、龚继红，2015）。因此，无论是父代家庭还是子代家庭，都不愿意两代人集中居住在一套单元房里，实际上，父代家庭的不愿意是缘于其在家庭中的边缘地位。大部分家庭没有经济能力和意愿为老年人单独购买一套住房，笔者在调研中发现，各地农村在新农村建设过程中都在新建小区为老年人准备了专门的住所。然而，这些住所与子代所居住的单元楼形成鲜明的对比。

例如，山东淄博后村①在"村改居"过程中，提供了几种住房供老人选择：一是车库改成的"车库房"，每套 25 平方米，2 万元/套，一次性买断；二是后来补充修建的小二层养老房，每套 46 平方米，按照楼层高度，一楼 3.7 万元/套，二楼 2 万多元一套；三是仓库房，是由以前村集体的仓库改造而成的，改装后隔成 40 平方米/间，优先给本村的"五保户"免费使用，所有权归村集体，多余的以 6000 元/套的价格出售；四是由教学楼改装成的老年公寓，房型大小不一样，根据房屋面积和楼层高低价格不一。因此，在新的村庄布局上就形成年轻人所居住的高层楼房与老年人所居住的低矮住房同时存在的格局。老年人的住房一般都在社区的边缘位置，且相对比较集中，因此在村庄内形成了老年人的聚居空间。老年人居住在低矮、狭

---

① 后村位于笔者所调研的郭村附近，属于镇郊村，该村从 2001 年开始新区建设，于 2011 年完工，目前村民基本集中居住在新建小区。关于后村的材料来自华中科技大学中国乡村治理研究中心 2016 年工作论文《山东桓台调研报告汇编》。

小的房间里，与年轻人之间很少来往。老年人虽然获得了相对自主的空间支配权，但一想到自己辛苦为子代付出一生，最后却换来如此结局，很多老年人内心非常无奈和难受。该村老年人经常无奈地说，"儿女们把我们放在哪里，我们就住哪里"。

更为重要的是，当家权的转移本质上是当家权主体由扩大家庭向核心家庭的转向，既然以子代核心家庭为基础，当家权的实践对老年人有效安顿的忽视也就不足为奇了。因此，如果说"流动性居住"消解了老年人的房屋所有权和空间支配权，由此导致老年人对子代家庭的依附性地位，那么，由"农民上楼"所带来的年轻人与老年人之间的空间分化与空间隔离的现象，则使得老年人普遍有一种"被抛弃"之感。

居住空间的边缘化是当前农村老年人在家庭中地位边缘化最直观的表征。在为子代持续付出的过程中，父代的养老资源转化为子代家庭的发展资源，老年的父代失去了自主安排生活空间的能力。当前农村社区转型中空间的商品化对老年人的生活空间产生了进一步的压缩。如何安顿年老父代的居住，可能成为激发家庭政治的新的导火索。在这种情况下，老年人往往自愿地选择经济成本最小的方案，以尽可能减少家庭矛盾或冲突。

三　危机干预的无效化

传统社会中家庭内部有一套完善的"继 - 养"体系，父代生养了子代，并且在分家时将家庭资源传递给子代，那么等到父代年老之后，子代就要承担相应的赡养责任和义务。在家庭伦理和家庭规范都很强的传统社会，子代不赡养父代的情况基本不会出现，赡养纠纷较少发生，即使发生，不赡养父母的人不仅会受到家族内部宗规族约的惩罚，还会受到村庄舆论的谴责，从而使得"不孝之子"在村庄里难以生活下去。

到了 20 世纪八九十年代，农民的一个总体感受是"家庭内部吵架斗殴的多了"，很多老村干部都提到自己在八九十年代时主要的工作之一是调解家庭纠纷。八九十年代时的家庭纠纷以婆媳矛盾最多，其中很多涉及赡养问题。这一时期是家庭权力关系发生变迁的过渡时期，代际之间的权力斗争最为明显，无论具体纠纷的结果如何，纠纷的外化起码说明父代在当时敢于维护自己的家庭地位和权力。

2000 年以来，随着打工经济越来越普遍，农民的经济收入普遍提高，农民家庭内部"穷争饿吵"的状态大幅度减少。然而，这并没有带来父代家庭地位的提高。笔者在调研中发现，2000 年以来北方农村的赡养纠纷在数量上确实有所减少，但出现的赡养纠纷与八九十年代代际之间的赡养纠纷有着明显差异。

第一，纠纷的主体不同。一般而言，在赡养纠纷中可能存在两类关系主体，一是代际之间，二是兄弟之间（或妯娌之间）。而出现赡养纠纷的原因既可能来自代际之间的直接矛盾和冲突，也可能由兄弟之间的矛盾引起，或者是二者的共同作用。根据笔者的调研，八九十年代的赡养纠纷与代际冲突和兄弟之间的不公平感都有关系，但最终的纠纷主体是在代际之间，而非兄弟之间。即在出现子代不赡养父代的情况下，父代不会默默忍受，而是会努力维护自己的地位与尊严，并且通过将纠纷扩散到家族或村庄的方式，给子代造成压力。然而，在当前北方农村的赡养纠纷中，纠纷主体普遍是在兄弟之间，父代在赡养纠纷中作为客体而存在，即兄弟之间在养老中遵循形式化的公平逻辑，谁也不愿意吃亏，但这种绝对的公平在现实中很难实现，因而就会出现兄弟之间在赡养责任上相互推辞，最终导致无人赡养父母的情况。此时会出现两种后果，一是父代在实在无法生活的情况下，会找村组干部调解；二是兄弟之间互相认为对方没有尽到赡养义务，到村或乡镇状告对方，其中以后者居多。因此，当前北方农村的赡养纠纷从根本上不是由子代家庭经济困难引起的，而是源于兄弟之间或妯娌之间对赡养责任"形式化"公平的追求。

第二，纠纷目标的底线性。在 20 世纪八九十年代的赡养纠纷中，父代作为纠纷主体的一方，不仅要维护自己在物质方面的利益，还要尽力维护作为父代的权威。而在当前北方农村的赡养纠纷中，父代作为一个客体，任由子代摆布，纠纷目标只是保证父代的底线生存。

第三，纠纷的私人化。这主要体现为当前的赡养纠纷不再具有扩散到家族或村庄的可能，一方面，随着个体权利观念的兴起，农民的家庭生活越来越私域化，"家丑不可外扬"成为农民普遍认同的价值观；另一方面，村庄舆论力量渐趋式微，农民都不愿意管别人家里的闲事。正如安阳南村一位农民所言，"现在都是各扫门前雪，门子的也不愿管，你管不好，还要被骂，门子的人有时还绕着，（家庭内部）这些事都不愿出面，都怕得罪人"。因此，诸如赡养纠纷等家庭事件不具有发展为家族或村庄公共事件的可能性，而是家庭成员之间的较量。

第四，纠纷调解手段的正式化。与纠纷的私人化相伴的，则是养老纠纷的调解日益依赖家族和村庄之外的正式力量。在传统社会中，家庭纠纷和家庭冲突内在于农民"过日子"的过程，它不仅是牵涉不同个体的私人性事件，而且是攸关大家庭乃至家族的公共性事件。家族或"门子"内部的长老或其他权威人物随时都可以介入调解，并且往往能将"大事化小、小事化了"，从而保持家庭再生产的正常进行。此外，值得注意的是，在八九十年代时村组干部参与调解家庭纠纷的情况也很多，但当时村组干部在调解过程中更多的是作为熟人社会中的一员，运用"情"和"理"说服当事人，主张"双方各退一步海阔天空"，在此情况下，纠纷双方的关系是可修复的。而在当前的赡养纠纷中，一旦家庭成员之间不能达成一致意见，那么通常的方式是直接找村干部或乡镇司法所调解。并且，不管是村干部还是乡镇干部，在介入调解时更多的是讲法律，而非讲情理。其原因是"讲情理"在当前农村的纠纷调解中已经行不通了，由此，乡村干部只能运用法律的效力来震慑当事人。在正式化的调解手段之下，纠纷双方的关系一旦破裂就不再具有修复性，因而出现了很多兄弟之间或父子之间反目成仇的现象。

赡养纠纷是当前北方农村父代边缘地位的最极端表现。一方面，虽然赡养纠纷最终的指向是父代，但父代在其中处于客体的位置，没有话语权，成为子代平衡自身家庭利益的工具；另一方面，随着家族或村庄非正式权威在家庭事务中介入能力的弱化，父代在家庭中越来越处于孤立无援的境地。如果父代在迫于无奈的情况下最终借助法律武器来解决纠纷，则很有可能导致父子关系的决裂。迈出这一步，父代无疑会面临巨大的压力和风险。

第五节　做老人之道：权力规范的重构

"做人"是村庄熟人社会对其成员的基本规范和要求之一。梁漱溟（2014：123）说，"一个人如何完成他自己，即中国老话'如何做人'"，这句话揭示了在中国文化语境中"做人"的最本质内涵，即所谓做人，"不过是完成好自己的人伦责任而已"（王德福，2014a：100）。因此，学会"做人"是每个人一生中的必修课。对于普通农民而言，做人的具体目标究竟是什么？对此，王德福（2014a：112）有如下见解。

> 人伦关系中的肯定性定位是成人的终极目标。在做人实践中，该目标又可分为三个具体目标，即经济生活中的好日子、社会交往中的好人缘和公共生活中的好名声。

做人关涉家庭生活、社会交往以及公共生活等多个层面。在北方农村，"会做人"是村庄熟人社会对一个成员的最高评价，也是每个农民毕生都在追寻的目标之一。而具体到家庭内部，家庭是建立在血缘和姻缘关系基础上的结合体，但家庭成员之间关系的状态也与家庭成员的相处模式有关，家庭内部讲究相处之道。"做人"不是单向度的，而是强调人与人之间的互动，因此，在家庭内部，遵循"做人之道"也是对所有成员的要求。同时，在家庭再生产的不同阶段都相应地遵循不同的"做人之道"。在这个意义上，做人之道是村庄共同体成员共同遵守的实践准则。

然而，在现代化进程中，农村家庭经历了重大转型，家庭社区性的内涵也发生变迁，形成了由子代所主导的新社区规则。新社区规则的一个重要内容是父代要遵循"做老人之道"，父代对子代家庭单向度的无限付出成为村庄中的规则。从"做人之道"到"做老人之道"，意味着社区性规则的有效性范围越来越缩小到老年父代家庭，社区性规则的生产和实践逐渐服从于扩大化家庭再生产的需要。在这一节中，笔者首先要论述在家庭转型过程中"新社区规则"的形成及其特征，其次论述在此背景下作为父代的老年人在家庭和村庄中的"做人之道"，从而进一步深化对老年人边缘地位的理解。

一　走向形式主义的社区规则

家庭的社区性是家庭政治的外延，正是家庭的政治性与家庭的社区性之间的相互融通，维系和保证了传统社会家庭内部的基本伦理和基本规则。在传统社会中，家庭的社区性主要强调了社区规则对家庭成员行为的基本约束。社区规则是在熟人社会当中形成的，是被当地人普遍认同的一套人与人之间的相处原则。具体而言，熟人社会内部对家庭成员之间的互动行为有一套相关的规定，如"父慈子孝""兄友弟恭""孝敬父母"等，这些社区规则的核心是维护父代在家庭中的权威，促进家庭生活的和谐有序。并且，传统社会中的社区规则一旦形成就具有相对的自主性：当家庭成员不遵守相关规则时，社区规则会以村庄舆论的方式主动介入，给当事人带来巨大的舆论压力。因而，在家庭和社区的双重塑造下，传统家庭中普遍形成以父代为主导的"长老统治"秩序。这种"长老权力"是在社会继替过程中所生发出来的，同时也在社会继替的过程中代代相传（费孝通，2007：40—47）。

然而，随着现代化和市场力量渗入农村的程度越来越深，家庭关系、家庭权力结构都发生了深刻的变迁，年轻的子代在家庭中越来越掌握主动权和话语权。在此背景下，家庭的社区性内涵逐渐发生改变。具体而言，在子代当家和子代掌控家庭话语权的背景下，当前北方农村的社区规则呈现一些新特点。

第一，子代主导。在简单家庭再生产过程中，社区规则在形式上是老年父代主导的，在实质内容上，社区规则并不是仅仅偏袒家庭中的父代一方，而是以促进家庭和谐、家庭成员之间的"共生"为最终目标。不同的是，当前北方农村的社区规则完全被年轻的子代主导，社区规则中的价值倾向越来越突出子代家庭面临的困境和压力。在社区规则向子代倾斜的情况下，子代的言行只要不突破社区规则的底线就被认为是正当的和可以理解的。例如，子代只要为父母提供了基本的饮食和住宿，就不算不孝。由于子代主导了社区规则的制定和实践，父代在此过程中没有任何话语权。父代在家庭再生产中的依附性状态扩大化为对子代主导的社区规则的认同，这反过来进一步强化了子代在家庭中的优势权力地位。

第二，公共性弱化。在简单家庭再生产模式中，家庭深深地嵌入地方性村落社区之中，因此，社区规则虽然发轫于简单家庭再生产的需要，但也具有相对的自主性和较强的公共性。自主性体现在，当家庭成员不遵守成员所约定俗成的基本规则时，社区规则作为独立的力量介入家庭之中，并对相关成员的违规行为进行约束、制裁和惩罚，从而维护家庭的正义，保障家庭再生产的顺利进行。而公共性强调的是社区规则的普遍性，即规则并不蜕化为达成其他目的的手段。公共性的内核是保证其自主性发挥作用的关键。在当前北方农村，由于"五服"内血缘关系所组成的"小亲族"的普遍存在，村庄舆论对家庭成员的行为还具有一定的约束力，即社区规则在村庄内部还普遍存在。但是，现代性进村逐渐改变了社区规则实践的内容和方式。社区规则不再以"公"的形式进入家庭内部，而是被家庭成员竞相援引，服务于子代家庭利益的追求，这势必减少了规则的公共性内核；并且，社区规则对家庭政治的介入不再服务于家庭政治的运行和家庭生活秩序的均衡，而是直接倒向面临现代性压力的子代家庭。

由此可见，社区规则的公共性内核逐渐萎缩，社区规则渐趋形式化。在传统社会中，社区规则是形式与内容的统一，因此规则既对个体行为有规定性和约束力，同时也能通过规则中所隐含的情感和价值维度弥合和修复家庭成员之间的关系，从而维护家庭的整体性。然而，在现代化背景下，社区规则的公共性和自主性降低，逐渐变成一种纯粹的话语和符号，越来越形式化。规则的形式化主要体现在两个层面：其一，规则的内容日益明确和清晰，而规则所隐含的价值和情感维度逐渐消失；其二，作为"话语"

的规则"空有其表"，社区规则不主动介入家庭内部，而是通常被家庭成员作为维护自身利益的工具被引入家庭之中。因而，当前北方农村的社区规则表现出"矛盾"的两面性，一方面，村庄在小亲族结构的紧密互动关系中显示出浓厚的规范性；另一方面，这些规范在家庭转型的背景下极容易受到扭曲，从而走向形式化。形式化的社区规则对失衡的家庭政治缺乏有效的规训和矫正作用。例如，在养老方面，笔者所调研的几个村庄几乎所有的农民都认为赡养老人是儿子应尽的责任和义务，并且村庄舆论为那些不赡养老人的子代带来压力，然而在具体的家庭内部子代究竟如何赡养老人则是另外一个问题，正如山东郭村一位妇女所言，"有的媳妇养老人像喂狗一样"。子代在一定程度上的确赡养了老人，没有置老人于不顾，达到了社区规则的基本要求。但"像喂狗一样喂老人"显然是存在问题的，子代这样做对父代没有任何感情可言，父代则已经完全丧失了尊严，然而社区规则却难以介入这样关系的父代与子代之间。子代履行了基本的赡养义务，父代如果再提出进一步的要求，则会被村民认为"不会做老人"。形式化的社区规则已经失去了对农民生活内在实践的规定性。

转型时期家庭的社区性已经发生了本质性的变化，这集中体现于以子代为主导的、形式化的社区规则削弱了规则本身的自主性和公共性。新社区规则进一步加剧了老年人的生活危机，不仅使得老年人在家庭内部的地位越来越边缘化，而且使得子代的行为在村庄舆论面前越来越具有合理性。在此情况下，老年人在家庭内部和社区内部将如何做人才能获得社区规则的正面反馈？

二　家庭中的做老人之道

在调研过程中，很多老年人感慨地对笔者说，"现在的老人可真难当"。"老人难当"不是指老年人当家难，现在家庭内部都是由子代当家而非老年人当家，而是指老年人在家庭内部的处境艰难，这既涉及老年人的基本生存问题，同时也涉及老年人与子代家庭之间的互动问题。实际上，当前北方农村的老年人之所以有"难当"的感受，主要在于两个因素：一是老年人在家庭权力结构中处于弱势地位，在家庭内部没有话语权；二是老年人逐渐丧失主体性，成为依附于子代家庭的普通家庭成员。而老年人主体性的丧失是建立在其家庭地位弱势的基础之上的。因为家庭地位的弱势以及主体性的缺失，老年人的一切行为以子代家庭为核心，并且对其行为进行是非对错评判的标准也是年轻的子代说了算，在此情况下，老年人自然会有"难当"之感。

案例 4 - 22：豆村的 MPR，75 岁，当笔者问她"老年人现在在家里的地位如何"时，她感慨地说了以下一段话："现在老人难当得很，在村里难当，在家里也难当。老年人要是脾气不好，你去青年人中，青年人就瞧不起，你把谁待不好，谁就不服你。老人在家里难当，没有做主的权力。（老人）你要是把孙子伺候不好，媳妇就对你有意见，现在照顾孙子都是爷爷奶奶的任务，年轻人都在外面打工，都是爷爷奶奶带小孩。要是小孩出了问题，爷爷奶奶就惨了"。接着，MPR 举了两个该村发生的例子："（2016 年 6 月的事）村里有一家人，爷爷奶奶在家里带孙子，孙子喜欢喝可乐，家里有个可乐瓶，里面装的农药，孙子不知道，把农药当可乐喝了，两位老人一看救不回来孙子了，自己把剩下的农药喝了，不然怕儿子媳妇回来后不好交差。还有一家，爷爷奶奶在家带小孩，小孩不小心掉进井里淹死了，爷爷奶奶也跟着跳下去了，怕不好给儿子媳妇交代"。

（陕西关中豆村，MPR，女，75 岁，2016 年 7 月 17 日访）

不可否认，案例中两个小孩的死亡都与爷爷奶奶的疏忽有关，但爷爷奶奶却并不应该负全责。然而，这两对老人都采取了同样的方式来面对不幸。MPR 十分理解这两对老人的做法，她说："（老人）要是不死以后也活不好。"这两对老人的行为以及当地农民对此事件所持的态度，深刻地表明了当地农村老年人在家庭中的极端依附地位和艰难处境。在当前北方农村，老年人必须熟谙在家庭中的"做人之道"，才有可能获得子代的认同。具体而言，在当地的语境中，老年人在家庭中要做到以下几个方面才被认为"会做老人"。

第一，老年人要懂得知足。老年人要理解年轻人，不要对子代提"过分"要求，只要吃饱、穿暖就行，不要给子代增加负担。因此，在当地农民的语境中，那些在基本生存条件满足之后仍然对子代有所要求的老年人会被贴上"不会做老人"或"比较刁钻"的标签，村民对之评价都不好。

> 案例 4-23：关中豆村 1 组一位 90 岁左右的老人（老伴 2016 年春节去世），女，有四个儿子，其中大儿子已经去世，还有三个儿子在世。老人与小儿子没有分家，一直跟小儿子过。该村老年人协会的会长介绍，"小儿媳妇嫁过来之后就一直照顾父母，时间长了也烦。我们（老年人协会）去村里收集村史资料时，老人给我们说儿子媳妇对他不好。我给老人说，'只要有饭吃、有衣服穿、有热炕睡，就不要有过分的要求，你要了钱也用不了'。老人就是想让儿子给她钱，她再把钱给孙子，哄着孙子回来陪她。她这个想法就不正确。你要钱有什么用？你要钱就是不正确，你又花不了。孙子都在上班、上学，你让人家陪在你身边干吗？你一个死老婆子别人陪你干吗？这个老人就有点不讲道理了。要是儿子不给你吃、不给你穿，这个是合理要求，我们可以支持你，但是你这个要求就不太合理"。
>
> （陕西关中豆村，SKL，男，66 岁，2016 年 7 月 8 日访）

案例 4-23 中的老太太之所以想要儿子媳妇给一点钱，是想以此"吸引"孙子孙女回来看望自己，这表明老人在精神上非常孤独，非常渴望有人与之交流，渴望有人与她聊天说话。但在儿子媳妇以及老年人协会会长看来，她的想法简直不可理喻。精神孤独是当前农村老年人面临的重大问题之一，正如豆村的 DZX 所言，"我们这里打骂老人的不是很多，一般都是不理睬老人。我生活我的，你生活你的，老人有病，或者有思想问题，年轻人都不关心，不闻不问"。

第二，老年人要"自觉"。即作为父代，老年人一定要知道自己在家里应该做什么、不应该做什么。具体而言，在当地农民看来，首先，老年人在家庭里要"有德"，明事理，学会忍让。这表明了当前农村家庭代际关系的表面和谐是以父代的忍让和委屈为代价的。关中豆村一位老人讲过如下内容。

> 案例4-24：人老了要有德，没有德就活不好，一定要有道德，不能倚老卖老。作为老人，要懂得忍让，能说的就说几句，不能说的就不强求，自己先把自己管好，不然别人对你看法也不好。老人在家庭里要学会容忍，不要轻易生气。
>
> （陕西关中豆村，SKL，男，66岁，2016年7月8日访）

其次，老年人"只要能动就要一直动"，要不断为子代家庭付出，至少不能给子代家庭增添额外的负担。笔者在第三章已经论述了父代家庭如何源源不断地为子代家庭付出，实际上，当前北方农村父代无止境的付出不仅是出于为子代家庭减轻负担的考虑，更是成为村庄社会中普遍认同的一种规则。

最后，老年人对待子代一定要公平。在本章的权力关系一节中，笔者已经详细地论述了在家庭权力重心下移的背景下，父代家庭通过"前台"和"后台"的诸多平衡术来讨好子代。实际上，父代在各个子代家庭之间"一碗水端平"不仅是出于保证自身基本生存的考虑，更是家庭转型背景下子代家庭对父代的基本要求之一。

三 村庄中的做老人之道

传统中国社会是"长老统治"的社会，费孝通（2007：40—47）认为，传统社会中的"长老权力"是在社会继替的过程中所生发出来的，同时也得以在社会继替过程中代代相传。因此，老年人在传统社会中具有无比重要的地位，老年人不仅在家庭中拥有主导权和话语权，而且在村庄熟人社会中具有很高的威望。例如，传统社会中很多民间非正式权威者都是通情达理的老年人，他们不仅可以参与村民之间的纠纷调解，还可以直接介入村民家庭内部的纠纷调解之中。由于这些民间非正式权威者在村庄都具有较好的群众基础，并且在调解纠纷时公正不阿，村民一般会"给他们一个面子"，从而能够使得"大事化小、小事化了"。然而，笔者近年来在北方农村调研发现，村庄内部的非正式权威人物越来越少，村庄内家庭之间或家庭内部的纠纷往往都是诉诸正式的法律力量或其他村庄外部力量来解决。关于当前北方农村民间非正式权威力量的衰落这一现象，有学者认为与以下两个因素相关：一是"公共权威丧失社会基础"，即"村庄自己人结构和崇公抑私价值规范体系"的逐渐瓦解；二是"农民公私观念的断裂"（王德福，2014a：238）。除此之外，笔者认为，这与当前老年人在家庭和村庄中的"双重边缘"地位也有很大关系。正如笔者在前文所述，当前的村庄社区规则和社区舆论已经完全被子代主导，并且越来越倾向于维护子代家庭的利益。老年父代并不能轻易退出扩大化家庭再生产过程，而且在此过程无止境地为子代付出，由此，在家庭中的做老人之道也相应地进一步塑造了村庄中的做老人之道，其核心内容是老年父代减少自身的村庄交往。

首先，老年人要放低姿态，不要"摆架子"。传统时期老年人集家庭权威、家族权威和村庄权威于一身，在家庭和村庄当中都受到尊重，可以随意对家庭成员或村庄当中的公共事件"指指点点"，并且还往往能够获得当事人的"感恩戴德"。在当前北方农村，村民认为懂得"做人之道"的老年人应该"安守本分""不要到处指手画脚"，老年人也不应该随便在村里说闲话，尤其是不能在外面说儿媳妇不好的话。对此，关中豆村的 YZC 这样讲：

> 案例 4-25：现在老人越老越鳖（越老越没有地位），老人要吃点亏，不要和人争啥，自己不要把自己看得那么高，你摆了架子，别人不理你，摆了也白摆。心里想得越高就越不平衡，不如把自己看得低一点，只要过得去就对了。
>
> （陕西关中豆村，YZC，男，69 岁，2016 年 7 月 16 日访）

其次，老年人不要随便去别人家里串门。笔者在调研中发现，当地村民之间相互串门的现象很少，据村民说，在大集体时期相互之间串门的比较多，而20世纪80年代以来串门现象越来越少。但在中年人或年轻人之间存在稍多相互串门的现象，并且村民对之持支持或理解的态度，老年人的串门则在一定程度上受到当地农民的排斥，即使老年人之间相互串门也是不被村民认可的，对此，关中豆村一位70多岁的老人说道。

> 案例4-26：老人一般不串门，没事就在家门口坐着，有人路过就说两句。或者是找一个经常有人去的地方，碰上了就说几句闲话。人老了，去别人家不太方便，上了年纪的都不愿去别人家。吐痰、上厕所，在别人家都不太方便，年轻人都嫌弃老人。我们这老人都很自觉，一般都不去（串门）。
>
> （陕西关中豆村，DAC，男，73岁，2016年7月16日访）

父代在与人交往上的弱化，实际上进一步锁闭了家庭政治向村庄社会的开放，因而也进一步锁定了老年父代在家庭政治中的边缘地位。社区规则的伦理正义弱化，家庭的发展正义逐渐替代伦理正义，进而重塑了家庭权力关系的规范性样态。

第六节 小结：去正义的家庭政治

本章主要是从家庭权力的角度展现了扩大化家庭再生产的运行机制。从简单家庭再生产向扩大化家庭再生产的转型导致了家庭政治格局的变迁。在扩大化家庭再生产机制中，父代退出家庭政治，代际关系中的原有缝隙得以弥合，代际之间失衡的权力关系塑造了子代核心家庭主导的、稳定的家庭权力结构。这样一种权力结构弱化了家庭权力关系中的分裂力量，形成了家庭内部权力关系的高度整合。

家庭权力的让渡是家庭再生产过程中的基本要素之一，现代性进村打破了传统社会中代际之间权力交接的自然更替过程，代之以子代家庭在结婚后不久即主动争夺当家权。然而，子代所主导的家庭权力本质上是一种"无义务的权力"，是一种以子代家庭的发展为本位的绝对性权力，这从根本上改变了当家权的内容和性质。在子代主导的家庭权力结构中，父代没有话语权与主动权，处于相对边缘的地位。而且，父代在家庭中的边缘地位并不是以激烈的家庭冲突或家庭矛盾表现出来的，反而呈现代际之间"温情脉脉"的一面。但进一步的分析发现，代际之间的"温情"是以父代的妥协、退让以及委屈为代价的。父代"老化"的过程因而成为其权力逐渐丧失和地位逐渐边缘的过程，为了尽可能地保证家庭关系的和谐和家庭结构的稳定，父代家庭持续向子代家庭让渡权力。

扩大化家庭再生产极大地压缩了家庭政治的空间。家庭再生产的模式转变导致了家庭政治从"相对均衡"向"相对失衡"转型，家庭的政治性与社区性之间的互动模式也逐渐改变，家庭政治向核心家庭的退缩导致了家庭政治的私人化，从而脱离了社区性规则对家庭的制衡。因此，当前农村的老年人危机并不以家庭政治的冲突状态表现出来，在于家庭政治的"去正义性"。在家庭转型过程中，家庭中的部分成员，尤其是老年人逐渐退出了家庭政治，家庭政治实践成为子代单向度的权力与话语实践。作为农民过日子过程中的基本内容，家庭政治本来为家庭中各方主体的利益表达提供了空间，为家庭生活中积累的"气"提供了释放与发泄的渠道，从而调适、疏导着家庭关系。而"去正义的家庭政治"则改变了家庭政治运行的方式，并进一步锁定了老年人在家庭权力结构中的边缘地位。

第五章

价值依附：扩大化家庭
再生产的伦理重构

对于中国人而言，家庭不仅是一个财产单位和政治单位，而且是一个价值单位。费孝通认为，中国农民家庭中的纵向代际关系与横向的夫妻关系相比更为重要，横向的夫妻关系要服从和服务于纵向的代际关系。中国的家庭结构既包括横向的家庭结构，也包括纵向的家庭结构，前者是指由父母、子女等基本成员组成的一个同居共财的生活单元，而后者则主要指家庭的代际传承，即"儿子掌管的子家庭从父亲掌管的母家庭中生长出来，母家庭被子家庭继承并替代的过程"（桂华，2014a：65）。纵向家庭结构是理解中国家庭再生产的关键，也是中国家庭相比于西方家庭的特殊性所在。对于中国农民家庭而言，纵向家庭结构不仅是现实层面的代际关系，而且也是农民实现生命价值的载体。在纵向家庭结构中，农民上承祖先，下启子孙，在世代绵延的日常生活过程中，实现了内在超越，从而赋予个体有限的生命以无限的意义和价值。这构成了中国农民内在超越的价值实现路径。在这套体系之下，个体身体层面的"老化"过程嵌套在伦理层面的"成人"过程之中。当完成由家庭制度和家庭规范所规定的人生任务之后，农民就可以安享晚年，坦然地面对死亡，并期待在死后成为子孙所供奉的祖先，个体"老化"的过程因而具有伦理意涵。因此，传统的简单家庭再生产模式是建立在有效的伦理整合基础上的。父代完成人生任务的过程因而是主体性逐渐实现和自身的价值感逐渐获得的过程。在此意义上，简单家庭再生产的过程在价值层面有效地安顿了老年人。

现代性进村带来的家庭转型，不仅体现在家产转移模式和权力交接模式等层次的变迁，而且体现在农民价值实现方式的变迁。一般认为，中国家庭的现代化是家庭"祛魅"的理性化过程，从伦理本位向个体本位迈进被认为是"走出祖荫"的中国农民的最终归宿。那么，家庭的"祛魅"对农民价值实现路径将会产生什么样的影响？现代性进村是否表现为传统家庭伦理的消解效应？在笔者看来，对农民价值体系及其实现方式的讨论将进一步呈现中国家庭转型的复杂性。父代家庭向子代家庭的家产转移与权力让渡固然导致了父代的底线生存和边缘地位，但必须注意的是，父代的这种处境在一定程度上是其主动选择的，因而蕴含着丰富的伦理色彩。只是此时的家庭伦理变成了父代自上而下的单向度实践，家庭伦理由双向模式向单向模式转变。

在现代性的压力下，发展主义的价值体系逐渐嵌入并再造了农民传统的价值体系。后者更为重视价值的超越性与绵延性，表现出更强的本体性色彩；而前者更为偏重价值的世俗性和短期性，因而具有更强的工具性色彩。发展主义的价值系统逐渐构成扩大化家庭再生产模式的价值基础，进而重构了农民生活系统中的价值实现结构和价值实现序列。

在扩大化家庭再生产过程中，父代对子代的付出日益突破家庭内在的平衡点，父代的价值实现过程成为逐渐依附子代的过程，父代的自我实现被导入子代家庭发展的轨道，这导致了父代的主体认同危机。基于此，本章的任务主要是从价值层面深化对扩大化家庭再生产模式的认识，进而深化对老年人危机的理解。具体而言，第一节主要论述简单家庭再生产模式下农民价值体系的结构和价值实现路径，第二节主要讨论在现代性进村的背景下，农民的价值体系如何被改变以及为何会被改变，第三节主要讨论当前农民价值体系变迁后的具体表现，第四节则主要论述扩大化家庭再生产模式下，老年人在价值上的依附状态。

第一节　简单家庭再生产的价值模式

伦理本位是传统简单家庭再生产模式的内核，决定了家庭再生产的动力与方向。具体而言，它是理解以"家庭主义"为原则的资源配置模式和家庭政治的关键，正是农民"过日子"过程中包含的伦理内容，保证了家庭资源配置的均衡，同时也防止了家庭政治向公共政治的异化。毕竟，仅仅从家父长专制权力的角度，难以充分解释中国家庭制度的稳定性。但是，对伦理本位的强调，也不能忽视农民日常生活中的其他价值和意义。贺雪峰（2008a）将农民的价值分为三个层次，依次为本体性价值、社会性价值和基础性价值（或称生物性价值）。社会性和基础性价值虽然受到伦理性的本体性价值的规范和引导，但也构成了中国农民价值实现之不可或缺的内容。以上三种价值统一在简单家庭再生产的实践过程之中。由此可见，在中国农民的价值实现路径中，本体性价值并不是建立在对社会性价值和基础性价值等世俗价值的排斥和压抑之上的，而是向其敞开，并对之进行吸纳和涵化的过程。

因此，中国人与西方人在价值实现的路径和方式上有所不同，具体而言，西方人通过宗教，设置一个与现实"此岸"世界相对的"彼岸"世界，并寄希望在这一世界中获得灵魂的救赎；而中国人则通过儒家学说所强调的"立德、立功、立言"来实现生命的不朽，即中国人的价值实现是在现实世界中完成的（钱穆，2011：9—23）。中国人更为重视现实生活，但这并不表明中国人就没有超越性的追求，事实上，"立德、立功、立言"正是中国人的价值追求所在。值得注意的是，中国人的价值实现是以家庭为依托的，钱穆所谓的"家庭是中国人的教堂"正是这个道理。家庭是中国人实现本体性价值的基础结构，同时也对基础性价值进行引导和规训，并为家庭成员社会性价值的实现提供了支点。在家庭中，农民的自然生活获得了伦理意义，农民在完成人生任务的同时获得伦理性的价值体验，"天伦之乐"①正是对这种状态的生动描述。在本节中，笔者将对传统时期简单家庭再生产模式下农民价值体系的内在结构和实现方式进行讨论。

一 农民家庭的神圣性

中国的家庭与西方的家庭具有完全不同的性质和特征。首先，中国家庭的内涵具有立体性，即家庭既是社会性的，也是政治性的，同时还是宗教性（伦理性）的。因此，家庭与政治生活、宗教生活等紧密相连。生活

---

① 对"天伦之乐"的说明：首先，天伦之乐具有特指的主体，即子孙满堂并能安享晚年的老年人；其次，它不仅是一种情感状态，而且是一种价值状态。

于其中的个体也具有与西方社会完全不同的特点。因此，梁漱溟才说中国社会是"以伦理代替宗教"，对于中国人而言，家庭生活不仅仅是世俗生活，还具有超越性的意义，农民的价值实现依托于家庭。正是在此意义上，阎云翔用发端于西方社会的"私人生活"概念来描述中国的家庭生活是不恰当的，即使在当前转型社会中，中国的家庭也不能完全脱离公共性、社会性和宗教性。其次，中国的家庭具有实体性和价值性，"家庭结构不能被还原为原子式的个体"，家庭是一个有机的整体，而不是各个要素的组合体，家庭具有独立的意义和价值，这种"唯实论家庭观"显然不同于"唯名论家庭观"（桂华，2014b）。前者强调了家庭内在的独特运行机制。因此，家庭再生产成为中国人价值实现的重要载体，这与西方人通过彼岸世界获得灵魂救赎完全不同。钱穆（2011：27—30）对此有过经典的论述。

> 西方人的不朽在灵魂，故重上帝与天堂。中国人的不朽，不在小我死后之灵魂，而在小我生前之立德、立功、立言，使我之德、功、言，在我死后，依然存留在此社会、在此人群中，故重现世与人群……西方人必须有教堂，教堂为训练人心与上帝接触相通之场所。中国人不必有教堂，而亦必须有一训练人心使其与大群接触相通之场所。此场所便是家庭。中国人乃以家庭培养其良心，如父慈、子孝、兄友、弟恭是也。故中国人的家庭，实即中国人的教堂。

钱穆的这一观点极富启发性。他进一步指出，在价值实现的过程中，西方人有"灵魂"的观念，而中国人注重"心"，他将儒教称为"心教"。中国人所重视之"心"，是"舍弃自己的灵魂、把握别人的心"，即通过立德、立功和立言来"俘获人心"，进而赋予个体有限的生命以无限的价值和意义。这是一个需要在日常生活中不断践行的过程，因此，中国人生命价值的实现，一定是嵌入现实生活的，而不像西方社会那般是通过与现实世界相对立的另一个世界（灵魂世界）来实现的。"立德、立功、立言"中"德"是首位，"德"体现在日常生活的诸多方面。首先是在家庭生活中，

"德"体现于对人伦关系的遵守和对家庭伦理、家庭规范的践行，由此达到家庭关系的和谐，使个体在家庭生活中获得价值体验；其次在家庭之外的社会生活中，"德"体现为熟谙"做人之道"，要与人为善、懂得吃亏，从而使得个体及其家庭在熟人社会中能够获得好的评价，这对于个体及其家庭而言是一种自我实现。对于中国人而言，家庭是"训练人心"的基本场所。

钱穆说"家庭是中国人的教堂"，梁漱溟（2014：110）说"中国社会是以道德代替宗教"，他们都指出了家庭之于中国人价值实现的意义所在，但他们并没有明确阐明个体如何依托家庭获得价值体验。桂华（2014a：2）对此进行了深入的分析，他在已有研究的基础上提出"礼"这一分析性概念，并认为"礼是农民从家庭生活中获得超越性体验的途径"。桂华（2014a：10—13）对"礼"具有如下论述。

> 礼是指中国家庭生活的基本原则，它既包含家庭成员之间的关系规则，也包含家庭组织结构模式，还包含着个体进入家庭生活的方式，以及家庭生活对个体提出的规范要求……礼并不只是一种组建家庭的原则，而且是一种如何使家庭生活具有价值的原则；礼不只是一种维系家庭组织的工具，它还是家庭被组织起来的根本理由……礼的社会伦理维度与生命伦理维度辩证存在，家庭的制度性与个体的价值性也是辩证存在的。

桂华提出"礼"的二维性，认为"礼"既具有社会性的一维，也具有价值性的一维。前者主要指由"礼"所塑造的人与人之间的交往规则，或者是"礼"的规范性或制度性对个体的规范作用；而后者则强调"礼"对于个体生命价值实现的意义。在此意义上，桂华认为，在中国家庭中，家庭的制度性与个体的价值性是辩证存在的。从个体往外看，"礼"表现为诸多家庭规范、家庭制度对个体行为的约束、规范或限制，同时，个体正是在践行家庭规范、家庭制度的过程中实现自己的生命价值。在桂华看来，农民正是在践行"礼"的过程中实现了个体的生命价值。杨华（2012：

315—327）对农村妇女意义世界的研究，也进一步说明了这个问题。杨华认为，传统中国社会中的妇女固然需要遵从"三从四德"的家庭制度和家庭规范，但妇女正是在"未嫁从父、既嫁从夫、夫死从子"的生命历程中融入男性的家庭中，从而获得自我的价值体验，并为自己的生命意义找到最终归属。中国人的信仰或价值实现从来都不是抽象的，而是十分具体的，是嵌入农民过日子的具体过程之中的。农民的一生都是有节奏、有期待的，每一人生阶段任务的完成都能为个体带来意义感和满足感。因此，中国人的家庭具有神圣性，家庭是中国人生命价值实现的基本载体。

在简单家庭再生产模式下，农民的本体性价值、社会性价值和基础性价值均能够有效地统一在家庭再生产过程中。父代通过参与简单家庭再生产，可实现圆满人生。在下面两小节中，笔者将分别从价值体系和价值实现过程进一步阐释简单家庭再生产模式下农民的价值模式。

二 农民价值体系的内在结构

贺雪峰对农民价值世界的层次划分为我们提供了理解农民价值体系和价值实现的基础。他的分析思路主要是将三种价值放置在一个静态结构中并讨论三者之间的关系：本体性价值是农民价值体系的核心，它能对社会性价值和基础性价值进行引导和规范，从而维系价值体系内在的均衡和稳定。本书将在此基础上进一步深化对农民价值体系内在结构的分析。

首先来看本体性价值。本体性价值是农民价值体系中的最高层次，它关心的是人与自己内心世界的对话，处理的是个人与灵魂的关系问题。本体性价值"即关于人的生命意义的思考，关于如何面对死亡，如何将有限的生命转换为无限的意义的人生根本问题的应对，关于超越性和终极价值的关怀"（贺雪峰，2008a）。因此，本体性价值实际上是一个人得以安身立命的基础。在此问题上，中国人和西方人形成了强烈的对比。在西方社会，由于基督教对人的原罪的设定，剥夺了个体现世生活的神圣性。因此，个体的生命价值体验是通过此岸世界与彼岸世界的划分，诉诸对来世的期待和寄托而实现的。而在中国的文化传统中，日常生活本身就兼具"圣凡一体"的特征，农民"过日子"的过程既是一个世俗生活过程，也是一个道德实践过程，经由"我－家庭"的横向家庭结构和"我－宗"的纵向家庭结构，农民的日常生活在很大程度上被伦理化了。人的生命，不仅是自然意义上"赤裸的生命"的单纯展开，而且是道德人格逐步发育，并最终获得生命价值体验的过程。即在传统社会中，中国人的本体性价值是蕴含于农民过日子的过程之中的。

那么，对于中国人而言，世俗生活是通过何种载体而具有意义和价值的呢？对此，许烺光（2001：7）提出"祖荫下"的概念，认为生活在祖荫下的农民以荣耀祖先和维系家族的发展作为其行为的目的和价值。而吴飞（2009）则从农民自杀现象入手探讨其价值实现问题，认为当农民能够过好日子时，生命价值也就实现了。桂华（2014a：9—14）则通过建构"礼的二维性"这一分析框架，认为农民践行家庭制度和家庭规范的过程也是实现生命价值的过程。孙隆基（2015：40）对此也有过深入的分析，他指出：

> 中国文化里基本上也没有"来世"与"灵魂不朽"的观念。中国人的"不朽"观念只是表现为道家式的对肉体长生不老的冀求，以及儒家式的"不孝有三、无后为大"，换言之，是希冀一己之"身"的无限延续，或者，是透过"二人"的人情与人伦关系去延续一己之"身"。

对于缺乏宗教信仰的中国人而言，"传宗接代"构成其安身立命的基础，同时也是其本体性价值在世俗生活中的基本呈现。因为不存在上帝以及由此而来的关于救赎的预期与想象，中国人必须建构一套纾解死亡的观念体系，才能使得作为基础与归宿的现世生活能够实现在意义链条上的延伸。"传宗接代"所形成的生命价值的实现与人生意义的无限化，解决了农民作为宗之成员的困惑。"传宗接代"的本体性价值在农民现实生活中的表现首先是一定要生儿子，其次是要为儿子娶上媳妇，如此才能保证家族的绵延不绝，才能实现自己有限生命的无限意义。

其次来看社会性价值。社会性价值"是关于人与人之间关系，关于个人在群体中的位置及所获评价，关于个人如何从社会中获取意义的价值"（贺雪峰，2008a）。因而，社会性价值涉及农民与村庄进而与外部社会的关系，具有较强的社会属性。乡土社会是一个熟人社会，农民"过日子"的世俗生活过程既需要本体性价值作为动力支撑，同时也需要得到熟人社会的监督与承认。因此，社会性价值对于农民而言非常重要，涉及个体及其家庭在村落社会中的声誉。对于农民而言，社会性价值的获得即个体通过"做人"的实践在熟人社会中获得自我实现。"自我实现"一直是心理学研究的经典命题，发端于西方的人本主义心理学的自我实现观具有较强的个人主义色彩，认为自我实现即最大限度地发挥个体的潜能（马斯洛，1987：168）。杨国枢（2009：206—303）将人本主义心理学的自我实现观称为"个人取向的自我实现"，认为它仅适用于分析西方基督教文明下的人们，并提出儒教文化圈之下的人们是一种"社会取向的自我实现"。杨国枢的分析从较为抽象的层面把握住了中国人独特的自我实现逻辑，但其不足在于主要是从文化层次进行分析，而与现实社会之间存在一定隔膜。对此，王德福（2014a：16—20）在广泛的田野调研基础上，通过"做人的生活之道、交往之道和共生之道"对生活于乡土社会中农民的自我实现观进行了分析。

在乡土熟人社会中，社会性价值的核心在于获得他人良好的评价，从而使得个体及其家庭在村落社会中享有盛誉和面子。在一个社会中，每个人都希望能够获得他人的好评，但并非人人都能如愿。社会性价值的实现体现在"做人"的实践中，个体必须要熟谙做人之道，遵循"施报平衡""内外有别""忍让"等基本交往规则，如此才能在村落中获得好的人缘，并且被评价为"会做人"。此外，还需要强调的是，虽然社会性价值的获得主要来自家庭之外的村庄熟人社会，但个体在村落社会中的立足仍然是以家庭生活为起点的，如果自己家庭的日子没有过好，则很难在熟人社会中获得好评价。因而，"家庭绵延中的定位是做人的起点和落脚点，村落社区的立足最终也是要归根于前者"（王德福，2014a：106）。中国人社会性价值的获取并不是个人本位的，而是家庭本位的，社会性价值的起点和终点都是家庭。

最后来看基础性价值。基础性价值涉及"人作为生命体延续所必需的生物学条件，包括衣食温饱问题，这方面要解决的是人与自然的关系问题"（贺雪峰，2008a），是维持人基本生存的基础性需求，因而基础性价值又被称为"生物性价值"。相对于本体性价值和社会性价值而言，基础性价值具有较强的个体属性，因而它在某种程度上可以被称为一种个体性价值。基础性价值的内容虽然指向的是农民最为基本的物质生活层次，但是，基本的物质生活并非外在于价值体系，它们是日常生活的重要内容，不仅是农民日常生活最为基本的层次，同时也构成中国农民的一种价值。

总体而言，基础性价值是指向自身的基本需求，社会性价值是指向他人的认同，而本体性价值则是指向主体性的实现①。这三者分别从身体生理、社会交往和意义绵延三个层面展现了农民的价值体系。虽然三者的具体指向不同，但在传统社会中，三者之间具有紧密的联系，具体表现在以下几个方面。

第一，农民的价值体系虽然涉及了不同的层面，但在根本上都是以家庭为本位和以家庭为实现载体的。本体性价值以家庭绵延作为最终目标，本体性价值实现的需求是家庭再生产最为根本的动力；社会性价值的实现需要以家庭为起点和落脚点；而基础性价值的实现需要建立在家庭再生产顺利进行的基础上。其中，本体性价值之实现过程构成了家庭再生产之"纲"，基础性价值和社会性价值的实现过程构成了家庭再生产之"目"。纲举而目张，三者因而统一于农民的家庭再生产之过程中。

第二，在农民的价值体系中，本体性价值是核心，能够对社会性价值和基础性价值进行引导。"当本体性价值目标稳定时，人们在追求社会性价值和基础性价值时，就会较为理性节制，就不会太疯狂冒险，就会具有底线。"（贺雪峰，2008a）因此，本体性价值又是农民价值体系中的规范性力量，本体性价值是否稳定，是整个价值体系能否稳定和发挥作用的关键。

---

① 要注意，在本书中，关于主体性的实现的问题，并不必然是个体取向的。这里的主体性的实现并不等于个人主义的极致表达。它追求的是一种个体在自我、家庭与社会之间的均衡的或者可称之为"中庸"的关系。

第三，伦理本位的家庭生活并不排斥对基础性价值和社会性价值的追求。虽然本体性价值是农民价值体系的核心，但价值体系的维系和稳定还必须依托于社会性价值和基础性价值的实现。农民的价值实现是建立在身体层面的基础性价值、社会层面的社会性价值和伦理层面的本体性价值三者之间有机统一的基础上的。因此，对于中国农民而言，代际的更替过程，或家庭再生产过程不仅是本体性价值的实现过程，而且也一定是社会性价值和基础性价值的实现过程。

以上主要论述了传统中国社会中农民价值体系的构成及其相互之间的关系，可以看出，正是本体性价值、社会性价值和基础性价值三者之间以家庭为载体的有机统一，实现了人与历史、社会和自然的统一，从而超越了个体生命的有限性。然而，"这三种价值在不同的历史条件和个人处境上，具有相当不同的关系，三种价值之间的互动及消长，既是历史条件变化的结果，又是生动的社会现象的结果"（贺雪峰，2008a）。后文将对现代性进程中农民价值体系的变迁进行详细的分析。

三 价值实现的过程与序列

在关于中国农民价值体系的理论探索中，主要是从本体性价值的角度强调传宗接代之于农民的内在超越性意义，然而，这种视角虽然立足于家庭的层次揭示了"圣凡一体"的农民价值实现逻辑，却忽视了这种内在超越性的实现机制，进而未能对"神圣"与"凡俗"等要素在动态的家庭再生产过程中的复杂关系展开更为充分的讨论。

在传统家庭再生产模式中，敬老的传统不仅表现为对老年人的赡养和尊重，而且表现为老年阶段本身被赋予厚重的价值属性。虽然我们可以从结构的视角出发认为，老年阶段的价值属性是以家庭为基础的，并且，本体性价值、社会性价值与基础性价值形成了农民价值实现的系统。然而，我们也要意识到，价值并不是一种先天的赋予，而是在具体的家庭生活中逐渐获得和实现的。在这个意义上，农民价值实现的过程与家庭再生产的过程就具有了高度的同构性。价值实现的过程嵌入家庭再生产过程之中，家庭再生产过程则构成了农民价值实现的基本框架。

从家庭再生产的视角看，家庭再生产不仅依赖于家产的转移和权力的让渡，而且也依赖于价值的延续。如果进入农民价值体系的内部，会进一步发现，农民价值实现的过程是三种价值渐次获得和实现的过程。三种价值都贯穿于农民过日子的过程之中，但在家庭再生产的不同阶段，则是不同的价值层次相继居于主导地位。具体而言，从农民价值实现的理想过程来看，伴随着家庭再生产过程的展开，本体性价值、社会性价值和基础性价值先后进入农民的价值世界之中。即在农民的价值体系中，本体性价值的实现是首位的，只有当本体性价值实现之后，农民对社会性价值和基础性价值的追求在村庄社会的语境中才具有合理性。例如，如果没有完成传宗接代的人生任务，没有生儿子或者没有为儿子娶上媳妇，父代就会在村庄公共生活中受到排斥，其社会性价值的实现将困难重重，而其对自身基础性价值的追求则更不具有合理性。由此可见，伴随着农民的老化，其价值世界也愈益厚重。

农民价值实现的起点是成人，而在乡土熟人社会中，成人的主要标志是"成家"，只有当其成立了家庭之后，价值实现的过程才真正开始。在成家之前，个体只能作为依附性的家庭成员，并不具有价值实现的资格。当农民经历结婚、成为父亲（或母亲），并以父亲（或母亲）的身份支持子代成家立业后，他们才完成了自己的人生任务，如此才能获得本体性价值。此时，父代一般已经进入中年，在家庭生活和社区生活的实践中已经成熟，并逐渐接替和承接了其父亲的当家权，成为当家者。在完成传宗接代的人生任务之后，他们越来越多地介入村庄社会，参与村庄公共生活，社会关系的网络逐渐扩大。他们在与村庄社会的人情往来和面子互动中，建构社会性价值，从而不断地获得和累积村庄熟人社会的认同。通过社会性价值的建构和累积过程，他们基于自己所处的家庭再生产的阶段、形势和需要，建构特定的地方性规范或地方性共识。这些地方性规范或地方性共识又反作用于家庭再生产过程。

随着父代本体性价值和社会性价值的逐渐实现，他们对物质生活与个体生活的追求才真正能够作为一种"价值"被接受。这就是说，在前面的两个阶段，基础性价值涉及的行为实践虽然也贯穿其中，但它服务于本体性价值和社会性价值的实现逻辑，只有当本体性价值和社会性价值相继实现之后，农民的基础性价值才具有了表达的空间。一般而言，此时的农民已经进入老年阶段，他们可以在子代和孙代的照顾和关怀中颐养天年，享受幸福的晚年生活。

从农民价值实现的过程来看，本体性价值贯穿于整个家庭再生产过程之中，是首要的、主导的价值类型，同时，它也不断地接纳社会性价值和基础性价值。从家庭再生产的逻辑来讲，只有当生命本身具备了一定的伦理厚度和社会厚度，个体层面的基础性价值之实现才能成为家庭再生产之有机环节。否则，对个体基础性价值的追逐，可能将家庭再生产引向歧路，从而偏离农民过日子的正常状态。

总体而言，在简单家庭再生产模式中，个体的老化过程不仅是本体性价值的实现过程，也是社会性价值日益得以发挥、基础性价值得以实现和满足的过程。老年人因此不仅可以对资源具有优先使用权和支配权，而且能够获得颇受尊敬的社会地位。也就是说，在家庭中，农民的基础性价值和社会性价值融入本体性价值，同时也受到本体性价值的滋养。在本体性价值的滋养下，老化的过程并不表现为基础性价值和社会性价值的消解，反而是在此过程中逐渐获得实现的正当性。也只有在这种情况下，完成人生任务的父代才能从家庭再生产的辛苦过程中获得真正的幸福。老年人的这种生活状态，在当前华南宗族性地区的部分农村，仍然得以保留。完成了人生任务的父代，可以按自己的心意向子代宣布"退休"，安然享受子代的供养和照顾。然而，现代化背景下北方农村家庭再生产模式的转变，极大地改变了父代老化过程中的价值实现路径，以下几节将对之进行详细论述。

第二节　发展至上：家庭动力的重构

传统社会中，以传宗接代为核心的本体性价值是农民价值体系的关键，农民首先要完成传宗接代的人生任务，以此赋予个体有限的生命以价值和意义。农民生命价值的实现并无发展性的目标要求，因而在家庭内部也就不需要深度的、广泛的资源动员和关系整合，农民只要完成了传宗接代的任务，就足以慰藉自己的人生和祖先的灵魂，获得村庄社会的基本承认，进而安然享受子孙的供养。这样的"过日子"过程虽然也免不了日常生活中的波澜不惊，但却总体平和，形成了具有稳定预期的生活模式。然而，在当前农村，现代性以婚姻为切口渗透农民的家庭，以发展主义为核心的新的价值体系逐渐成为农民家庭的生活目标。发展主义的价值体系从根本上改变了农民"过日子"的状态，父代不仅要完成传宗接代的任务，而且还要通过自身的努力使子代过上更加美好幸福的生活，并且最终实现子代城市化的目标。

理解现代性压力影响农民家庭的重要切口是子代的婚姻，婚姻是家庭再生产的基本条件。在传宗接代的压力面前，子代能否结婚是父代生命价值能否实现的根本性条件。对于北方农村的农民而言，为儿子娶媳妇是父母必须完成的人生任务，因此，子代结婚的压力依托父代实现生命价值的强劲动力深深地影响和改变了家庭内部的价值实现体系。从子代结婚开始，现代性所带来的外部压力与农民家庭的内在动力捆绑在一起，使得父代无怨无悔地为子代付出。同时，现代性也逐渐剥离了子代对父代基于伦理的保障。

在这个意义上，发展主义的价值体系并没有直接替代和摧毁传统社会中农民的价值体系，反而是利用了后者，为自己找到了存在的合理性和实现的可能性。即家庭的发展主义目标正是通过代际之间的伦理责任（尤其是父代对子代的伦理责任）得以实现，因此，现代性背景下农民的价值系统是发展主义的目标与家庭本位的有效结合，凸显了家庭面向现代化和市场化的功能性导向。在此，可以看到现代性背景下中国家庭转型过程和转型路径的独特性，即家庭结构与家庭伦理价值转型的非同步性。因此，需要对当前学界中存在的认为家庭转型带来了"伦理性危机"，并由此带来代际冲突、老年人赡养等一系列问题进行反思。事实上，中国家庭在转型过程中仍然保有伦理性的一面，并且，一定程度上可以认为正是家庭伦理的存在才使得发展主义目标得以迅速进入家庭，并且在代际共同努力之下获得实现的可能。① 需要注意的是，发展主义与农民传统价值体系的结合虽然带来了家庭的发展与流动，但同时也使得父代应该为子代"操劳"成为一种共识。本节将具体讨论发展主义的目标是如何进入农民家庭，并逐渐改变传统农民的价值体系的。

一　发展主义的目标嵌入

对于普通农村而言，现代性的力量主要是以婚姻为突破口进入农民家庭的，并给农民家庭带来一系列的影响。因为婚姻是农民家庭与外界发生关联的最直接路径之一。对于传统的中国人而言，婚姻从来都不是个体的事情，而是整个家族的大事，婚姻被界定为"婚姻者合二姓之好，上以事宗庙，下以继后世"，"婚姻的目的只在于宗族的延续及祖先的祭祀"（瞿同祖，1981：97）。因此，在传统社会中，农民结婚的目的不是追求个体之间的浪漫情感，而是家族香火的延续。子代顺利结婚之后父代传宗接代的人生任务得以完成，之后父代就可以逐渐退出家庭生产领域，而把家庭交由子代打拼。基于此，笔者将传统社会中的家庭再生产称为"简单家庭再生产"，其核心目标在于实现家庭继替和延续。然而，现代性进村塑造了"扩大化家庭再生产模式"，家庭再生产不仅要完成家庭的继替，还要实现家庭发展的目标。发展主义的目标是指农民不仅要完成传宗接代的任务，还要追求向上的社会流动和家庭的跨越式发展，从而过上更加美好的生活，实现农民的城市梦和中国梦。所谓的美好生活当然主要是从物质层面来衡量的，如买车、买房等，典型表现就是实现子代城市化的目标。本体性价值

---

① 在当前北方农村，不仅父代对子代有伦理，而且子代对父代也有伦理，只不过子代在现代性压力下无暇顾及父代，而将重心置于为他自己的子代的付出和投入。但是，在这种情况下，伦理不再是以扩大家庭为单位，而是以核心家庭为单位。因此，要在家庭再生产的具体关系中对伦理进行具体的考察。从当前北方农村的具体情况来看，父代对子代的责任较为深重，而子代对父代的伦理反馈则较为淡薄。伦理在现实中所呈现的复杂性是多种因素共同作用的结果，决不能以"伦理性危机"这样的词进行简单的解释。

具有超越性与绵延性的特征，而发展主义的价值体系更具有世俗性、短期性与工具性的特征。

发展主义目标的核心是实现家庭的向上流动，在当前阶段最为主要地表现为农民的城市化。在当前北方农村，婚姻不仅是"成人"的重要仪式，而且成为年轻人改变命运的重要契机。由父代承担的高额的婚姻成本通过彩礼转化为子代家庭发展的初始资本。正如本书第三章所论述的，当前北方农村男方的婚姻成本主要包括：彩礼、建房或买房、买车、婚礼酒席开支等。其中，彩礼和房子是花费最大的。河南安阳农村近几年的彩礼金额已经上涨至 10 万元以上，而笔者所调研的山东和陕西农村当前的彩礼金额也在 8 万元左右，且北方农村的普遍现象是，男方家庭的兄弟越多或家庭条件越差，女方越倾向于索要高额彩礼。相对于高额彩礼而言，女方对住房的要求对男方家庭构成更大的压力。婚前建一栋新楼房是女方对男方家庭提出的最低要求，而建一栋房子要花 15 万—20 万元，此外，近几年越来越多的女方家庭开始对男方提出到乡镇、县城或市区买房的要求，很多女方甚至明确提出"不买房就不结婚"。根据笔者在各地农村的调研来看，不仅北方农村如此，全国农村普遍出现高额彩礼和进城买房的现象。

当前农民家庭中发展主义目标的出现主要与以下两个因素相关：一是阶层分化、竞争和流动形成的压力；二是婚姻市场失衡进一步导致压力向男方家庭集聚。女方一方面试图以"婚姻"为契机来为自己的核心小家庭争取更多的利益，另一方面也想通过婚姻实现城市化或向上流动的目标。并且，女性的这种想法也越来越受到其未来丈夫的支持，基于这种"共谋"，年轻一代试图通过婚姻尽可能从父代那里获取更多的资源。年轻的子代一般没有多少积蓄，他们外出打工的收入能够维持自身的生活就很不错了，因而婚姻成本实际上主要由男方的父母承担。如果男方的父母比较年轻（四五十岁）且身体健康，那么他们通过努力，奋斗几年基本能够攒够儿子结婚要用的钱。如果一个家庭有两个或更多的儿子时，父母的压力可想而知，因此河南农村有"生两个儿子哭一场"的说法，但"哭"过之后，父母还得要继续奋斗，并往往通过透支自己未来劳动力的方式帮助儿子结婚。因此，一般家庭在儿子结婚之后负债累累，这些债务当然也是由父母负责还，否则女方不会同意结婚。儿子结婚并不是父代人生任务的终点，一方面，父代要偿还为儿子结婚所欠下的债务；另一方面，如果在结婚时没有完成子代城市化的目标，那么在子代结婚之后父代还要继续为之奋斗。那么，问题在于，父代为什么一定要为儿子付出？为什么他们没有变得更为理性？

要回答上述问题，关键在于理解发展主义目标进入农民家庭的路径。在现代性进村的背景下我们可以看到，一方面发展主义目标的嵌入改变了农民家庭生活的目标，另一方面发展主义的现代性目标并不是直接表现为对农民传统价值体系的取代。实际上，家庭发展主义的目标深深地嵌入农民的传统价值体系之中，家庭（尤其是子代）对美好生活的追求与父代传宗接代的人生任务捆绑在一起，从而使得父代无怨无悔地为子代付出。在此情况下，父代没有退路，也没有任何其他的选择，父代要完成自身传宗接代的任务就必须要达成家庭发展主义的目标，否则就不能为儿子娶上媳妇，也就不能完成人生任务。因而，发展主义目标是嵌入而非直接取代农民的价值体系，或者说，发展主义的价值体系利用了农民以传宗接代为核心的价值体系。而从家庭内部关系来看，子代正是利用了父代对家庭的伦理责任来最大限度地为自己的核心小家庭谋取利益，以实现发展与向上流动，这其实是子代对父代的代际剥削，但由于其中仍然保留父代对子代的伦理责任，因而表现出来的形式是"温情脉脉"的。

二 家庭本位的动力支持

如果说，现代性背景下所形成的家庭发展主义目标没有直接取代传统农民的价值体系和导致家庭的理性化，那么，农民及其家庭又是如何来应对这一发展性目标的？在这一部分，笔者主要从"家庭本位"来回答农民家庭在现代性背景下具体如何通过家庭配置和价值调整来实现新的家庭再生产目标。

家庭是中国人生命价值和人生意义的实现载体。家庭本位具有多个层次的内涵。第一，家庭首先是一个整体，在家庭中个体的利益是不被重视的，家庭承认个人的利益需要服从于家庭的整体利益，家庭整体的利益是每个人行动和努力的终极目标。第二，家庭再生产的目标和手段是统一的，家庭再生产的实现依托于家庭成员的共同努力，即家庭再生产的资源和动力既来自家庭内部的动员和分担，同时又不断地反馈到新的家庭再生产阶段之中。第三，家庭本位是以家庭成员认同和践行家庭伦理为前提的，因而具有浓厚的价值意涵。总而言之，家庭本位的伦理认同，是我们理解家庭主义的资源配置逻辑和家庭政治形态下的权力关系互动的价值基础，简单家庭再生产过程因而具有高度稳定性。

然而，在前文的分析中，我们可以看到，家庭本位似乎并没有随着简单家庭再生产向扩大化家庭再生产的转变而消失。正好相反，家庭本位与发展主义表现出了高度的亲和性，并且成为支撑扩大化家庭再生产展开的持久且富有韧性的动力。现代性背景下，家庭本位仍然是父代农民遵循的原则，发展主义的目标正是通过嵌入农民家庭本位的价值体系中才获得实现的可能性。在第三章和第四章的分析中，我们看到，即使是在代际之间资源交换和权力互动明显失衡的情况下，父代也没有变得更为理性，他们不断尽力为子代付出，并且能够忍受其中的各种委屈和压力。这里最主要也最根本的原因是他们将生命价值和人生意义的实现寄托在子代身上。以下是安阳南村一位 47 岁的中年男子对人生价值的理解，这种认识在北方农村的父代身上具有代表性。

案例 5-1：LXS，47 岁，有两个女儿一个儿子，大女儿 25 岁，在读研究生；二女儿 17 岁，正参加中考；儿子 14 岁，上初中。在访谈过程中，笔者夸赞他有福气，女儿上了研究生，以后就可以好好享福了，但他却说自己的人生任务还没完成，还不能闲下来。LXS 所说的人生任务，不是指培养儿女读书，而是指帮助儿子成家立业。

他说："父亲一辈子都要为儿子操劳，死了就不用操劳了。儿子不用他操劳，父亲也要操劳，都想孩子过得更好，这是地方风俗，（我们）这个地方的父母大部分都是这么想的。要操劳孩子结婚、生子，操劳他们工作好不好。"笔者反问："这样不是太辛苦了吗?" LXS 坚定地回答："做人不辛苦，那还是人吗? 不操这份心，反而觉得过得没意思，这就是父母的事业。儿子结婚，是父母的任务，作为父母，想让家庭完整起来，要往这个目标奋斗。家庭兴旺，也是一种名誉。我现在 47 岁，要是我不为儿子奋斗，我觉得活得就没什么意义了。我们自己没什么需求，意义都在儿子那里。现在辛苦挣钱，也是为了孩子以后生活得更好，我们自己要那么多钱干吗? 孩子以后买房、买车、装修，总有用得着钱的地方，再多的钱都用得着。我肯定不能闲下来，现在年轻，有劳动能力，要多挣一点，指不定什么时候就没劳动能力，就不能挣钱了。我从 17 岁开始打工，现在打工有 30 年了，有时也觉得累，但回家看到老婆孩子需要养活，不打工不行。累了就休息一两天，天天休息也没意思，还不如去干活……人这一生都是为了儿子，没有专门为自己活着的人，都是为了儿子活。"

（河南安阳南村，LXS，男，47 岁，2016 年 6 月 11 日访）

对于像 LXS 一样的中老年父母而言，传宗接代、帮助儿子成家立业是最重要的人生任务，同时也是支撑其不断奋斗的最大的动力来源。当前，父代的价值实现仍然是以家庭为依托的，在某种程度上可以认为，"家庭本位"的观念仍然是农民家庭应对现代化的主要方式之一。

但是，需要注意的是，转型时期的"家庭本位"观念具有与传统时期相当不同的内涵。现代性改变了农民的生活系统，农民生活世界的结构、动力和认知的改变，也连带性地影响了家庭本位观念的实践机制。因此，如果仅仅着眼于父代的行动逻辑，则家庭本位的观念始终如一，但是，如果将父代农民家庭再生产的行为放置在他们所处的生活世界中，进而分析他们的行动逻辑与现代性因素的关联与互动时，那么就会看到家庭转型视野中家庭本位新的实践形态。家庭本位虽然还是父代的行为动力，但是，动力的指向不再是伦理本位的家庭，而是发展导向的家庭。在这个意义上，家庭本位并不必然与伦理本位相统一，家庭转型导致了家庭本位与伦理本位之间的错位。这种错位意味着，一方面，家庭本位失去了伦理本位的约束和引导，变成了对父代的单方面要求；另一方面，伦理本位去家庭化，逐渐形成了单向度的家庭伦理实践。正是变化了的"家庭本位"观念，为父代伦理性价值的扩张和自我实现的相悖奠定了基础。

在传统的简单家庭再生产模式之下，家庭本位不仅具有伦理意涵，同时还能在现实层面规范家庭成员的行为，因此，父代为子代的付出并没有减少其价值实现的空间，父代在实现伦理性价值体验的同时也实现了基础性价值和社会性价值。而在当前的扩大化家庭再生产模式之下，"家庭本位"成为父代的一种价值诉求，而并非父代实现价值可以依托的资源，即父代为了完成自己的人生任务和家庭发展目标，难以借助家庭本位的伦理观去整合与动员家庭资源，而只能依靠自身的不断奋斗与付出。可以看到，转型时期的家庭本位主要是面向父代的，是父代不断付出的动力源泉。单向度的伦理实践反映了家庭内部伦理的失衡，是伦理逐渐功能化和工具化的表现。

在北方农村调研时经常会听到农民说"人生任务"一词，细问农民何为"人生任务"，答曰"一是为儿子娶媳妇，二是为父母养老送终"。二者相比起来，为父母养老送终相对容易，而为儿子娶媳妇往往占据了农民的大部分精力，并且也是家庭再生产的关键环节。提到"人生任务"，当地农民都显得深有体会，那些已经为儿子完成婚嫁的父母都说"自己终于松了一口气"；而那些没能为儿子娶上媳妇的人则是没有完成任务的人，他们不仅寝食难安，而且在村庄里会"抬不起头"，成为村民眼中没有面子的人。河南安阳南村两位中年妇女对父代的人生任务做了如下描述。

案例 5-2：为儿子娶媳妇是父母的任务，主要是父母的事情。娶不上媳妇，父母就抬不起头，干活干不上手，脸上也不光彩。别人会在背后说，谁谁谁没材料（没本事），给孩子娶不上媳妇。（父母）给你娶过了，你自己没有过好，就不能埋怨大人。孩子没有过好，别人会说是两个孩子自己过不来，就不笑话大人了。娶媳妇为了传宗接代，咱这就这规矩。娶上媳妇就有后代了，不娶媳妇，到（我）这（一代）就断了，往后就没人了。娶不上媳妇，就抬不起头。

（河南安阳南村，LJX，女，56岁，2016年5月29日访）

案例5-3：孩子娶不上媳妇，大人就丢人死了，谁都对不起，对不起祖宗，也对不起孩子。到冬天了，人家天天都有人娶媳妇，你儿子没娶媳妇，你就干转圈，干着急。也觉得对不起孩子，没这个能力帮他娶媳妇，没给孩子铺好路，父母没材料，没本事。

（河南安阳南村，LCQ，女，59岁，2016年5月27日访）

可见，农民不惜一切代价完成人生任务的动力主要来自对家庭延续的使命感，同时，这种使命感也凝结为一种为当地人共享的地方性规范。从价值层面而言，中国人的人生价值和人生意义是在家庭中实现的，"传宗接代构成了中国农民的终极价值，成为中国农民的真正宗教"（贺雪峰，2008a）。作为父母，在将子代抚养长大之后，首要的责任就是让子代顺利完成婚嫁，从而使家族的延续与再生产不至于在自己这一代发生断裂，否则就会觉得愧对祖先。并且，父代只有在完成为儿子娶媳妇的人生任务之后，才会觉得自己有限的人生通过子孙的无限绵延而变得有意义。从村庄结构层面而言，北方农村社会结构的特点是血缘与地缘关系不完全重合，村庄内部同时存在多个杂姓的血缘单位，但各个姓氏的血缘单位规模较小，农民的认同与行动单位一般是五服以内的"门子"、"户族"或小亲族（贺雪峰，2012）。在小亲族结构的主导之下，村庄内部具有竞争。传宗接代的压力使"有没有儿子"以及"儿子是否结婚"成为扩大化家庭再生产展开的起点，也成为村庄竞争的基本指向，没有完成给儿子娶媳妇的任务，就意味着在村庄竞争中的失败。因此，那些没能顺利为儿子娶上媳妇的父母会在村庄中承受巨大的舆论压力，以至于觉得"没面子"和"抬不起头来"。

案例5-4：安阳南村LXC，72岁，老伴2013年去世，有三个儿子，其中小儿子未婚。谈到此事，LXC心情变得很沉重。她说："儿子没有娶上媳妇，父母的压力很大，我还没有完成任务，三儿子还没结婚。压力很大，哪都不想去。我本来是很开朗的，儿子没娶上，哪都不想去，就觉得丢人，别人都娶上了。钱都不是问题，只要儿子能娶上，我借钱，别人都会愿意借，现在给钱也没人愿意来。现在干活都干不上手，干活都不顺心，我还算开朗的都不行（不能释怀）。我这个年纪本来应该是享福的，现在要媳妇像要饭的一样。平常我们几个儿子还没结婚的（妇女）一起玩，不和别人一起玩，怕别人看不起，没面子。"

（河南安阳南村，LXC，女，72岁，2016年5月24日访）

案例5-5：安阳南村SZ，61岁，老伴58岁，有一个儿子，27岁，未婚。当我问他"儿子还没结婚着不着急"时，SZ的眼圈红了，他说："怎么不着急？老婆都睡不着觉，有好几年时间了，因为心里有负担，儿子娶不上媳妇，老婆着急得哭。我觉得我现在过得不怎么样，没给儿子娶媳妇，觉得没面子。跟别人走不上一块，（别）人都娶上媳妇了，咱没娶上媳妇，咱就不跟他们聊天，没有完成任务就没面子。不娶媳妇不行，娶了媳妇就完成任务了，不娶就完不成任务，完不成任务老婆就睡不着觉。这不是谁规定的任务，都是自己这么想的，谁家有孩子都是这么想，以后你们当父母了也是这么想。旁人不会管你的孩子，自己的孩子自己管。"

（河南安阳南村，SZ，男，61岁，2016年6月22日访）

在河南安阳南村调研时，笔者调查到该村唯一一例儿子结婚父母没有出钱的案例。WWX，59岁，有三个儿子一个女儿，二儿子和三儿子都是大学生。三个儿子都已经结婚，但与当地大多数家庭所不同的是，WWX的二儿子和三儿子结婚时，支出基本都是自己承担。WWX提到，一方面是因为当时他本人正处于包工亏损期，家里没有任何积蓄；另一方面则是因为儿子懂事，且儿子大学毕业后收入也比较高，不愿意父母因为自己结婚而出去借钱。然而，WWX 却并没有因为儿子的懂事和自己的省心而感到自豪和欣慰，反而陷入深深的自责，觉得自己没有尽到做父亲的责任。这件事情村里几乎没有人知道，当笔者无意中知道时，WWX 显得很不好意思。他用略带自责的语气说道。

　　案例 5-6："虽然儿子的婚事办得挺好的，但是我心里还是自责，当父母的没有尽到做父母的义务，孩子办事（结婚）一分钱没有拿出来。我自己原来的想法没有达到，以前肯定是想我出钱给儿子娶媳妇，儿子不用为难，我有一分钱，还想出两分钱呢。但是当时确实没有钱，孩子也知道我手里没钱，知道我做生意赔了，不让我为难，也不让我出去借钱。要是我有钱不出的话，孩子肯定有意见。孩子还给我争脸，不给别人说是他们自己出的钱，别人都以为是我出的钱。要是别人知道了（娶媳妇我没有出钱），肯定会说我（做父母）做得不好。"

　　（河南安阳南村，WWX，男，59 岁，2016 年 6 月 14 日访）

　　由此可见，在北方农村，"为儿子娶媳妇"成为压在每一个父母身上的巨大压力。扩大化家庭再生产模式下的发展主义目标增加了父代完成人生任务的难度。然而，在"家庭本位"的动力支撑下，虽然家庭伦理已经逐渐成为父代的单向度实践，但仍然能将父代承受的所有压力稀释，并升华为其完成人生任务的自觉。父代的伦理自觉是发展主义目标能够嵌入家庭并获得实现可能性的根源，但也将父代卷入为子代不断付出的漩涡之中。

三　作为意识形态的"操劳"

　　发展主义的目标嵌入与家庭本位的动力支撑给我们提供了理解传统与现代融合的视角。从父代的生活逻辑来看，他们似乎仍然在延续自己父辈的生活轨迹，但是，他们实际上要实现新的发展目标。生活目标从"过日子"到"死奔"的转变，打破了地方社会内部的生命循环和家庭生命周期模式，父代的人生任务链条不断地延长，从而改变了父代为子代"操心"

的实现形态和价值内涵。

笔者基于当前扩大化家庭再生产模式中发展主义目标嵌入这一结构背景，认为父代为子代从"操心"向"操劳"的转变正在成为华北农民的普遍生活心态和行动逻辑。"操心"是农民的日常生活词语，指的是父母对子女具有哺育和抚养的责任，反映了父母与子代的基本关系模式，体现了父代对子代厚重的责任伦理。传统的农村生活中，子代的婚嫁大事对于父母而言固然是一种责任，但父母只要根据自己的条件尽力为之即可，操心的责任并不意味着父母一直需要亲力亲为，而更多的是通过当家权来动员家庭成员共同为之努力。然而，伴随着现代性的进入，为了实现发展主义的家庭目标，子代有子代的压力，子代家庭也有他们要完成的任务，父代和子代家庭虽然聚焦于共同的家庭再生产目标，但是他们的生活在不同的轨道上展开，因此，父代对子代伦理责任的表达方式日益化约为向子代和孙代转移资源的数量。以前父代对儿子结婚也有责任，但父代只需尽力而为即可；现在给儿子娶媳妇则是对父代的刚性要求，父代必须如此，有钱没钱都要如此，因此很多父母不得不提前透支自己未来的劳动，以借债的方式帮助儿子结婚。在扩大化家庭再生产模式下，发展主义目标的嵌入使得父代对子代的伦理责任由"操心"逐渐演变为"操劳"。

"操劳"意味着父代将各种家庭责任内化，对自己进行充分动员，从而使责任不再外化。当然，当家权的异化也使得父代丧失了动员子代的能力，基于对子代的理解和关怀，父代自觉地免去了子代对家庭应当承担的责任。"操劳"使父代的人生任务无限延长，并以给子代提供资源的方式表现出来，其背后以父代对子代的伦理责任为支撑。

在这个意义上，父代在当前阶段的人生任务实际上变成了"人生中的任务"，生命不息，任务不止。由此，父代为子代的无尽操劳逐渐变为一种意识形态。笔者将"意识形态"一词引入，是为了从父代的角度揭示父代无尽操劳中的代际剥削。在意识形态的遮蔽下，父代表现出甘愿为子代操劳的心态，并且从这种操劳中获得生活的意义。这说明，在当前的扩大化家庭再生产模式中，父代的价值并没有与传统的价值断裂，二者之间是一种颇具实用性和策略性的延续。在应对现代化的过程中，中国农民既没有快速走向个体化的"无根"状态，也没有彻底地走向理性化。因此，面对现代性，中国农民并不会面临存在主义哲学中"向死而生"的问题。作为20世纪最为重要的西方哲学思潮，存在主义关心现代性背景下人的存在及其意义的问题。由于西方社会文化结构的基础与中国不同，在"消灭上帝"之后，剩下的真实主体就是孤零零的个体。存在主义设定的是个体的人，是孤独的主体，个体直面自身，便难以脱离生与死的追问（孙隆基，2015：15）。死亡也就成为个体必须直接面对的严峻问题。但是，现代性并没有将死亡这一问题直接摆在中国农民的面前。农民的"操劳"并不直接面对死亡这个必然性结局和抽象性问题，而是面对具体的、不确定的现实生活。即使现代性因素逐渐渗入农村，中国农民也仍然是处于特定的人伦关系和社会关系中的人。对于农民而言，他们关于死亡的认识并不是从抽象的生命与存在的角度而言的，农民对死亡的想象深深地扎根在家庭伦理和家庭政治中，因此，在现代性背景下中国农民的价值关怀超越了生命与死亡这样一个二元对立的问题。实际上，在扩大化家庭再生产模式中，现代性浪潮中的农民体验到的不是虚无感，而是沉重感。与之不同，西方社会中个体的终极意义指向上帝的关照，因而在"消灭"了上帝之后，剩下的就是价值的虚无感。西方人因此不得不面临存在与虚无的问题。而现代化背景下中国农民的自我实现则突出了父代的沉重感，为了家庭扩大化再生产的持续，父代背负了巨大的责任和压力。要注意的是，沉重并不同于厚重，厚重的价值体验只有在相对均衡的家庭再生产模式中才能获得，并最终带来生命的圆满感，而沉重则压抑了父代价值实现的空间。

根据以上的论述，我们就可以理解扩大化家庭再生产模式下失衡的资源配置和权力关系能够在家庭中持续的深层原因。当前，不少学者也注意到了现代化背景下城乡家庭中父代对子代的代际支持和代际之间的合作。这些研究虽然注意到了农村现代化过程中直系家庭的延续和代际合作模式的持续，却没有对家庭转型中伦理的配置模式和实践逻辑进行深入分析，反而走向了对家庭策略的分析，认为转型时期家庭关系中的新变化始于家庭策略基础上的理性应对。然而，家庭策略在本质上是个体策略，因此，将现代化进程中的"代际合作"理解为一种家庭策略，实际上还是把转型时期的农民预设为理性的个体，从而遮蔽了家庭伦理的存在和延续。

第三节 "为了儿子"：价值实现的悖论

父代为子代"操心"是一种可以掌控的状态，父代虽然专注于子代的事务，但其社会性自我和身体性自我并未在这个过程中走向遮蔽，而是可能获得呈现和满足，即伦理性价值同样促进了社会性价值和基础性价值的实现。操心是有限度的，在父子一体、兄弟一体高度整合的家庭中，父代可以掌控整个家庭再生产过程，操心由此成为父代的主体性实践过程。

进一步看，理想和完满的价值实现过程是建立在个体层面的基础性价值、社会层面的社会性价值和伦理层面的本体性价值有机统一的基础上的，即只有当社会和家庭能够为个体提供满足以上三种价值的空间，并且在三者之间形成稳定的均衡体系时，农民才真正获得价值体验，"圣凡一体"的交融性状态才能达成。对于传统中国农民而言，家庭再生产过程既是农民本体性价值的实现过程，也为基础性价值和社会性价值的实现提供了空间。因此，随着父代个体生命的不断老化，其生命和生活的价值内涵日益丰富。在价值实现的过程中，本体性价值并未对基础性价值和社会性价值产生压制效应。

然而，现代化背景下的家庭转型改变了农民的价值实现过程和价值实现方式。在扩大化家庭再生产模式的展开过程中，父代不仅要完成传宗接代的人生任务，更要实现家庭发展、家庭流动的目标。在发展主义的家庭再生产目标面前，父代对子代的伦理性价值被进一步扩张，并具体表现为父代人生任务的不断拓展，在父代为子代的持续付出过程中，父代不仅彻底丧失了对资源的支配权与拥有合法性，而且随着父代对子代的伦理责任从操心向操劳的转变，家庭再生产过程实际上成为父代逐渐丧失主体性的生活实践和价值实现过程。

因而，家庭转型期父代的价值实现困境并不在于本体性价值实现途径的缺乏，途径仍然是存在的，但是，现代性带来的家庭发展的压力扭曲了这一途径，它被引入了一个似乎没有尽头的方向，从而推动了父代本体性价值的过分扩张，以至于压制了父代社会性价值和基础性价值的获得。父代对子代伦理责任的增加固然能够使得父代获得一定程度的伦理性满足，但这种伦理性满足与父代社会性价值和基础性价值实现的极度压缩形成了张力，因而并不能赋予完成人生任务的父代以厚重的、完全的和立体的价值满足感，即农民的价值体系被赋予了更强的功能属性，这本身就违背了价值体系的原初意涵。

基于此，本节主要对现代化进程中农民价值体系的内在均衡如何被打破进行分析。在此过程中可以看到一个悖论，笔者将之称为"价值实现的悖论"，即一方面是父代本体性价值或伦理性价值的过度扩张，另一方面是父代社会性价值和基础性价值的实现被极度压缩。

一 伦理性价值的扩张

在当前北方农村，以传宗接代为核心的伦理性价值仍然被父代认同，作为支撑其努力奋斗的动力。然而，这一价值体系在现代化背景下被过度利用，从而使得其原有的价值内涵遭受一定程度的扭曲，表现出很强的功能性特征。前文提到，在现代性背景下，简单家庭再生产模式逐渐被扩大化家庭再生产模式替代，父代不仅要通过传宗接代和延续香火来实现家庭继替，而且还面临实现家庭向上流动、家庭城市化等具有发展性特征的任务和目标。很显然，父代需要完成的任务不断增多，由此农民才有"死奔一辈子"的说法。正如笔者在第三章所提到的，当前父代的人生任务不仅包括花费高额的婚姻成本为儿子娶媳妇，还要帮助子代带小孩，在有劳动能力的时候不断向子代输送资源，并且在此过程中完成自养。父代人生任务的不断拓展已经成为一种常态。父代的不断付出一般是心甘情愿的，在访谈过程中，很多中老年父代对笔者说过一句话，"儿子也不容易，我们能帮一把是一把"。父代都表现出非常理解子代艰难处境的态度，认为不断地支持子代是作为父代的责任和任务。在调研过程中笔者发现，父代的不断付出不仅体现在对子代的资助上，还延伸到对孙代的支持上。很多老年父代不仅会操心孙代的婚姻问题，而且还会在物质层面给予一定的支持，虽然这种物质支持在当前高额的婚姻成本面前不值一提，却是老年父代节衣缩食积攒下来的。以下案例在北方农村具有一定的代表性。

案例 5-7：安阳南村王某，女，73 岁，老伴 72 岁，有三个儿子一个女儿。大儿子 51 岁，小时候因发烧治疗不及时成了哑巴，他的妻子是妹妹换亲换来的，有一儿一女，女儿 20 岁，已婚，儿子 23 岁，刚刚结婚。

王某的大孙子结婚时花费彩礼 10 万元，婚前女方提出要在乡镇买房，王某说："不买房不中，不买房就行不上（娶不上）媳妇，女方提出买房，我们这里地方不好，比较偏，人家不愿意来。"买房总共花费 20 多万元，大部分的钱是向亲友和银行借的。在大孙子买房时，王某夫妻俩出了 1000 元钱，这是夫妻俩平常省吃俭用再加上卖粮食的钱攒下来的。王某说："这钱是给孙子娶媳妇的，孙子娶媳妇，我们也有责任，儿子不会说话（哑巴），他们买房钱不够。不买房人家（女方）就不愿意来。我们把自己粮食卖了给他钱，自己就少吃一点，节省一点，饭吃稀一点，不吃面条，就吃面疙瘩汤。生病也不去看，自己受着（忍着）。这些都是平时卖粮食慢慢攒下来的钱。"

王某夫妻俩一年的收入只有近 4000 元，包括三个儿子每人每年给的 300 元养老钱，国家每月 78 元的养老金（夫妻俩加起来将近 2000 元），每年卖粮食可以卖 1000 元左右。由于夫妻俩每天都要吃药，这些收入不够两人开销，因而每年到了下半年就会向邻居借几百元周转，等到年底儿子给了养老钱或是卖了粮食之后再还。尽管如此，夫妻俩还是资助了 1000 元为孙子买房。

（河南安阳南村，王某，女，73 岁，2016 年 6 月 15 日访）

王某的情况绝非个案，笔者在调研中发现，父代对子代的支持往往贯穿其整个生命过程。从有劳动能力时的不断付出，到丧失劳动能力后通过压缩自身需求来减轻子代负担，父代对完成人生任务的践行一直到其去世那一刻才终止。"儿子也不容易"成为当前父代对自己不断为子代付出的通用解释，但在子代不容易的背后，还隐藏了两个重要因素：一是传宗接代的价值观念仍然被当前北方农村的父代认同；二是扩大化家庭再生产模式带来家庭再生产难度的提升。正是这二者之间相互缠绕，使得父代的伦理性价值进一步扩张，父代进入无休无止地为子代付出的过程之中。

然而，伦理性价值的扩张并不必然会带来父代的价值实现和价值圆满感。事实上，当前北方农村由父代人生任务不断拓展这一现象体现出来的父代伦理性价值的扩张并不是农民传统价值体系的回归，其在某种程度上是一种价值异化。扩大化家庭再生产模式下的发展主义目标正是利用了父代对子代的伦理性价值，并且将后者尽可能地扩张，以实现家庭发展和家庭向上流动的目标。父代在此过程中看似实现了自己的生命价值，获得了伦理上的满足，但当其伦理性的满足是要靠牺牲基础性价值和社会性价值的实现为代价时，当其在获得伦理性满足要靠借钱为生，或是在家庭中处于边缘地位时，这种伦理性价值又能延续多久呢？笔者认为，当前北方农村所呈现的父代伦理性价值的扩张只是一种暂时的"狂欢"，是不会持久的，这种暂时和表面的价值体验并不能构成父代安身立命的基础。

二　社会性价值的收缩

在扩大化家庭再生产过程中，从父代"老化"的过程来看，相对于本体性价值的扩张，社会性价值逐渐收缩。父代社会性价值的收缩，具体可以从以下三个方面来理解。

第一，为了应对现代性带来的压力，集聚有限的家庭资源实现发展主义的目标，父代越来越无暇顾及村庄社会关系的维系和拓展。而在半工半耕的家计模式中，农民与土地关联的相对弱化也进一步导致了村庄社会关系之于农民生活的价值的作用降低。村庄竞争会给农民带来压力，但是，这种压力并不是将农民引向更为深入的村庄互动，反而是与村庄社会关系的实质性疏离，从而使农民更为专注和持续地投入家庭再生产过程之中。村庄社会关系越来越成为家庭发展的负担，从而弱化了父代村庄社会参与的积极性，这进一步影响到了农民对于村庄共同体的认同。其显著的表现是，农民越来越不重视村庄日常生活中"面子"积累的缓慢过程，传统习惯、人情、仪式等规则迅速简化，甚至逐渐淡出农民的日常生活。农民的闲暇本来具有社会性价值生产的意义（王会，2013：170—172），但如今，"闲暇"也日益让位于农民扩大化家庭再生产的需要，闲暇的正当性日益弱化。父代几乎将所有的精力和资源集聚到家庭发展主义的目标上，这弱化了村庄社会关系的维系，构成了父代社会性价值收缩的基础。

第二，社会性价值收缩的复杂性在于，价值层面的收缩与仪式层面的释放往往是一体两面的。仪式逐渐脱嵌于村庄日常生活：一方面，父代出于家庭本位的逻辑彻底转向了家庭本身的再生产目标和过程，尽量减少和限制村庄社会层面的人情交往，将有限的家庭资源用于家庭发展；另一方面，绝大部分父代农民难以真正脱离村庄，在一定时间内不得不面对富有竞争性的村庄社会结构。这进一步导致了面子竞争的异化和村庄社会竞争的失控。现代性的外在压力通过村庄社会内部的竞争压力被进一步放大，从而形成了北方农村仪式异化过程中所特有的"夸大"现象。在这里，"夸大"是相对于"夸富"而言的，"夸大"主要追求仪式在形式上的好看和体面，从而达成两个目的：既满足了新形势下的村庄竞争，同时又没有过多耗损有限的家庭资源，以免影响家庭再生产的顺利进行。即在村庄的仪式性人情中，外显的仪式仍然存在并且不断被扩大，甚至异化；而仪式之外的人情互动及其引发的消费则受到压缩，仪式性人情的人情内涵日益剥离，徒具仪式，农民在此过程中获得的社会性价值体验不断减少。

在河南安阳南村，近几年的彩礼已经达到 10 万元以上，婚姻仪式越来越复杂，而且在这些仪式上的花费越来越多。例如，在婚礼当天，要请乐队、婚庆公司，设彩虹拱门等，按当前物价水平，这几项花费不低于 2 万元。与之形成鲜明对比的是，当地农民在婚宴以及人情礼金上的花费却非常少。农民主要通过以下几个方式来减少婚宴、礼金等开支。一是在礼金上仍然保留传统的送实物习俗。一般而言，普通亲戚和邻居之间，红事时送一升大米和两杆子粉条，总共价值 30 元左右；近亲之间送 50 元或 100元。二是在人情圈上不断压缩，"不沾亲带故的一般都不去上礼"。因此，当地现在的人情范围一般是亲戚之间，村民之间相互不送礼，在办红白事时主人家会在门口写一张"不收乡亲礼"的条子，别人看到后就不会来了。据村民介绍，在 20 世纪八九十年代时，谁家办红白事，一个小组的一般会去送礼；2000 年左右开始，逐渐有人不收乡亲的礼；近几年来，不收乡亲的礼已经成了一种共识。对于不收乡亲的礼的原因，村民主要有两个解释，其一是省钱，其二是减少麻烦。由此可以看出，从 20 世纪 80 年代至今，当地的人情圈在不断压缩。三是酒席档次较低。当地办白事都是吃大锅饭，不吃酒席；办红事时，亲戚和普通送礼的村民都是吃大锅饭，只有女方送亲的人和男方陪客的人才吃酒席，但也非常简单，一般是男的坐一桌，女的坐一桌，炒十几个菜。

村庄社会秩序的乱象反映了扩大化家庭再生产对父代社会性价值的扭曲。作为村庄社会的主体，父代家庭因为聚焦于家庭再生产的目标，相对看淡了村庄社会交往的价值性意义。在流动的现代性场域中，村庄日常性交往中的面子不再能够支撑一个家庭的社会地位，而子代的出人头地是在竞争中立于不败之地的关键。随着父代农民社会性价值的收缩，原有的地方性规范逐渐失去效力，导致各种短期行为和仪式化现象的盛行。这构成了转型期村庄社会竞争异化的深层动力学机制。剥离了人情与价值内涵的社会交往本质上是缺乏主体深入参与的仪式表演，因而参与者难以在其中获得价值体验和价值满足感。

第三，在村庄社会交往日益单薄和仪式交往机会越来越匮乏的情况下，父代在村庄社会中的互动，例如人情随礼，大多是代替子代完成的。如前所述，当家权异化使得当家权较早地转移到了子代手上，但父代未能因此从当家的责任中脱离出来。这在更深层次上反映了父代在社会性价值上对子代家庭的依附。父代社会性价值的实现过程变成了帮助子代家庭建构和

维系村庄社会认同的过程。"儿子的面子大于天"，先不管面子是真面子还
是假面子，重点在于是儿子的面子而非父亲的面子，父代的面子由此从属
于子代的面子。在调研中我们发现，由于年轻人平常基本在外务工，熟人
社会中的人情往来主要靠在村的父代来维系，但在人情礼单上无一例外都
是写儿子的名字。并且，有几个儿子，父代就要送几份礼金，[①] 并在礼单上
分别写上每个儿子的名字。因此，父代虽然继续参与村庄人情往来，但他
不是作为一个具有主动性和主体性的主体来参与，而是代替儿子参与，父
代在此过程中并不能获得圆满的价值体验。

由此可见，现代性进村将农民置入了一个更加开放和波动的生活世界
之中。农民家庭与村庄的结构性嵌入关系逐渐松动，进而使得父代社会性
价值实现的根基逐渐松动。在发展主义的压力下，如何实现家庭的扩大化
再生产才是最为核心的事情，原有的以村庄社会作为媒介的社会性价值在
相当程度上被工具化了。社会性价值的工具化，意味着它成为可以选择和
干预的对象，因此，父代在社会性价值的实现上可以选择部分地退出，或
者将其部分地形式化。同时，无论父代对于社会性价值的实现采取了什么
样的选择，在本质上都是依附于子代家庭的。父代在社会性价值的实现上
不具有独立性和主体性。

三 基础性价值的转换

基础性价值是农民价值体系中最为基础的层次。人之为人的基础条件
当然是吃穿住等物质生活的满足，属于个体的消费层面。适当的消费是家
庭再生产的重要保证。不过，中国农民向来具有勤俭节约的传统，重视家
庭财富的积累。因此，如何维持积累和消费之间的平衡，进而保障家庭再
生产的顺利进行，就成为衡量一个农民是否懂得过日子的重要指标。如果
一个人贪图吃喝享乐，在熟人社会中必然少不了招来他人的闲言碎语。在
这个意义上，对物质生活的追逐在农民家庭生活中受到了一定的抑制，事

---

① 一般而言，如果父代还有一定的经济来源，礼金是由父代出。只有当父代完全没有经济来
源时才由儿子出。

实上，就传统的农民价值实现的过程而言，作为一种价值形态的个体消费往往发生于本体性价值和社会性价值实现之后，在这两个层次的价值的支撑下，基础性价值的实现逐渐解除了伦理的束缚和限制，具有了独立的表达空间。因此，随着家庭再生产的进行，基础性价值与本体性价值和社会性价值逐渐融合，共同构成了农民晚年生活的价值支撑。

但是，父代基础性价值的实现必须以一定的家庭资源为基础，这些资源或者来自父代自身的积累，或者来自子代甚至孙代的反馈。扩大化家庭再生产进程中家庭资源和家庭权力配置模式的改变在一定程度上减少了父代农民基础性价值的实现条件。现代性进村激发了农民的消费主义欲望，但是，基础性价值在家庭内部的扩张呈现明显的差异性。消费主义的观念主要集中于年轻一代农民身上，他们受到城市生活方式的吸引，表现出对城市生活的向往和追逐。而中老年农民仍然延续了相对传统的重视积累而轻视消费的"生计型模式"。

如果进入对农民基础性价值的具体讨论，既有的关于消费主义的普遍性讨论可能就值得商榷了。前文已经述及，父代为子代的无尽投入和劳力透支致使他们进入老年后缺乏基本的生活资源。因此，在扩大化家庭再生产模式中，基础性价值作为农民价值体系的基本层次，始终不具有价值释放的空间与基础，伴随着父代的老化，其基础性价值的实现不是从自身的价值需求入手来被评价，而是从其对家庭的贡献来被评价，因而以主体需求为导向的基础性价值实现被转化为以主体的创造为导向的价值实现。

扩大化家庭再生产模式引发了父代基础性价值的转换，即由主观性价值向客观性价值的转换，农民作为主体在这个转换过程中，从价值实现的主体变为价值衡量的对象。也因此，基础性价值的实现不再是农民到底在多大程度上满足了自身的生活需求，而是取决于农民作为家庭再生产的功能性要素到底为家庭经济和家庭发展贡献了多大的力量。在此意义上，父代对家庭再生产的经济贡献能力决定了其价值的大小。

基础性价值的转换为父代持续的劳动和付出注入了强劲的动力与合法性，进而导致了父代对自我的无尽剥夺和自身实现基础性价值的压缩。基础性价值是价值实现体系的基础层次和价值实现过程的最后阶段，现代化进程中父代基础性价值的转换，意味着农民价值体系的基础之变，必然引起农民价值体系的整体性改变。农民价值实现过程中的三种价值由相对均衡逐渐聚焦到本体性价值之上，本体性价值的扩张不仅压缩了基础性价值的空间，而且改变了基础性价值的内容，如此一来，父代价值实现的过程也就成为自我需求不断抑制的过程，虽然本体性价值仍然为父代的这种克制提供了伦理层面的体验，但是也预示着父代自我实现的主体性危机。

四　自我实现的主体性危机

现代性推动了家庭转型，改变了农民价值实现的基本框架和家庭运行的动力机制。在简单家庭再生产模式中，本体性价值、社会性价值和基础性价值之间相对均衡的关系，较好地解决了农民个体与家庭、村庄社区之间的关系，父代通过参与家庭再生产的过程，建立了与家庭和村庄社会之间的价值关联。同时，在这种价值性关联中，父代逐渐实现了社会、自我与心灵的统一，进而获得了"从心所欲而不逾矩"的主体性。这样一种自我实现的路径，笔者认为是富有主体性的中国式自我实现路径。

总体来看，在关于农民价值体系的研究中，往往强调本体性价值的重要性和稳定性，以及它对社会性价值和基础性价值的作用。这种研究进路在一定意义上可以视为关于农民生命价值的理想型分析。例如，桂华（2014a）的研究关注到了生命价值之于农民自我实现的宗教性意义，展现了伦理轨道上自我实现的逻辑。不过，中国农村目前所处的大变革时代使得我们不得不意识到，作为农民本体性价值的生命价值，也可能损害农民社会性价值和基础性价值的实现。也就是说，转型时期农民价值实现的过程更加复杂化了。仅仅立足于家庭的伦理之维，难以把握当前处于家庭转型中的农民的复杂的价值世界。

事实上，农民价值体系本身就是一种多元均衡而又内在统一的构造。对"圣凡一体"的农民生活逻辑的揭示，不能忽视农民的社会性价值和基础性价值对本体性价值的支撑作用。在既有的关于农民价值世界的理想型框架中，这一支撑机制是以自明的预设纳入其中的。但是，流动的现代性打破了农民家庭再生产与价值实现过程的同步性，也打破了原有价值实现过程中的均衡。

正如上文所述，扩大化家庭再生产模式下伦理性价值的扩张减少了父代的基础性价值和社会性价值的实现空间和实现条件。悖论在于：父代本体性价值的实现过程被不断地拉长，父代固然能从中体会到伦理性的满足，但是，这种一直"在路上"，没有终点的状态，使得父代的价值体验不是日益厚重，反而是日益单薄。问题在于，父代的本体性价值被扩张和利用，社会性价值和基础性价值被侵蚀，父代并不能由此获得主体性的价值满足感，而是走向了对子代的价值依附。由此可见，作为家庭内在的根本性价值层次，伦理性价值对农民价值体系具有重要的调控作用。在不同的条件下，伦理性价值通过与其他两种价值类型不同的配置方式表达出来。在发展主义的目标之下，父代在伦理上的自觉不断地消解其社会性价值和基础性价值的实现基础，最终也消解了农民自我实现的稳定基础。在此意义上，父代参与扩大化家庭再生产的过程也就成了自我实现中的主体性危机不断深化的过程。

自我实现中的主体性危机，导致父代在价值实现中日益走向对子代的价值依附。父代的价值依附指的是，在家庭再生产过程中，父代的价值体系不能为其提供均衡、稳定的自我实现方式，价值的实现不是自身的主体性的实现过程，而是走向了对子代的依附。在价值依附的状态下，一方面，父代固然能够体会到伦理层面的满足，即从"操心"的过程中体会到幸福感；另一方面，这样的满足感又建立在深深的不满足的基础上。父代要么认为自己未能给予子代太多的帮助，要么认为自己是一个负担，将自己的幸福完全建立在子代的幸福的基础之上，从而否定了自身的基础性价值和社会性价值。换句话说，当前父代所呈现的幸福感的价值基础是残缺的，是不充分的，也是缺乏主体性的。

价值依附当然是基于父代的伦理自觉，父代也能够从这个依附格局中体验到伦理的满足感，但是，对于父代而言，这套价值体系在家庭再生产过程中逐渐抽空了其社会性价值和基础性价值的实现空间，父代彻底地退回到家庭之中，对社会性价值和个人基础性价值的追求均遭遇危机。由于两个支点的丧失，父代以家庭伦理为本位的价值实现模式也就失去了本体性，而具有了更强的功能性色彩。

第四节　"废弃的生命"：未完成的价值之路

特定的价值模式在最为根本的层次上影响家庭内部的资源配置和权力关系，具体而言，它不仅影响资源配置方式和权力互动模式，而且具有固化和确认的效应，从而使得农民丧失对生活过程和行动逻辑的反思性。

在扩大化家庭再生产模式之下，促进家庭发展和家庭流动是核心目标，因而家庭内部所有的资源（包括人力资源和物力资源）都要被动员起来为实现这一目标服务。然而，面对发展主义的价值体系，日益老化的父代本身的存在逐渐成为家庭扩大化再生产的一种负担。这种负担意识不仅为子代共享，而且也内化为父代的自我认同，从而使得父代在年老时的自足感逐渐消失。父代人生任务的绵延与拓展并不能为其带来价值实现的厚重感，父代拼尽全力为子代家庭付出并不能换来子代及时有效的回馈。在父代还有劳动能力之时，通过不断为子代家庭付出，其获得了暂时的价值满足感，并且与子代家庭的关系呈现"温情脉脉"的一面。而随着父代劳动能力的丧失，他们渐渐被贴上"无用"的标签。这种"无用"进一步成为父代自身的"自觉"，由此父代的老化也逐渐成为一个"问题"：一旦父代丧失劳动能力，不能为子代家庭创造财富，甚至连"自养"都难以实现之时，父代在家庭中就是"无用"的，其深深的愧疚感挥之不去，这为父代的老年生活蒙上了一层阴影。本节主要呈现父代在失去价值创造能力之后的处境和状态。具体而言，"沉重的肉身"主要论述身体层面的老化所带来的"老人无用论"，这种论调是父代与子代所共同认同的；"自我的孤立"则更多是从老年人主位的角度去展现其价值失落状态；而"仪式中的他者"主要从丧葬仪式的变迁来论证老年人在现实生活中的价值实现困境。

一　劳动重估价值与沉重的肉身

一个人的价值包含两个层次的内容：一是作为主体的价值实现，强调的是主体的内在超越和生命意义；二是主体的外部性价值或客体价值，强调的是主体之于家庭等系统的价值和意义。农民不仅通过价值实现过程建构自身的认同，而且也由此建构了对老年人的评判标准。在后者那里，作为主体的人被对象化了。

在传统社会中，没有出现过普遍的老人问题。简单家庭再生产模式下的老年人能够得到很好的安顿，老年人的生活状态是可预期的。从跨文化的横向比较视角来看，不同文化对老年人的评判标准不同，不同社会中的文化差异导致了对老年人的不同界定和不同对待方式。在同一个社会的不同历史阶段，由于经济发展水平、社会观念的不同，也会存在这种差异。例如，在中国传统社会中不存在普遍的老年人问题，原因在于在传统的家庭伦理、家庭规范中老年人被认为应该得到尊重和尊敬，老年人是智慧与能力的象征。而在当前社会中，在家庭发展主义的逻辑之下，老年人被当作累赘和负担。

在中国农村传统的文化语境中，个体之于家庭的价值主要是由其在家庭内部的身份或位置来决定的，传统社会的家庭内部盛行"长老统治"或"家父长制"，家庭权威主要集中在家长手中，而家长一般情况下是由年龄和辈分最高者担任。在此情况下，个体老化的状态本身就是有价值的，老年人是智慧、能力与经验的象征。因此，"家有一老，如有一宝"在当时的社会中具有真正的内涵和意义。并且，在当时的社会中，个体在家庭中的地位与资源获得能力也是由其所拥有的身份决定的，因此，老年人往往都会受到尊重和优待，家庭内部有限的资源会优先分配给老年人。值得注意的是，传统社会中的老年人自身也认为他们在家庭中应该享有特权，因为他们完成了传宗接代的人生任务，在年轻的时候也为家庭奋斗过，可谓"上对得起祖先，下对得起子孙"，因而在年老时安享晚年是理所应当的。正是在这种"自重"与"被重"共存的文化中，传统社会中的父代在完成有限的人生任务之后能够真正获得价值的圆满感，并安心地享受天伦之乐。

而在现代化背景下，家庭发生了深刻的转型，在扩大化家庭再生产模式中，对个体的价值评判不再依据其在家庭中的身份和地位来决定，而是依据对家庭的财富贡献而定，"劳动价值论"成为转型时期家庭内部新的评判标准。扩大化家庭再生产模式强调通过家庭资源集聚的方式最大可能地实现家庭发展的目标。随着劳动能力的退化以及疾病风险的不断增加，老年人不仅不能为家庭创造财富，而且还会消耗家庭部分财富，老年人在家庭内部逐渐成为一个纯粹的消费者。在此情况下，年轻的子代觉得老年人是累赘，老年人也认为自己给子代及其家庭带来了负担，因此，"老人无用"成为年轻人和老年人的共识。且看以下一位老年人对"老人无用"的认识。

> 案例 5-8：安阳南村的 SXQ，女，71 岁。当笔者问她"现在老年人在家庭中的地位如何"时，她用一种略带失望与辛酸的语气说道："地位？老年人现在哪里还有地位？政府说'家有一老，如有一宝'，宝什么宝，老人就是垃圾，就是废品。我们老人之间经常开玩笑说'你快到废品年龄了'，'你快到垃圾年龄了'。"SXQ 在说这些话时，我看到她眼里开始泛着泪光，我继续问："什么是垃圾年龄？"她答道："不会干活了，不能自己挣钱了，要靠儿子给养老钱了，就是垃圾年龄了。啥事都要靠别人了，就是垃圾年龄了。"
>
> （河南安阳南村，SXQ，女，71 岁，2016 年 5 月 31 日访）

SXQ 的感受绝非个案，很多不能劳动的老年人都觉得自己给子代家庭增加了负担。因此，失去劳动能力和财富创造能力的老年人普遍背负了较大的心理压力。一方面，他们非常自责、内疚，认为自己拖了子代家庭的后腿，因而期盼能够早点死，从而给子代家庭减轻负担；另一方面，他们又不能轻易地结束自己的生命，因为这会让子代家庭在村里抬不起头，背负一辈子的罪名。正如安阳南村一位老人所言："自杀上吊，给孩子丢脸，别人会说孩子不孝顺，（如果）孝顺，老人还会自杀？老人要顾及孩子的脸面。"因此，老年人往往通过压缩自身开支的方式尽量减轻子代家庭的负担，并且在家庭生活中小心翼翼，处处忍让、妥协。

一旦连老年人自己都认为自己是累赘，是子代的负担，生活对于他们就没有任何意义可言，他们活着不是为了自己，而是为了子代的面子。因此，在北方村庄，虽然老年人失去了财富的创造能力，但是他们的存在仍然承载着基本的伦理表达的意义。随着年龄渐长，父代的财富创造能力越来越小，且疾病的风险必然带来家庭资源的消耗。这种状态不仅将老年人带入深深的不安与歉疚之中，也很可能导致子代在面临多重抉择时承载着道德风险或者经济风险（桂华，2016b），子代的艰难选择又使得老年父代越发体验到生命的沉重。因此，在扩大化家庭再生产模式下，年老的父代并不能从完成人生任务的过程中获得价值实现的完满感，反而由于自己劳动能力的弱化而陷入深深的内疚之中。

二　老年家庭残缺与自我的孤立

在扩大化家庭再生产模式之下，不能为家庭创造财富的老年人显然是没有价值的，"老人无用"因而成为年轻人和老年人的共识。在此背景下，老年人只能从子代那里获取最基本的生活物资，维持底线生存。这是由子代对父代残存的孝道伦理和村庄舆论压力共同塑造的，如果子代连最基本的赡养都不能做到，那么会遭到村庄舆论的谴责。但是，老年人难以从子代那里获得任何情感慰藉。

案例 5-9：现在的社会风气很不好，都是向钱看，把传统文化都丢掉了，家风家教都没了。我们这里打骂老人的不是很多，但是一般（年轻人）都不理睬老人。我生活我的，你生活你的，老人有病，或者有思想问题，年轻人都不关心，不闻不问。现在的普遍看法是，人老了，就成了累赘了。老人还能做事的还好，老人一旦做不了事了，就是负担了，子女就嫌弃老人，对老人漠不关心。老人觉得活着累得很，很孤单。

（河南安阳南村，DZX，男，65 岁，2016 年 6 月 22 日访）

老年人似乎也已经习惯了子代对自己"不闻不问"，他们在丧失劳动能力且认识到自己成为子代家庭的负担之后，会走向相对的"自我孤立"。老年人的自我孤立主要是指，他们自觉地回避子代家庭在物质资源和情感方面的回馈，在压缩自身需求的同时走向自我锁闭。在调研中笔者发现，当前北方农村老年人的生活极其单一。老年人早上一般都起得特别早，夏天时他们通常五六点就起床，冬天会稍微晚一些。起床后，一般会去自己或子代的地里看一看，做一些诸如拔草、除虫等轻松活，到了八点左右回家吃早饭。上午，劳动能力较强的老年人一般会去地里干活，劳动能力较差的老年人则在家帮助子代做些家务，或是在家门口闲坐。北方的白天时间相对较长，因此老年人都有午睡的习惯，一般睡到两点多起床。下午的活动安排与上午类似。当地人一般七点左右吃晚饭，晚饭后的时间相对闲散，行动方便的老年人会去村里大街上逛一圈，但一般不去串门，只是和正好碰上的村民闲扯几句，拉拉家常；而行动不便的老年人则只能坐在自家大院门口，偶尔有村民路过时会打个招呼。老年人一般不看电视，部分老年人有听广播的习惯。总体来看，老年人的生活较为单调，对于有一定劳动能力的老年人而言，他们的大部分时间消耗在土地上，过得相对充实；而对于那些丧失劳动能力的老年人而言，他们的大部分时间只能在家里度过。对于前者来说，劳动能带来一定的意义和乐趣，因而他们对生活还有一定的期待；而对于后者而言，他们完全成为家里"吃闲饭"的人，生活相对无聊和无趣。

在调研过程中我们发现，子代和老年父代之间的交流非常少，即使他们住房相距很近也是如此。当前北方农村的老年人已经很难从子代那里获得情感支持，这进一步突出了老年父代家庭完整的重要性，突出了"老伴"的情感功能。因而，对于那些夫妻双方都健在的老年人来说，虽然在物质上可能比较贫困，但由于夫妻俩相互支持，相互照顾，普遍呈现较好的精神面貌。而一旦夫妻双方中有一人去世，老人就会有深深的孤独感，生活对于他们而言就变得黯然失色。笔者在调研过程中遇到很多单身老人，当谈到自己的生活状态时，大部分流泪了，他们流泪不是因为生活太清贫，而是老伴的过世给他们带来的孤独感和生活的无意义感。

案例 5-10：安阳南村的 WHG，男，72 岁，有三个儿子两个女儿，老伴在四年前去世。WHG 一个人单独居住，三个儿子每人每年给老人 500 元的养老钱，此外还有当小队长所获的工资（每年 1100 元）和国家基本养老金（每月 70 元左右），这将近 3600 元钱是其一年的全部收入。由于生病开销较大，因此他每年的钱都不够用，每年下半年都会向邻居借几百元周转。他生活过得比较清苦，但物质上的清贫并没有打倒他，唯一让 WHG 伤心和难受的是老伴的去世。当谈起老伴时，WHG 含着眼泪说：“我觉得自己过得不好，主要是老伴去世后不习惯，一个人就孤（独）了。我心里不快乐，思想上有问题，心里不高兴，少了一个人，没人可以说话。一个老人（老伴去世）的都过得不好，都不行。自己过得不好，就不想去人多的地方坐，心里觉得难受。一个人又做饭又洗锅刷碗，还不如早点死了好。儿子们对我还可以，就我自己觉得不中，一个人太孤（独）了。”

（河南安阳南村，WHG，男，72 岁，2016 年 5 月 28 日访）

“自我的孤立”更多的是对老年人精神状态和心理状态的呈现，它表明老年人难以从子代家庭中获得精神慰藉，而只能从老伴那里获得精神支撑。一旦老伴过世，老年人唯一的精神支柱也没了，这时的老年人就会觉得特别孤独。

三 仪式中的他者

丧葬仪式是人类学研究领域中的一个传统话题。在人类学的视野下，丧葬仪式是围绕死亡而展开的一套过渡仪式，弥合生与死之间的断裂。北方农村素有厚葬的传统，厚葬不仅体现在整个丧葬仪式需要花费较长的时间，如关中地区的丧事一般需要办 7—10 天，其余北方农村的丧事一般至少办 3 天，还体现在丧葬仪式过程中呈现的仪式性与规则性，对礼仪规矩的遵循和张扬成为葬礼的特点。以笔者调研的陕西关中金村为例，当地的丧事一般是办 7 天，在这 7 天中依次要完成以下事项：为亡者沐浴、更衣—请阴阳先生—报丧—过三天（入殓）—打墓与守墓—迎客—开追悼会—出殡—下葬。其中有的事项是从第一天一直持续到第七天，如打墓；而有的事项则必须在特定的时间内完成，如入殓、开追悼会等。每一个环节都有很多礼仪规范需要注意，正是在有条不紊的礼仪实践中，死亡所带来的恐惧和忧虑被各种仪式呈现的道德力冲淡了，从而化解了死亡所带来的生与死之间的断裂，使得丧葬仪式呈现"哀而不伤"的基调。具体而言，富有仪式性和规则性的丧葬仪式可以达到以下几个目的：一是安慰亡灵；二是慰藉死者亲属，并且通过这一仪式场合重塑以死者为核心的社会关系；三是生者在此过程中可以学习到关于死亡的知识，丧葬仪式上对死者的尊重，为生者提供了预期，并使生者能够了解死亡并坦然地面对死亡。

仪式的"礼"化是理解关中地区厚葬的关键，也是理解传统中国社会丧葬仪式的核心要素。丧葬仪式并非一种集体性的神圣狂欢，而是诸多礼仪规范的遵循与展演，且这些仪式都是具有内涵的，而非形式化的。丧葬仪式的主要参与者是死者的亲属、邻里、朋友，但一切的仪式规范和社会关系是以死者为中心来界定的，即死者的自然生命虽然不复存在，但其道德生命犹在，因而死者也参与了整个仪式。死者在丧葬仪式中不是作为"他者"而存在，而是作为仪式的核心而存在。

然而，在现代化进程中，北方农村的丧葬仪式也正在经历重大的变迁，且变迁的路径和方向有所差异，大体呈现两种完全不同的趋势：其一，一些地方丧葬仪式办得越来越隆重，排场越来越大，花钱越来越多，但却越来越形式化；其二，一些地方丧葬仪式极其简化，有的地方甚至免去了最基本的仪式，一天之内就将死者火化并埋葬。这看似相悖的两个变迁路径其实是一体的，过度的仪式与没有仪式其实都是"反仪式"的，它们都已经丧失了传统丧葬仪式所具有的价值感与庄重感。

首先来看第一种类型的变迁，即过度隆重的丧葬仪式。笔者在调研中发现，当前很多农村的葬礼都办得越来越隆重，其突出表现是花钱越来越多、形式越来越丰富、排场越来越大，然而，丧葬仪式本身所承载的传统价值内核却越来越稀薄，甚至被完全异化。以陕西关中金村为例，该村从

20世纪80年代以来白事就是办7天，但最近几年，办白事的花费越来越多。当地最近几年办一场白事要花费四五万元，这对于普通农民家庭而言是一笔很大的开支，其主要支出项包括：棺材，八九千元；请乐队，五六千元；请人打墓和固墓，三四千元；其余主要花费在酒席上，包括菜、烟酒。其中请乐队是新增的消费项目，酒席上的大操大办也是主要的消费。对此，村民不堪重负，却又不得不紧跟潮流。

> 案例5-11：办一场白事要三四万，太浪费了。但是不办别人又会说，说你老人辛苦了一辈子，结果办得这么寒酸，你看人家是怎么办的（丧事）。儿子心里就会有压力，亲戚邻居都会谴责。有钱人轻轻松松就可以办好，没钱人借钱也要办好，形成了攀比的风气。办一次丧事，家庭经济暂时都被拖垮了。村民都深恶痛绝，但就是没有一个好的办法，政府没有文件，村民自己降不下来，自己降下来了会受议论。
>
> （陕西关中金村，GZ，男，55岁，2014年7月12日访）

因此，丧葬仪式越来越成为生者之间面子竞争的重要载体，成为村民展示和比拼经济实力的一个舞台，尤其是当仪式的排场、消费与对死去父代的孝心关联在一起时，仪式的"虚假繁荣"便具有了持续的动力。为了最大限度地展示主家的经济实力并吸引关注，丧葬仪式中表达哀思和亲情的传统戏曲项目逐渐被欢快的现代歌舞取代，在丧礼中"请乐队"在最近几年成为常规项目。据村民介绍，乐队刚开始也是演唱一些表达悲伤的歌曲，但后来逐渐变为演唱欢快歌曲，并且还开始有年轻女孩跳现代舞蹈，丧礼中呈现一片"欢声笑语"。对此，除了一些老年人无法接受以外，大部分村民对乐队是接受的，他们认为这样比较热闹，唱戏曲没人愿意听。有学者在调研中发现，一些地区还出现了在丧礼上跳脱衣舞的现象（贺雪峰，2013b：35—41），这是丧葬仪式被异化的极端表现。

过度隆重的丧葬仪式只是表面的繁华，丧礼排场上的隆重与礼仪价值的弱化同时呈现。过去的"厚葬"主要是指在仪式和程序上的纷繁复杂，而现在的"厚葬"更多是指消费上的大操大办。在传统的"厚葬"中，死者在整个仪式中作为核心而存在，一切的仪式、规则都以死者为核心，由此参与者才会有价值感和仪式感。而当前农村中的"厚葬"则是以生者（尤其是子代）为核心，大操大办的目的是展示生者的经济能力和社会关系，一定要通过外显的方式将之表现出来，如花钱请乐队、提高酒席档次等，而这一切与死者没有多大关系，死者作为丧葬仪式中的"他者"而存在。参与者在感受乐队带来的暂时娱乐和喧嚣之后，也难以获得任何仪式感和意义感。

其次来看第二种类型的变迁，即过度简化的丧葬仪式。以笔者调研的山东郭村为例，根据村民介绍，当地在中华人民共和国成立前办白事还办得相当隆重，有很多礼仪讲究，而大约从20世纪60年代开始，随着政府对火葬政策的强力推进和执行，丧葬仪式在当地越来越简单。丧礼极度简化体现在以下几个方面：一是办白事的时间特别短，一般是一天，最多两天；二是参与的人员很有限，一般只有亲戚参与，小组或村庄内普通村民之间不相互参加；① 三是白事办得很冷清，既没有各种传统仪式，也不放鞭炮。近两年，当地政府推行移风易俗，倡导"喜事新办、丧事简办"，但当地的红事规模并没有明显的改变，反而是本已经足够简单的白事变得更为简单，这主要表现在以前办白事时孝子一般要穿丧服、戴礼帽等（这是丧葬仪式上孝道的基本表达），而现在孝子不用穿丧服，只戴一个青袖即可。并且，当地农民已经完全接受了白事简办，老年人也同样如此，大部分农民都持以下看法。

案例 5 - 12：白事简简单单的好，热闹了耽误工夫，既花钱，又花时间。人都死了，无所谓，活着的时候多孝敬一下，死了花那么多钱他也不知道。活着的时候给他吃、穿，就是孝顺，死了热闹也没什么用。

（山东淄博郭村，SD，男，52 岁，2016 年 5 月 10 日访）

---

① 而在我国大多数农村地区，白事都是村民小组内的公共事件，小组内的成员全部参加。

大操大办、借丧葬仪式彰显面子的行为固然不可取，但过度简化、完全没有任何仪式的丧葬仪式同样是存在问题的。"当农民越来越不将死当回事时，便不会获得生的价值，因为死是生的延长，死的虚无就是生的虚无。"（贺雪峰，2013b：41）丧葬仪式的基本目的是化解死亡造成的生与死之间的断裂，以慎终追远，因而适度的仪式过程可以建构一个道德空间，将不同的生者纳入其中，死者道德生命借由与这些生者的关系而达成和被确认，并得以延续。死者道德生命的延续又进一步化解了其自然生命终结之于家庭和村庄秩序可能的扰乱和破坏。并且丧葬仪式建构了老年人对死亡的想象，为其晚年生活注入心灵安顿的寄托。在当前异化了的丧葬仪式中，仪式被过度简化、压缩，或者过度铺张浪费，死者作为仪式中的"他者"而存在，生者也难以从中获得仪式感和价值感。自此，老年人可能获得价值体验的最后通道也被阻塞了。

第五节　小结：新家庭伦理

在这一章，笔者从价值层面讨论了扩大化家庭再生产的展开过程与运行机制。笔者在第二章强调，当前农民与现代性的遭遇仍然是在地方性社会中完成的。农民与现代性的遭遇所植根的地方性社会情境为现代与传统的结合奠定了基础。现代性的流动、发展与风险等要素与家庭本位之间的关联，既延续了农民家庭本位的观念，也在原有的家庭本位观念中注入了新的目标，进而重构了农民的价值体系和价值实现过程。农民的价值实现是立足于凡俗的日常生活的，当父代的本体性价值在现代性的刺激下被极度地释放时，必然压缩其社会性价值和基础性价值实现的空间。基础性价值、社会性价值和本体性价值本应是一个统一体，只有当三者达到一种和谐与均衡时，才可能形成真正的伦理本位。如果失去了基础性价值和社会性价值的支撑，过度强化的伦理性价值可能难以持久，走向盛极而衰的命运。

梁漱溟（2014：79—82）在《中国文化要义》一书中指出，家庭本位与伦理本位是一体两面的。伦理本位依托家庭而实现，家庭本位的核心是伦理本位，二者共同建构了中国家庭区别于西方家庭的本质性差异。在扩大化家庭再生产模式下，父代仍然基于家庭本位的逻辑行事，但在家庭生活展开的过程中、在家庭发展主义的目标之下，新的家庭伦理被塑造了。新家庭伦理与传统家庭伦理的区分在于，新家庭伦理肯定了家庭的发展主义目标，强调了父代为子代无限付出的伦理意涵，从而将"恩往下流"的代际关系内化。新家庭伦理因而摒弃了传统的家庭本位逻辑，后者立足于家的整体性，新家庭伦理承认和尊重子代家庭发展目标的优先性，并极大地减轻了子代家庭"向上"的伦理责任，从而赋予失衡的代际关系以合乎转型时期家庭绵延的正当性。新家庭伦理适应了扩大化家庭再生产，具体体现在"父代 → 子代"这一轨道上。在另一条轨道上，即子代对父代的反馈，则越来越缺少伦理的保证。子代将父代的这种伦理输入理解为一种交换养老的理性预期，并据此向父代进行理性反馈，伦理与理性的双轨互动导致扩大化家庭再生产过程中父代对子代的价值依附。由此可见，现代性进村的最大悖谬在于，没有表现为单纯的"解传统化"效应。中国家庭的实体性和地方社会的相对自主性，意味着现代性并不是直接与孤立的个体互动，现代性的力量和压力在进入地方性社会的过程中，经过家庭的过滤和折射，产生了更加复杂的效应。

正如吴飞在《自杀作为中国问题》一书中关于自杀的提问：自杀为什么没有成为中国人的社会问题。我们也可以在此发问，当前农村老年人危机为何没有成为社会问题？笔者发现，以上这套新的家庭伦理可以很好地容纳并进一步推进第三章和第四章关于家庭转型中家产配置和家庭政治失衡的讨论。结合这里关于新家庭伦理的讨论，就会发现，在资源和权力层面之外，新家庭伦理锁定了扩大化家庭再生产中父代的弱势地位，进而锁定了家庭转型中的农村老年人危机，从而使得老年人危机没有溢出家庭成为一个"社会问题"。

在此对于"新家庭伦理"的论述也论证了中国家庭现代化的独特路径，与西方的家庭现代化相比，中国的家庭现代化不仅表现为家庭功能的外移和家庭的祛魅化，而且，家庭本位在新的形势下释放了相当大的能量，并转化为对父代的伦理要求和伦理自觉。由此，家庭中的伦理价值在转型社会中仍然或隐或现地存在，只是这些家庭伦理和价值在发展主义的目标面前被过度利用或异化。这也正体现出中国家庭的韧性，这种韧性主要植根于中国家庭特有的价值模式和动力机制。也正是当前农民家庭中"家庭本位"所产生的强大价值动力，才使得发展主义的现代性目标能够有效嵌入农民家庭再生产的过程之中，并且在二者之间形成一种相得益彰的捆绑关系。

随着家庭转型的完成和中国社会转型的完成，农民原有的价值体系也许会彻底瓦解，以私人化和个体化为特点的价值体验和价值模式或许最终会成为中国农民主导性的价值模式。本书对家庭再生产过程中农民价值世界的经验分析揭示了这个转型的路径和机制。新家庭伦理并不是一种抽象的适用于家庭所有成员的普遍伦理，它在现代性压力和发展主义目标的引导下进行了具体的调适。只有深入家庭转型过程的具体性和复杂性之中，才能真正触摸到农民价值世界多维度和多层次的变迁，从而理解扩大化家庭再生产过程中父代农民的价值体验、行为逻辑和生活状态。

第六章

老年人危机的本质

在前面三章中，笔者分别从资源、权力和价值三个层面，对现代性进村背景下农民家庭扩大化再生产进行了"过程－机制"分析。过程－机制的分析策略为我们理解农民家庭再生产过程中老年人危机的来龙去脉提供了非常重要的视角。在以上内容铺垫的基础上，本章的研究重心将从家庭再生产转向对老年人危机本质的讨论。

农村老年人问题一直以来都是学界关注的焦点，但已有研究主要将老年人问题视为"养老问题"，因而老年人问题就被转化为老年人能在多大程度上获得物质支持和生活照料的问题。在此视角下，老年人被视为"养"的对象。在家庭养老的理想与现实之间产生差距时，老年人问题就从家庭溢出，外化并被建构为一个社会问题，因此，基于养老视角对老年人问题的关注就很容易与政策研究对接。当然，这一研究视角对于从政策层面改善老年人的生活状况有很大助益，但不足在于，以"养老问题"替代了对"老年人问题"本身的认识和理解，从而忽视了老年人危机的复杂性、深刻性和丰富性，难以形成对老年人危机的系统性理解。事实上，养老问题只是老年人危机的一种可能后果。我们的问题是：如果解决了"老有所养"的问题，则是否因此必然能够化解老年人危机？

在笔者看来，"老年人危机"的根源不在于"养"的缺位，而在于现代性进村背景下农民家庭转型带来的家庭再生产模式之变。扩大化家庭再生产模式是家庭转型之所以可能的核心。通过扩大化家庭再生产模式，现代性的力量进入农民家庭内部，重塑了代际互动的模式和父代老化的路径。本书透过家庭转型的逻辑来理解当前农村的老年人危机，并将家庭转型进一步转化为家庭再生产模式的转型，从而将老年人危机放置在农民家庭再生产的过程中，认为老年人危机是扩大化家庭再生产的必然产物。前文笔者以传统的简单家庭再生产模式为参照，分别从家庭资源、家庭权力和家庭伦理等层面深入剖析了扩大化家庭再生产的运行机制。在论述中，笔者始终聚焦于现代性进村背景下以父代为主体、以子代为对象的代际互动和代际更替过程。对于父代而言，当前的家庭再生产过程实际上是向子代进行家产转移、权力让渡和价值依附的过程，这也是父代家庭"老化"的基本路径。扩大化家庭再生产模式下父代"老化"的家庭脉络为我们洞察家庭转型过程中的老年人危机提供了绝佳的窗口。

第一节　嵌入家庭再生产的"老化"过程

众所周知，年龄差异是生物学现象，这是常识，然而年龄差异也有深刻的社会意义，年龄范畴是形成人们相互关系的基础（赫特尔，1988：295）。在人类文明的比较视野中，各种文化对老年人的安顿方式呈现了相当的差异。西蒙斯告诫我们，不要忘掉各种文化对老年人的态度、对既成问题的适应以及给予老年人的机会都是不相同的（赫特尔，1988：300）。事实上，不同的文化规范不仅存在于不同的文明体之间，而且也存在于同一个文明体的不同阶段。当然，作为一项经验研究，直接利用"文化规范"这样的概念将导致经验分析缺少着力点。实际上，在中国文化语境和农村现实情境中，家庭是中国社会结构和文化心理的基石，家庭再生产的不同模式具体建构了老年人在家庭中的不同处境和状态。因而，"老化"嵌入家庭再生产的过程中，不仅仅是个人与社会直接互动的产物。对复杂变迁时代中农村老年人处境的认识，一方面要纳入现代性进村的时代背景，另一方面，现代性对农民生活的影响力也绕不开家庭，即现代性是通过家庭来实现对个体的最终塑造和影响的。

从村庄社会发生的一般过程来看，村庄是血缘关系的扩大化，并在此基础上逐渐形成了血缘和地缘关系之间不同的配置样态（陶自祥、桂华，2014）。由此可见，家庭虽然存在于村庄社会场域中，但表现出一定的自主性和能动性。当然，家的实体性内涵远不只这一点。提及这些的目的是强调对中国农村老年人危机的机制研究不能局限于个体与社会互动的框架，还要进入农民具体的家庭过程中（当然是在村庄场域过程中），只有在家庭再生产展开的过程中，个体与社会的互动模式及其变迁逻辑才能获得具体分析的支点。

例如，社会学一般将老年人视为一种年龄群体，老年人的地位植根于特定的年龄分层结构。这种视角忽视了老年人所嵌入的更为重要的家庭结构，直接将老年人放置在社会分层的视野中。实际上，年龄分层是否具有建构社会分层的能力，取决于一定的条件。传统社会以亲属关系和扩大家庭为制度支撑，形成了以年龄分层为依据的社会体系，这一社会体系通过简单家庭再生产的模式持续存在。这套社会体系有效地保证了老年人的地位，当每个农民参与到家庭再生产的过程中时，他们对未来具有明确预期，家庭内部的资源配置、权力配置和价值实现模式都赋予了老年人特权地位。在这个意义上，简单家庭再生产由老年人主导，同时它也再生产了作为长老权威的老年人，因而，身体层面的"老化"过程变成了社会学意义上的伦理化过程。

与之不同的是，扩大化家庭再生产模式改变了农民"老化"的逻辑和路径，并最终影响到了老年人的生活机会、权力地位和价值体验。在这个意义上，扩大化家庭再生产模式消解了年龄分层的基础，老年人不再能够依托年龄本身而享有较多的资源、较高的地位和完满的价值体验。因而，在扩大化家庭再生产模式下，"老化"的过程也就成为老年人的问题化过程。

第二节　老年人危机的生成路径

一　双重路径

本书以现代性进村为背景，基于当前北方农村农民的家庭生活历程，阐述了扩大化家庭再生产的展开过程。父代通过参与家庭再生产过程，不仅再生产了充满活力的子代家庭，而且也再生产了其自身。在这个过程中，父代家庭的生存处境和行为逻辑持续受到扩大化家庭再生产机制的影响。

当然，在前文的具体讨论中，笔者关于家庭再生产过程的讨论在一定意义上可以视为对扩大化家庭再生产"典型过程"的讨论。所谓"典型过程"，在此可以理解为对复杂多样的经验现象和生活历程的一种抽象，它将家庭再生产还原为一个父代家庭与一个子代家庭之间就资源、权力和价值等要素发生的持续的代际互动过程。"典型过程"这一概念借用了马克斯·韦伯（1998：15—19）理想类型的方法论视角，即从转型期家庭运行的经验出发提取出的理想型。在本书的语境中，"典型过程"主要是指中年父代家庭与青年子代家庭在家庭再生产过程中的代际互动。如果"典型过程"的时间跨度始于父代为子代的婚姻筹划，且持续至父代生命的终结，子代会接替成为父代并为其下一代操劳，那么，"典型过程"所展现的家庭再生产机制则并未纳入家庭运行过程中的多重代际互动：它涉及中年的父代在老化过程中与子代的互动模式，却并未讨论其作为子代与其老年父代的互动模式。

问题是，农民家庭再生产的复杂性在于，家庭再生产是在持续的时间流动中展开的过程，必然存在"代"的多重性：在任何一个特定的时间节点共时性存在着的往往不只是一个简单的父代家庭与子代家庭的关系，还存在着作为子代的父代与其更上一代老年父代的关系。即在农民家庭再生产的过程中，一般存在着青年子代、中年父代和老年父代三代人之间的互动。在家庭转型的背景下，一方面，不同的"代"嵌入的社会历史过程具有明显的差异，但另一方面，这些不同的"代"同时卷入了现代性过程，虽然他们在扩大化家庭再生产过程中的功能定位不同，且通往老年的路径有所差异，但是，就老年阶段的危机性而言表现出高度的同一性。

因此，为了从扩大化家庭再生产的"典型过程"进入对老年人危机的讨论，这里有必要对农村老年人群体的代际差异进行区分和说明。结合现代性进村的时间过程，笔者认为，当前农村老年人可以主要划分为两类群体，本书分别称之为低龄老年人群体和高龄老年人群体。总体来看，当前的低龄老年人主要在 20 世纪 80 年代左右及其之后成家，大致从 2000 年左右开始，他们逐渐面临子代成家立业的压力。这一代老年人目前的年龄主要在 70 岁以下。而高龄老年人主要在 20 世纪 80 年代之前完成人生任务，也就是说，这批老年人的"老化"过程外在于 80 年代以来的扩大化家庭再生产过程。这一代老年人目前的年龄主要在 70 岁以上。

需要说明的是，笔者关于老年人内部代际差异的区分，不是为了刻意突出老年人群体内部的年龄差异，[①] 而是为了强调低龄老年人和高龄老年人参与了不同类型的家庭再生产过程，因此其当前所处的危机状态源于不同的路径和轨迹。简单来说，低龄老年人是已经卷入或正在参与扩大化家庭再生产的这一群体，因此他们的危机状态主要源于在家庭再生产过程中历时性的弱势积累；而高龄老年人在其完成人生任务的阶段所经历的是简单家庭再生产，因此其当前的危机状态并非源于历时性的弱势积累，而更多是来自共时性和结构性的压力传递，这些压力通过家庭扩大化再生产的"典型过程"释放出来，并通过代际链条向上传递，从而打破了他们所延续的原有简单家庭再生产模式下的行为惯性和生活预期。由此可见，当前农村老年人危机主要有两种生成路径，分别为历时性的弱势积累和共时性的压力传递。在本节中，笔者将首先对两种生成路径进行阐释，然后再对两种生成路径之间的关系进行讨论。

二 纵向的弱势积累

"累积的优势与劣势"最早由默顿提出，在 20 世纪 80 年代被应用于老年化现象的研究，它指的是个体在某些既定特征上随时间推移而产生的系统性分化（胡薇，2009）。实际上，学界对于个体"弱势积累"这一现象已有很多相关研究，主要有以下两种研究进路。一是运用生命历程理论的分析范式，强调个体与社会之间的互动，在此视角下，特定个体或群体的弱势状态源于其生命历程中多种因素之间的相互作用。例如，胡薇（2009）提出"累积的异质性"这一概念，并从生命历程理论的视角分析老年人的分化，指出个体在老年阶段的生活状态源于其生命历程中不同事件和因素之间的相互作用。姜向群和杨善华（2009）则通过更为具体微观的研究指

---

① 需要说明的是，笔者在此做出的区分是一种相对模糊的处理，而且，年龄本身也是动态变化的，在本书中对老年人代际差异进行严格的年龄区分是不必要的。

出，女性老年人由于在受教育水平、就业比例以及收入水平上普遍低于男性老年人，在晚年生活中的弱势积累效应更加明显，面临的问题更加突出。二是代际传递的研究思路，即认为个体的弱势状态是源于上一代人的弱势传递。其中比较典型的是"贫困代际传递"理论，"贫困代际传递"这一概念产生于 20 世纪 60 年代，最早是由美国的经济学家在研究贫困阶层长期性贫困的过程中发现并提出的，它是指"贫困以及导致贫困的相关条件和因素在家庭内部由父母传递给子女，使子女在成年后重复父母的境遇，继承父母的贫困和不利因素并将贫困和不利因素传递给后代这样一种恶性遗传链；也指在一定的社区或阶层范围内，贫困以及导致贫困的相关条件和因素在代际之间延续，使后代重复前代的贫困境遇"（李晓明，2006）。在这一理论指导下，国内部分学者通过具体的数据或实证研究对我国农村和城市的贫困现象进行分析，并指出贫困家庭具有很明显的代际传递特征（林闽钢、张瑞利，2012；张立冬，2013）。

但是，如果立足于现代性背景下农村家庭转型的现实经验，就会发现，以上两种研究视角都存在内在的局限：生命历程视角虽然关注个人与社会互动过程中特定事件和因素的累积性影响，但是，由于缺乏家庭再生产层次的"过程 - 机制"分析，难以充分展现诸多因素之间的关系及其如何一步步导致老年人弱势累积状态的形成；代际传递的视角强调了代际之间的复制，却难以解释老年人境遇的具体生成机制。本书关于当前农村低龄老年人弱势积累的分析范式与以上两种研究视角均有所不同。

20 世纪 80 年代以来，现代化和市场化的力量逐渐进入并影响农村社会和农民家庭，尤其是进入 2000 年以来，随着打工经济在全国各地农村的兴起，现代性的力量开启了对乡村社会和农民家庭更加深入和全面的渗透。现代性力量进入并影响农民家庭的方式多种多样，虽然子代的婚姻是现代性力量影响农民家庭最为重要的切口，但随着子代家庭的建立，农民家庭越来越深地卷入现代性的漩涡，并持续地受到现代性压力的刺激和影响。在一定意义上讲，扩大化家庭再生产的展开过程就是农村低龄老年人的弱势积累过程，所谓的扩大化，我们可以理解为，父代将本来应该用于回馈自身的资源投入到了以向上流动为根本目标的家庭再生产过程之中。因此，对于子代而言的资源积累过程，就成为相对于父代而言的弱势积累过程，由此可以看到，在现代性进村的背景下，家庭内部的资源配置不仅是家庭内部特定时间节点的共时性配置，而且延伸到了家庭再生产的整个过程。

1. 弱势积累的内涵

在笔者看来，当前以低龄老年人为主体的老年人危机是老年人在参与扩大化家庭再生产过程中弱势积累的产物。然而，这里的弱势积累过程，既不是社会事件对个体冲击引发的创伤在个体生命历程中的印记和累积，也不是以"代"为单位的循环和再生产。现代性触发的家庭剧烈转型，深刻改变了家庭运行的节奏，打破了简单家庭再生产模式下的代际循环节奏。

在第三、四、五章中，笔者分别从资源、权力和价值三个层面展示了父代农民参与家庭再生产的机制，可以看到，无论在哪个层面和维度，父代相对于子代的处境都逐渐走向劣势，并逐渐进入底线生存、边缘地位和价值依附的境地。以此为基础，笔者认为，低龄老年人的弱势积累也是在这三个层面进行的，具体而言，弱势积累主要有两个方面的内涵：第一，时间过程中的弱势积累，由此，父代的老化过程也就成为其弱势积累的过程；第二，逻辑层次中的弱势强化，资源—权力—价值并非相互独立和并列的因素，而是一个逐级强化的链条。第二个层面的弱势强化进一步固化了时间过程中的弱势积累。于是，父代弱势积累的过程就不仅是不利条件和因素的自然叠加，而且表现出了内在的连续性和不可逆性。

2. 弱势积累的路径

老年人弱势积累的路径，主要是随着扩大化家庭再生产过程而展开的。不同于前三章以家庭再生产过程为对象的过程分析，在这里笔者主要从低龄老年人的视角，勾勒其弱势积累的基本路径。弱势积累的路径，主要体现在资源转移、权力让渡和价值依附这三条路径。沿着这三条路径，扩大化家庭再生产过程中低龄老年人的弱势积累路径不仅仅是事件性和弥散性的，而且是沿着特定的轨迹和层次而强化的。

从家产转移的路径来看，随着传统的简单家庭再生产逐渐转变为扩大化家庭再生产，家庭再生产的难度提升、目标提高、成本增加。为了完成人生任务，低龄老年人的积蓄在子代结婚时就基本被消耗完毕，甚至其前期积蓄还远远不够支付子代结婚和城市化的成本，因而大部分父代不得不透支未来的劳动力，通过借钱的方式来帮助子代结婚和实现其对美好生活的追求。因此，在子代结婚之后，低龄老年人面临还债的压力。除了债务的压力，父代还要持续支持子代家庭在流动社会和风险社会中的立足和发展。在家庭发展主义目标面前，只要还有一定的劳动能力，父代就不能退出家庭生产领域，因此，低龄老年人仍然要不断奋斗，一方面是为了实现自养，另一方面则是为了尽力地资助子代家庭，帮助子代家庭实现发展与向上流动的目标。在现代化开启的扩大化家庭再生产模式之下，父代的一生都在不断地创造资源并向子代输出资源，并突破了家产代际配置和代际传递的均衡点，在家庭资源的分配上他们处于相对弱势地位。

从权力让渡的路径来看，由于资源是主体权力实践的重要基础，资源上的弱势地位为父代在家庭权力结构中的边缘处境奠定了基础。随着家产的过度转移，父代的当家权逐渐瓦解，家庭内部的权力关系也发生转化，以扩大家庭为单位的、由父代主导的当家权实践降落到了核心家庭层次，父代在家庭政治中处于"权力失语"的状态。

从价值实现的路径来看，在扩大化家庭再生产模式下，传统家庭中富有伦理意义的代际互动逐渐被父代单向度的伦理付出取代，虽然在家庭伦理的支撑下，父代仍然认为必须为子代家庭付出，但子代对父代"回馈"一维的弱化和缺失，使得父代在完成人生任务的过程中并不能获得完满的价值体验。父代的本体性价值扩张导致了社会性价值和基础性价值的收缩，从而使得父代价值实现的矛盾随着老年阶段的到来而集中爆发。

总而言之，弱势积累的三条路径，既相对独立，又具有内在的逻辑关联，它们共同塑造了当前农村的低龄老年人危机。老年人直接参与了家庭的现代化转型，因而其危机状态是扩大化家庭再生产的直接产物。对于低龄老年人而言，由于其人生任务的完成与家庭扩大化再生产的目标绑定在一起，不得不"死奔一辈子"，并陷入无休无止地为子代付出的过程，其结果是，一方面子代可以更好地实现家庭发展主义的目标，另一方面则是在此过程中形成的父代在资源、权力和价值层面的弱势积累效应。

三 横向的压力传递

所谓压力传递，突出了当前老年人危机根源的外生性和外在性，这些来自外部社会系统的压力通过特定的渠道和机制传导到了农村的老年人群体。一些学者从"压力传递"的角度来分析当前农村的代际关系以及老年人问题。例如，杨华、欧阳静（2013）运用阶层分析的视角对当前农村老年人自杀现象进行阐释，认为"中国底层社会的绝大部分问题，通过城乡二元结构与资源积聚机制，转嫁给了农村。在农村内部，这些问题则通过阶层分化与竞争机制被分配到了农村的某些阶层……农村社会又通过家庭内部的代际分工与剥削机制，将被分配到某些阶层的底层问题，转嫁到了这些阶层的老年人身上"，并指出这是近年来农村自杀主要集中于老年人群体的根源。另有学者基于村庄田野经验提出"新三代家庭"的概念，认为在城市化背景下，"新三代家庭"一方面有利于实现家庭城市化以及向上流动的目标，但另一方面又会通过压力传递而带来中年人的压力和老年人的危机（张雪霖，2015）。压力传递视角的一个典型特点是，着眼于社会的整体分层，将农村老年人视为底层群体，因此压力传递的逻辑主要表现为压力向"低洼地带"的自然集聚。以上这些研究对笔者有很大的启发，但不足在于，既缺乏对现代性压力背景下家庭再生产机制的细致分析，也缺乏对农村老年人危机形成路径的差异化认识，因而淡化了家庭再生产作为压力积累的生产机制和压力传递的媒介机制的重要性。

通过前文分析可以看到，纵向的弱势积累是现代性直接影响和塑造的"老化"过程，它最为直接、深刻地体现了当前家庭转型的路径之差异，由此，我们形成了对奋斗于现代性浪潮中的这一代父母的行动逻辑和其对个体命运的认识。相对于他们对弱势积累的直接参与和现实体验，农民家庭中高龄老年人的处境似乎并不能通过这一路径来解释。对于当前的高龄老年人而言，他们基本在 20 世纪 80 年代之前就已经完成了传宗接代的人生任务，而当时的家庭再生产基本属于简单家庭再生产，家庭再生产主要是为了实现家庭继替和香火延续，因此父代在经济上的压力不是很大。并且，按照原有的社会惯习和农民的思想观念，父代在子代结婚之后就可以逐渐退出家庭生产领域并开始进入养老状态，并不像当前农村的父代那般为子代辛勤付出一辈子。不过，从当前农村老年人的现实处境来看，高龄老年人的状态与低龄老年人的状态具有高度相似性。因此，虽然当前农村的高龄老年人外在于扩大化家庭再生产的"典型过程"，却未能免于家庭再生产方式转型的影响。

为了解释当前农村的高龄老年人危机，笔者提出了"压力传递"的概念。相对于弱势积累所体现的代内的纵向维度，压力传递体现了代际的横向维度。这就是说，在家庭扩大化再生产逐渐展开的历时性过程中，中年父代不仅与青年子代发生互动，而且也与上一代的老年人发生互动。高龄老年人的老化过程与低龄老年人的老化过程是一个并行的时间过程。因此，农民始终处于绵延不断的"代际更替"过程之中，中年父代不仅以"父"的身份与其子代互动，同时也以"子"的身份与其"父"互动。当然，对上的互动与对下的互动有着本质的区别。对下的互动也属于扩大化家庭再生产的"典型过程"；对上的互动则主要表现为压力向上传递的过程，进而将外在于家庭扩大化再生产的老一代卷入了家庭现代化转型的漩涡之中。因此，高龄老年人的危机境遇不是直接源于其在完成人生任务过程中的弱势积累，而是来自共时性在场的中年人和青年人带来的压力传递。这是理解高龄老年人危机生成路径的主要视角。

在压力传递的视角下，父代的行动逻辑被放回到更为复杂的家庭情境和更为多元的家庭关系之中。具体而言，家庭再生产过程中的代际互动可以划分为两个层次，笔者将"典型过程"中中年父代与年轻子代的关系称为"一阶"代际关系，将中年父代与其上的老年人之间的关系称为"二阶"代际关系。扩大化家庭再生产不仅导致了以中年父代为基础的弱势积累和压力累积，造成了"一阶"代际关系的逐渐失衡。而且，失衡的压力逐渐突破了"一阶"代际关系进入到了"二阶"代际关系之中，即高龄老年人也被卷入家庭发展的现代性压力之中。这样一来，中年父代家庭承受的底线生存、边缘地位和价值依附的处境，通过次级的压力集聚和传递机制，在老年父代身上进一步集聚和放大。

由此可见，虽然当前的高龄老年人并没有直接参与扩大化家庭再生产这一过程，但是，扩大化家庭再生产对发展主义目标的追求，使得家庭内部所有的资源都要被整合和利用起来，从而形成"恩往下流"和"责往上移"的代际转移机制。具体而言，"恩往下流"是指为了应对家庭发展，尤其是年轻一代进城的压力，家庭内部所有的资源自上而下地向子代家庭集聚；而"责往上移"则是指家庭发展的压力和成本都通过自下而上的方式向中年父代家庭转移，父代因此陷入扩大化家庭再生产过程而难以自拔，并且，在一层一层的代际关系中逐渐累加的压力最终传递到了代际链条的顶点，从而使高龄老年人也被卷入压力之中。

因此，本书所指的压力传递的过程是自下而上并逐渐累积和放大的过程。高龄老年人经常挂在嘴边的一句话是，"儿子也不容易，儿子也有负担"，因此，当他们因为不能劳动而需要其所在的扩大家庭付出养老资源时，或者是生病需要家庭花费时，他们都会陷入深深的自责与愧疚之中。这种愧疚感消解了他们对子代养老的稳定预期。在一些地区的农村，甚至普遍形成"老人老了就该死"的观念（杨华、范芳旭：2009；陈柏峰，2009）。此外，扩大化家庭再生产模式还形成了新的价值评判体系，即个体在家庭中的资源获取能力以及在家庭中的地位是由其对家庭的贡献决定的，因而，缺乏劳动能力的高龄老年人处于弱势地位，"老人无用论"兴起。

在此，需要进一步追问的问题是，压力传递在家庭中是如何可能的，进而，现代性的力量何以能够将几乎所有的家庭成员（包括本来无直接关系的年龄群体）卷入扩大化家庭再生产的机制之中？

很显然，以家庭再生产机制为基础，现代性带来的家庭发展主义目标转化为农民的价值性认同和地方性规范，由此重塑了地方性规范的核心内容。当中年父代为了子代承受了很大的代价时，上一代的老年人必然改变对子代乃至孙代的预期，走向对自我的否定。当家庭发展与向上流动成为终极目标，在家庭资源有限的情况下，横向的压力传递就被合理化和正当化，并逐渐成为一种新的家庭伦理融入地方性共识，从而维系和不断再生产以剥削父代为核心的失衡的代际关系。实际上，前者主要强调压力传递所形成的客观背景，而后者则主要强调高龄老年人自身的"自觉"，在家庭发展主义目标面前，高龄老年人意识到自身的存在不能为家庭带来资源的增量，反而会消耗家庭不多且有限的资源，因此他们会形成对子代家庭的愧疚感，正是这种愧疚感进一步强化了将家庭压力传递给老年人的正当性与持续性。

扩大化家庭再生产也是以家庭为基本单位的，因而能够将其发展的压力在家庭中内部化。发展必然是有代价的，而不能为家庭发展直接贡献资源的老年人就成了代价的直接承担者。

第三节 老年人危机的属性

从老年人危机的形成路径来看，扩大化家庭再生产过程蕴含了两条理解老年人危机生成的脉络。其中，纵向的弱势积累反映了转型家庭直接迎接并承受现代性力量的过程，构造了父代"老化"的基本脉络。纵向的维度强调了家庭再生产的过程性，在这个过程中，今日的中年父代是未来的老年人，所以我们主要聚焦于中年父代家庭的行动逻辑和命运轨迹。而横向的维度强调了家庭再生产的结构性，也就是说，无论从哪个时间节点来看，扩大化家庭再生产内部积累的压力和能量必然以不同的方向和强度释放到家庭所有成员中，从而突破"典型过程"中的代际互动框架。总体而言，横向的压力传递建立在纵向的弱势积累基础之上，弱势积累则为压力传递和压力分配结构之维持提供了动力和方向，随着弱势积累的持续展开，扩大化家庭再生产过程中的压力越来越向上转移。由此可见，如果着眼于老年人的主位视角，扩大化家庭再生产是非正义的，它奠定了老年人危机的基础。

结合以上所述，笔者接下来具体阐释农村老年人危机的形态。基于现代性背景下的家庭转型，当前北方农村的老年人危机主要表现为以下三个层面：底线生存、地位边缘和价值依附。本节首先以第三、四、五章的论述为基础，对老年人危机的三个层次进行简要概括，接着重点论述这三个层次之间的关系，进而理解当前农村老年人危机的本质属性。

一 农村老年人危机的表现

中国的家庭具有独特的性质，不仅是一个财产单位和政治单位，同时还是农民价值实现的基本载体。因此，农民的家庭再生产包括家产配置、家庭权力关系的交接和价值传递三个层面。在现代性背景之下，农村的老年人危机嵌入农民家庭再生产的过程之中，因此要从资源、权力和价值三个层面对当前农村的老年人危机进行分析和理解。

第一，在资源层面，老年人危机体现为老年人在物质生活层面的底线生存状态。自20世纪80年代开始，尤其是进入21世纪以来，现代性因素的渗入形塑了农民的扩大化家庭再生产模式，在此模式之下，家庭再生产的难度增大、成本提升，家庭再生产意味着不仅要完成家庭的继替，而且还要实现家庭的发展与向上流动。因此，父代面临的压力越来越大，负担越来越重。但是，为了保证家庭的再生产，完成自己的人生任务，父代不得不默默地承受所有的压力。这种压力最直接地体现在物质层面的家产积累，即为了让子代顺利结婚，并尽量让子代过上好的生活，父代要不断地为子代家庭付出。高额的彩礼往往倾尽父代毕生的资源积累，甚至透支未来的劳动力，同时，子代家庭向上流动的竞争性压力也持续地影响着父代的行动逻辑，颠覆了家庭内部资源流动的方向和模式。子代结婚成家没有构成父代人生任务的终点，父代不仅要面临还债的压力，还要承担抚育孙代、自养以及继续为子代家庭输送资源的压力。"劳动至死"和"死奔一辈子"成为当前北方农村父代家庭的常态，但父代为子代家庭的持续付出却没有换来子代厚重的物质回馈和父代享受老年生活的心安理得，父代在有劳动能力时以自养为主，而一旦失去劳动能力之后则通过不断压缩自身需求的方式来减轻子代家庭的负担。在为子代家庭操劳一辈子之后，父代往往只能过上能生存下去的老年生活。

第二，在家庭权力层面，老年人危机表现为老年人在家庭中的边缘地位，即权力上的缺失。现代化和市场化力量的进入逐渐改变了家庭的权力结构和权力运行规则，传统时期老年人在家庭权力结构中的主导性地位逐渐受到挑战。随着子代的崛起和媳妇地位的提升，家庭权力重心逐渐由父代家庭下移到子代家庭。由子代主导的家庭权力规则将父代置于十分被动的位置，在子代掌握当家权的"潮流"中，父代自觉地退出了与子代家庭的政治互动，采取隐忍、妥协的姿态维系代际关联和家庭整合。这就向外人呈现了一幅温情脉脉的家庭关系画面，但温情的背后，是父代尤其是老年人地位的边缘和话语权的缺失。当父代还有劳动能力时，往往需要通过不断为子代付出的方式来获得子代的好感，并维持家庭关系的和谐；随着父代的老化，至父代丧失劳动能力和自理能力之后，其在家庭权力格局中就处于绝对边缘的地位。

第三，在价值层面，老年人危机表现为老年人对子代家庭的价值依附。对于缺乏宗教信仰的中国人而言，传宗接代构成其生命价值或本体性价值的核心，而家庭则是生命价值实现的基本载体。因此，家庭对于中国人而言还具有宗教性和伦理性的一面。父代完成人生任务的过程也是其实现生命价值的过程，因而传统时期的简单家庭再生产模式在价值层面有效地安顿了老年人，使得老年人不仅能够获得相对于年轻人而言更为丰裕的物质生活，还能在生活中体验满足感与价值感。而在现代性的压力面前，发展主义的价值系统逐渐渗透农民以传宗接代为核心的价值系统内部，改变了农民的价值体系及其实现方式。现代性以婚姻为切入口渗入农民家庭内部，从子代结婚开始，现代性所带来的家庭发展主义的压力与农民传宗接代的人生任务捆绑在一起，使得父代无怨无悔地为子代付出。同时，在发展主义的目标面前，家庭的发展以及对美好生活的追求成为唯一的"政治正确"，失去财富创造能力的老年人在此情况下成为家庭的负担。并且，这种负担意识不仅被子代家庭认同，而且还获得了父代的自我认同，从而使得父代在年老时的自足感逐渐丧失。在扩大化家庭再生产模式中，父代对子代家庭的付出越来越突破代际之间的平衡点，但父代的付出却并不能形成对自我的认同，相反，正是父代不断扩张的伦理责任侵蚀了他们的社会性价值和基础性价值的实现基础，因而，父代的自我实现被导入子代家庭发展的轨道，从而扭曲了父代的价值实现路径。

由此可见，老年人危机是中国农村家庭转型的产物。随着简单家庭再生产向扩大化家庭再生产的转型，家庭再生产的要素也构成了孕育老年人危机的基本土壤。透过上述三个层面可以发现，现代性的压力面对的并不是无动于衷和被动承受的个体农民，而是处于持续的特定家庭再生产过程中的农民。

二 老年人危机的内在结构

本研究强调农村老年人危机发生的家庭视角。家产、权力和伦理构成家庭的基本要素，因此家产的分配、家庭权力的交接和伦理的延续构成农民家庭再生产的基本维度。老年人是生活于特定家庭中的成员，因此，对老年人危机的理解一定要将其放置在家庭再生产的过程之中。在前文中，笔者虽然分别从资源、权力和价值三个不同的层面展现了老年人危机的形态，但是，这并不表明老年人危机只是要素的简单叠加，底线生存、边缘地位和价值依附三者是层次逐级深化的关系。明确这一点对于从整体性视角理解当前农村老年人危机的特殊性和系统性具有重要意义。

如前所述，现代性的进入改变了传统家庭的运行规则，家产转移通过代际剥削的方式实现了向子代的转移，老年人在家庭资源的分配上越来越处于弱势地位，但资源上的弱势并没有引发家庭成员内部围绕有限资源的竞争和冲突，相反，老年人在家庭的失语和在家庭权力结构中的边缘地位维系了家庭的团结和代际之间的实质性关联。这样一种家庭秩序为父代认同，父代通过否定自身的主体性建构了家庭再生产秩序的正当性。正是老年人在家庭中的边缘地位和价值依附状态强化了其底线生存的状态。基于此，老年人危机的三种形态之间并不是孤立存在的，正是三者的相互强化，使得老年人危机以更为隐蔽、更为深刻的方式呈现。以下将具体分析老年人的底线生存、权力缺失和价值依附三者之间的关系，厘清当前农村老年人危机的本质。

第一，物质上的"底线生存"是当前农村老年人危机的基础层面。老年人的底线生存状态与当前农村经济发展水平的普遍提升之间形成了强烈的反差，同时也与子代家庭较为丰裕的物质生活形成鲜明对比。在市场化和现代化的力量之下，家庭获取经济收入的机会增多，大部分家庭形成了"以代际分工为基础的半工半耕"的家计模式，这样可以同时获得务农和务工两笔收入，因此，相对于传统社会而言，当前农民家庭的经济收入明显增加。然而，相对于农民家庭经济收入的显著增加，老年人的生活水平没有获得相对程度的提高，而是普遍呈现"底线生存"的状态。在调研中笔者发现，相对于老年人的清贫生活而言，年轻子代的生活质量普遍较高。例如，老年人在日常饮食方面基本靠自给自足，他们很少买菜，更少买肉，大部分老人只有在过年过节时能够吃上肉；但年轻人则表示他们隔几天就会买肉吃。因此，老年人的"底线生存"在根源上并不是家庭物质资源的匮乏，而是在现代性的压力面前如何更加理性地分配家庭资源的问题。传统社会中家庭资源的分配是依据个体在家庭中所处的位置和身份而定的，因此老年人往往会获得资源分配的优先权；而市场力量和现代性的进入改变了农民家庭内部的资源分配方式，家庭资源的分配依据个体对家庭的贡献能力，并着眼于家庭发展效益最大化，老年人由于劳动能力的退化已难以为家庭创造物质财富，因而被视为家庭发展的负担，在资源分配中处于被动和弱势的地位。"底线生存"是当前农村老年人危机的基础，也是最容易被外界识别的维度，正是基于此，老年人危机常常被视为"养老危机"，即养老资源的匮乏。但实质上，当前农村的老年人危机远远超越资源匮乏的层次。正是由于老年人危机所具有的多层次内涵，老年人的"底线生存"才被视为一种常态。

第二，如果说"底线生存"构成了当前农村老年人危机的基本底色，那么老年人在家庭中的地位边缘和权力丧失则进一步强化了其底线生存的处境。现代性以婚姻为切口开启了中国家庭的现代转型，在婚姻市场上男女性别比严重失衡的背景下，女性在婚姻市场中占有绝对的优势地位，这种优势地位一直延续到其婚后的家庭生活，并且影响着家庭资源和风险的代际配置。父代既无法充分动员子代协力自己完成人生任务，也难以承担家庭动员可能引发的家庭分裂的风险。我们可以看到，父代为子代婚姻付出的成本越大，其在家庭再生产过程中的缓冲空间就越小，父代的家庭责任也越大，也就越难以承担子代家庭瓦解的冲击和风险。随着家庭权力重心从父代下移到子代，老年人在家庭权力结构中日趋边缘化，只能默默接受"底线生存"和相对边缘的生活状态，即使他们对这种状态有所不满，也不会释放到家庭再生产的过程之中。因为在当前的家庭权力格局中，子代尤其是媳妇掌握了当家权，媳妇在家庭中的强势地位使得任何细小的家庭矛盾都可能造成剧烈的冲突，并最终造成家庭的解体，中断家庭再生产的过程。老年人隐忍、退让与妥协的态度强化了家产转移中父代的不利地位，家庭关系因而呈现"温情脉脉"的一面。但这并不代表家庭中没有矛盾，事实上，家庭内部的诸多矛盾都被老年人的妥协与退让暂时掩盖了。此外，老年人在村庄中的边缘地位也进一步强化了其在家庭中的边缘处境，使得其在家庭中为自己争取更多资源和利益的行为在熟人社会中不具有合理性。因此，老年人在家庭中的权力缺失和家庭政治的失语，进一步固化了其在家庭资源分配上的弱势地位。

第三，如果说家庭地位的边缘和权力的缺失使得老年人在家庭中没有话语权，从而只能维持底线生存的状态，那么，老年人在价值上的依附状态则赋予其底线生存和权力缺失的状态以正当性，消解了老年人抗争这一家庭秩序的动力。子代的发展被父代理解为家庭的整体发展，父代的价值实现则转化为子代的发展性目标的实现。老年人危机因而被进一步锁定在家庭领域。从"不敢反抗"到"不愿反抗"，体现出老年人逐渐认同并接受了这一对自己不利的家庭秩序，并将之内化为自己走向依附的价值实现路径。在此，"价值依附"包含两个层次的内涵：其一，父代对子代的家庭伦理责任继续存在，这是由父代传宗接代的人生任务决定的；其二，在扩大化家庭再生产模式之下，父代的价值实现过程导致了父代主体性价值的最终丧失，传宗接代任务的完成并不能赋予父代价值实现的完满感，相反，父代的价值实现完全依附于子代家庭，子代家庭的发展和对美好生活的向往成为父代奋斗的主要目标。前文提到，现代化以婚姻为切入口影响农民的家庭，典型表现即男性婚姻成本的飙升，适婚男性的父母要想完成自己传宗接代的人生任务，就必须付出很高的成本。父代对子代的"价值依附"使得家庭发展主义目标的实现与父代传宗接代人生任务的完成绑在一起，在此背景下，父代无论多大程度的付出都被认为是可以理解和可以接受的。在市场化和现代化的影响之下，农民家庭的再生产面临着成本和风险的双重增加，然而，正是由于父代对子代单向度的家庭伦理及其"价值依附"状态，家庭再生产的成本和风险得以在家庭中"内部化"，而父代在传宗接代的压力面前，显然承担了更多的责任与压力。因此，父代对子代的"价值依附"状态赋予老年人危机以正当性，它一方面使得包括老年人在内的所有家庭成员认同和接受了老年人底线生存和权力缺失的状态；另一方面还不断地再生产"失衡"的代际关系。

由此可见，资源转移、权力让渡和价值依附在家庭再生产的过程中相互强化和融合，物质上的底线生存构成老年人危机的基础，家庭权力的缺失进一步强化了老年人的底线生存状态，而价值依附则赋予老年人危机以正当性和合法性。这就使得老年人危机被锁定在家庭领域，并呈现"常态"，这带来两个后果：一是老年人危机的深刻性难以被察觉，老年人危机往往被等同于"养老危机"，即物质资源的匮乏，忽视了老年人在权力和价值层面的不利处境；二是老年人危机被锁定在家庭领域，难以溢出家庭并外化为一个社会问题，因此，如果以社会问题的视角来界定当前农村老年人的生活状态，则会认为当前农村的老年人都过得不错，至少比传统时期在物质上更为丰裕，然而，如果从家庭内部的视角去分析，就会看到老年人处于巨大的危机之中。此外，值得注意的是，当前农村的老年人危机并不是指老年人失去了基本的生活保障而处于水生火热之中，而是指在现代性因素的影响之下，在家庭资源的分配、家庭权力的配置以及家庭伦理价值的实现等方面，老年人所处的相对弱势、边缘和依附的状态。因此，必须从现代化背景之下家庭转型的具体实践中，才能理解当前农村老年人危机的形成逻辑。

第四节 "学会做老人"：农村老年人危机的本质

通过以上论述可知，当前农村老年人危机具有特定的时代意涵。中国目前正处于千年未有之大变局之中，面对现代性带来的流动、分化、发展与风险，农民家庭通过再生产模式的改变进行了积极的调整和适应，家庭由简单再生产向扩大再生产的转型为农村老年人危机的生成提供了基础。如果脱离了家庭转型的时代背景，研究视野便难以超越个体性和偶然性的生命遭遇和人生际遇，也就难以洞察到当前农村老年人危机的深刻性。

自古以来，"老了"就意味着思想的过时和身体机能的衰退，但在传统社会中，"老了"也意味着父代可以坐享天伦之乐，虽然在物质普遍匮乏的时期老年人在物质上也难以达到丰盈的状态，但其在心理上总是安然的。而在当前农村，"老了"不仅意味着思想的过时和身体机能的衰退，而且老年人在心理上也难以拥有安然的心态。实际上，老年人在家庭权力结构中的边缘地位和价值上的依附性也说明，老年人问题绝不仅仅是"养"的问题，因而，不能将老年人危机化约为养老问题。

正如前文所言，本书立足于家庭再生产的框架展现转型时期父代"老化"的能动性过程，由此揭示现代性进村背景下变异的"老化"脉络。在简单家庭再生产过程中，父代"老化"的过程也是其逐渐走向家庭中心地位的过程。而在扩大化家庭再生产模式下，父代"老化"的过程则是其逐渐走向底线生存、边缘地位和价值依附的过程，即扩大化家庭再生产不再以父代及其"老化"为核心，而是以子代家庭的成长和发展为核心，家庭再生产重心的转换意味着父代"老化"的过程在本质上成为其"学会做老人"的过程。因此，在家庭再生产的过程中，老年人并非天然地处于被动和边缘的地位，从父代"老化"的脉络来看，老年人正是在扩大化家庭再生产的塑造下经历了一个从中心到边缘、从主动到被动、从主导到依附的转换。

所谓"学会做老人",意味着现代性进村和家庭扩大化再生产消解了老年人传统行为模式的正当性,"老年人"的行为逻辑必须根据新的形势和目标进行调整。"学会做老人"反映了现代性进村背景下老年人的基本处境:老年状态不再是一种自然和安然的状态,现代性进村的过程也是老年人主动但又颇有些无奈地持续塑造自身的过程。虽然老年阶段变得富有挑战,充满不确定性,因而不再是一个值得预期和充满希望的人生阶段,但是蕴含了代际之间的深度整合。老年人对子代乃至孙代家庭发展面临的风险和压力感同身受,并将其不断地转化为"学会做老人"的动力,进而认同这套对自身不利的、新的家庭秩序和村庄秩序。在这个意义上,从发生学的角度来看,农村老年人是以能动性主体的身份再生产了其自身在当前时期的艰难处境,这就是"学会做老人"的吊诡之处,同时也展现了老年人危机的辩证性:作为能动主体的老年人虽然在"老化"的过程中抽离了自身的主体性价值,却也因此成为当前农民家庭转型的重要支点。

第七章

结论与讨论

　　家庭是村庄社会的基础，因而农民家庭的转型和变迁是乡土社会转型的基础。改革开放以来，市场化和城市化裹挟着现代性进入中国广袤的农村社会，成为相对独立的影响和改造乡土社会的一种力量。但是，在中国农村的社会文化语境中，现代性遭遇的并不是孤立和松散的个体，而是仍然顽强地维持并不断再生产的农民家庭。因此，理解现代化过程中农民的个体命运，就一定要理解农村家庭转型的实践逻辑。本书透过当前农村的老年人危机，追溯扩大化家庭再生产的"典型过程"，揭示了农村老年人危机生成的系统性和农民家庭转型的独特性。笔者在第六章的论述说明，农村老年人危机既非老年人本身的问题，也不仅是社会转型过程中的必然问题，而是扩大化家庭再生产的产物。在本章中，笔者将以扩大化家庭再生产模式为基础，进一步讨论农村老年人危机背后的家庭逻辑，从而深化对现代性转型背景下农村家庭的研究。从第三章到第五章，笔者从家庭再生产的资源、权力和价值三个层次，逐层递进地阐明了现代性进村背景下农民家庭的运行机制。现代性通过家庭影响和塑造农民的生活和个体命运。在本章，笔者将结合扩大化家庭再生产过程，讨论现代性背景下中国转型家庭的实践形态和家庭转型的路径与机制。

第一节　功能性家庭的崛起

　　本书基于现代性进村的宏观背景，提出了由简单家庭再生产向扩大化家庭再生产转变的家庭转型逻辑，展现了中国农村家庭面对现代性力量的自发调适和积极应变。相对于简单家庭再生产的自发性、循环性和周期性，扩大化家庭再生产深深地嵌入现代性流动与开放的场域结构中，并表现出了动力的自觉性和目标的发展性等特点。农民家庭运行的轨迹逐渐偏离了传统的"过日子"过程，农民从"被土地束缚"的状态中解脱出来，进入了一个充满竞争、分化、压力和风险的生活系统之中。现代性的压力促使农民改变了原来低水平均衡的家庭再生产模式，导致农民家庭资源配置模式、权力互动模式和价值实现模式的变化与调整，从而支撑了高度积累、深度动员和实质整合的扩大化家庭再生产模式。这样一来，父代家庭进行积累的目的就不仅着眼于生命价值意义上传宗接代任务的完成，而且致力于子代家庭的发展，父代通过掏空自身的方式支持子代家庭发展性目标的实现。在这个意义上，本书关于扩大化家庭再生产的分析说明，中国家庭的功能并没有在现代性力量的冲击下弱化，反而表现出了相当的韧性。杨菊华和李路路（2009）关于东亚家庭凝聚力的比较分析也发现，家庭的功能并没有随着家庭的现代化和理性化而走向衰落。相反，正是现代性压力下家庭功能的激活与调适，为农民家庭转型提供了重要动力。

事实上，扩大化家庭再生产模式反映了功能性家庭的逐渐形成和孕育。功能性家庭是扩大化家庭再生产模式的内核，反映了现代性背景下家庭性质的变迁和家庭形态的调适。转型期的家庭研究不能仅着眼于家庭结构、家庭关系、家庭问题等传统的研究视角，若如此，就会极大地限制家庭研究的视野和深度。在麻国庆（2016）看来，这些研究存在的"只见家庭，鲜见个人"的倾向为家庭策略视角的研究提供了契机。然而，家庭策略视角将家庭再生产视为个体理性决策的产物，这在一定程度上走向了另一个极端。它虽然能够从经验层面为理解变迁时代城乡家庭的属性和形态提供诸多启发（罗小锋，2010；张少春，2014），但是，将家庭再生产的动力还原为个体的理性策略这一分析路径的结果必然是过于强调变迁时代微观层面家庭的差异性和多样性，这在一定程度上就难以形成对更为一般性的家庭变迁机制的把握。

一 "功能主义"再思考

扩大化家庭再生产模式为我们提供了重新认识转型时期家庭功能和家庭形态的基础。从最根本的层次而言，扩大化家庭再生产模式是农民家庭对现代性适应的功能体现。在这种家庭再生产模式下，家产的积累、分配和传递均聚焦于子代家庭，权利和责任在子代家庭和父代家庭之间的分割，导致了分家的名实分离。分家的异化，消解了分家事件之于家庭再生产的原有意涵：分家不再代表父代家庭再生产的完成，而是成为父代为子代付出的新起点。从这个起点开始，相当一部分父代家庭需要通过透支未来劳力和牺牲老年生活资源的方式为子代付出。这样一来，扩大化家庭再生产的首要内容就不是"人"的再生产，而是家庭资源的再生产，[①] 家庭资源成为子代家庭实现城市梦的重要基础。

因此，我们要在具体的时代背景和现实情境中理解家庭的功能。实际上，并不存在抽象的、一成不变的家庭模式，也不存在抽象的、普遍适用的功能。家庭功能是相对于特定的家庭制度及其内在的家庭再生产目标而言的，因此，也只有在家庭运行的具体机制中才能透彻理解家庭的功能。费孝通（1998：85）在《乡土中国》中有这样一段话。

> 社会变动得快，原来的文化并不能有效地带来生活上的满足时，人类不能不推求行为和目的之间的关系了。这时发现了欲望并不是最后的动机，而是为了达到生存条件所造下的动机。于是，人开始注意到生存条件本身了——在社会学里产生了一个新的概念，"功能"。功能是从客观地位去看一项行为对于个人生存和社会完整上所发生的作用。功能并不一定是行为者所自觉的，而是分析的结果，是营养而不是味觉。这里我们把生存的条件变成了自觉，自觉的生存条件是"需要"，用以别于"欲望"。

功能主义强调的是行为或现象的功能合理性与功能适应性。费孝通虽然深受英国人类学功能学派的影响，但是，这段话却反映了他对"功能"的发生学的认识。功能是从客观地位去看一项行为对于个人生存和社会完

---

① 后者甚至不断消解前者的意义和价值。在过去，农民家庭的贫困并不会在实质上抑制农民的生育。如今，农民越来越注重为子女提供更好的条件和资源，生育行为较为克制。

整所发生的作用。在乡土中国及其转型的情境中，面对名实分离的乡土社会，作为文化事实的"欲望"不再能够维持乡土社会的自发秩序，于是，"把生存的条件变成了自觉"，"功能"正是产生于人们对自己生存条件的理性自觉。现代性进村打破了农民"过日子"的"自然状态"，凸显了家庭的功能维度。在"伦理—结构—功能"的传统"三位一体"家庭制度结构中居于从属地位的"功能"在现代性的压力作用下被激活与强化，并反过来再造了家庭的结构与伦理。

二 功能性家庭的构造

功能性家庭的构造是相对于传统家庭的构造而言的。为了理解功能性家庭的构造，在此先就传统中国农民家庭的构造进行简要的分析。中国传统的家庭制度具有立体性特征，表现为"伦理—结构—功能"的"三位一体"。首先，家庭是一个伦理性存在，具有宗教性意义，并依托"纵向家庭结构"而得以表达，体现了伦理本位的简单家庭再生产机制。在伦理本位的塑造下，家庭为农民"即凡而圣"的价值实现路径提供了基础。其次，家庭是一种社会学意义上的结构，并具体体现为"横向家庭结构"。在这个层次上，家庭是由特定的家庭关系构造而成的结构形态，它框定了家庭的基本边界。最后，在伦理与结构的层次之下是家庭的功能，如生产、生活、宗教、控制等。在原有的"三位一体"的家庭要素构造中，家庭的功能统一于家庭的结构之中，并且家庭功能与家庭结构均接受家庭伦理的引导和规范。在家庭伦理的主导下，家庭政治具有明确的边界、底线和原则，家庭的功能主要围绕人口的繁衍和抚育（传宗接代）等目标展开，既具有家庭结构再生产的意义，也具有"内在超越性"的宗教性意义。家庭"圣凡一体"的属性赋予了传统家庭结构的超稳定性特征，从而保证了家庭结构和家庭秩序沿着既定的路径实现再生产。

功能体现的是家庭经营的手段与家庭的实践内容。费孝通（1998：37—42）将家庭描述为一个"经营共同事业"的单位，实际上强调的是家庭的功能性维度。家庭的功能虽然涉及的是家庭最为基本的日常生活层面，但是，相对于伦理与结构而言，家庭的功能对于日常生活具有更高的敏感性。然而，在稳定的地方性社会和简单家庭再生产模式下，家庭功能被限制在了地方性社会内部，从而受到了严格的约束。家庭再生产的展开因而只能在特定伦理原则规定的轨道之中进行。如果逾越了界限，就会受到社会的孤立和排斥。

然而，在现代化背景下，随着家庭结构简化和价值弱化，家庭功能失去了结构依托和价值引导，在市场化力量的浸润和诱导之下逐渐突破了传统家庭制度结构的限制：一方面，社会、国家、市场剥离并承接了家庭原有的部分功能；另一方面，流动的现代性也催生和强化了家庭新的功能，农民的家庭生活日益脱嵌于地方性社会，家庭运行的逻辑也随之改变。

1. 资源转移中的功能强化

资源转移是家庭再生产的基本内容，并由此实现家庭资源在代际之间的均衡配置，维系家的整体性，保障了"反馈模式"的有效运行，从而为家庭成员年老后提供富有保障的归宿。但是，在扩大化家庭再生产模式下，家庭内部资源转移的方式发生了深刻的改变，父代不仅要承担为子代成家的责任，而且还要为子代家庭在城市立足和竞争持续付出，随着自身逐渐老化，如何降低子代的负担，维持自身的底线生存，又成为父代的基本考量。这是一个恩往下流的资源持续向下输入和转移的过程，显然，它消解了反馈模式实现的基础。有趣的是，这并不意味着代际关系从反馈模式向接力模式的变化，而是走向了一种代际合力模式。在不同的代际关系模式下，家庭资源流动呈现不同的样态，具体如图7-1所示。

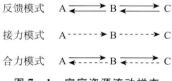

图7-1 家庭资源流动样态

说明：实线代表代际之间的厚重支持，虚线代表代际之间的低度支持，A为老年，B为中年，C为青年。

代际合力模式实现了以子代发展为中心的家庭资源动员，也就是说，家庭资源的分配不再是面向整体性家的均衡配置，而是呈现有重点、有选择的分配。农民的选择当然具有一定的实践理性色彩，但这并不必然意味着农民家庭决策的彻底理性化。仅仅着眼于理性的角度不能解释为什么父代要站在家庭整体的利益上进行决策。在代际合力模式下，父代在不同的阶段采取了与子代互动的不同策略，但这些策略背后有一个不变的原则，那就是积攒尽可能多的资源，实现家庭的扩大化再生产。此时，家庭的功能不再只是局限并服务于传宗接代的目标，而是突破了伦理本位的家庭制度，家庭成为农民进行资源动员和资源积累的主要载体，进而成为实现向上流动的主要媒介。因此，家庭转型固然向社会和国家让渡了部分功能（例如教育、控制、生产等），但是家庭的某些功能却得以强化。在此过程中，家庭资源的配置逻辑遵循家庭功能最大化的原则，以实现特定的家庭发展目标。

2. 权力让渡中的结构整合

权力让渡是家庭再生产过程中的重要内容，其中，围绕当家权而形成的权力互动构成了家庭政治最为核心的内容。正是家庭内部的权力互动孕育的家庭政治构成了家庭生命周期中结构演化的基本动力。家庭政治的运转疏通了代际之间和夫妻之间的关系，但是，它也造成了家庭运行过程中的紧张，并促成了家庭分裂的必然结果，而且延伸到分家之后的代际互动中。尤其是在家庭中的不同代际之间，因为存在当家权的交接和转移问题，子代和父代之间的家庭政治状况在相当程度上决定了家庭再生产的节奏。在这个意义上，家庭政治中的权力互动向家庭内部注入了分裂的力量，必然造成家庭伦理的理想与现实之间的张力。

费孝通（1998：209）注意到，在变迁的社会中，世代之间的隔膜不仅仅是理想和现实的差别。

社会标准不常是一成不变的，社会上并没有绝对的价值，人们还是得依它对于生活上的贡献而加以取舍……话说来似乎是很容易，很简单，可是事实上新旧的交替总是会产生争斗的。这一幕争斗却常加剧了父子之间的隔膜。亲子之间因为隔着一代的时间,他们很可能接触着不同的社会环境,而发生理想上的差别。这是在变迁剧烈的社会中常可见到的事。

费孝通注意到了乡土社会转型过程中社会标准更替导致的家庭内部的失范现象,它引发了代际之间的冲突,加剧了世代之间的隔膜,并被视为家庭结构离散化的基本背景。但本书的研究表明,变迁时代中代际之间的冲突只是家庭适应的一个侧面和一个阶段:代际之间的家庭政治冲突在经历了一个极致的释放过程之后,随着现代性压力的渗入而很快湮灭,家庭政治进入核心家庭领域,父代则逐渐退出家庭政治的场域,家庭内部的权力关系日益和缓,家庭成员之间反而达到了一种更加富有温情的状态。在这种状态下,分家之于家庭结构裂变的意义丧失。当然,父代在代际层面家庭政治中的失语,并不意味着家庭政治的消失,相反,核心家庭内部横向的家庭政治缺乏纵向权力关系的约束极有可能导致家庭政治的扩大化和子代家庭的解体。这就进一步强化了父代在代际互动中的退让和妥协,促成了父代家庭和子代家庭之间的高度整合,从而降低了家庭权力互动和冲突导致的资源耗散。这种整合是实质意义而非形式意义上的,即父代和子代家庭虽然是两个相对独立的主体,但是他们的目标具有高度的一致性,父代通过将自己的利益融入子代家庭使家庭生命周期中家庭结构的变化(核心家庭—联合家庭—直系家庭—空巢家庭)失去了意义,同时,代际之间家庭结构的实质性整合也超越了家庭关系的空间分割。

3. 价值依附中的伦理重构

中国社会"家庭本位"的核心精神是"伦理本位"。家庭的伦理性超越了家的暂时性,从而克服了生物断隔与社会绵延的矛盾(费孝通,1998:223—233)。但是,笔者在第五章的分析表明,家庭本位与伦理本位的统一性在现代性的压力之下分裂,发展主义的价值目标通过与家庭本位对接而获得了持久动力,在这个过程中,它重构了家庭伦理,进而重构了家庭中的价值实现路径。因此,在扩大化家庭再生产模式下,家庭伦理被挤出了核心地位，从而失去了从整体性层面统摄家庭再生产过程的能力。伦理日益成为对父代的单方面要求，并且，以伦理价值为内核的本体性价值被扩张到了极致，父代的自我实现由此被导入了一种悖论式的路径，即一方面父代从扩大化家庭再生产的深度参与中获得了伦理体验，另一方面，由于社会性价值和基础性价值的压缩和转换，父代伦理价值的实现过程又是一个持续的否定自身的过程。

在扩大化家庭再生产模式下，家庭的功能逐渐突破了传宗接代的伦理框架，原有的伦理框架无法支撑以发展主义为核心的家庭功能的实现。因此，家庭伦理的内容逐渐超越了传宗接代责任的层次，家庭的功能替代家庭伦理成为家庭制度的基础。但这并不意味着家庭伦理的消解，而是家庭伦理的实现方式和表达形态的变化。通过这样一种调整，家庭就可以通过"功能—结构—伦理"三者之间新的匹配，使扩大化家庭再生产正当化，并且成为家庭机制有效运行的核心动力。

功能性家庭是现代性视野中转型家庭的基本形态。以功能性家庭为基础的家庭再生产即本书阐述的扩大化家庭再生产。功能性家庭观照的是农民家庭的现代性调适。现代性进村改变了农民家庭的运行机制，激活了农民家庭的功能。家庭的功能维度逐渐凸显，并成为家庭运行机制的中心。功能的凸显不仅重新塑造了家庭结构，而且也重构了家庭伦理。因此，不同于传统社会中通过伦理的统摄和规定达致家庭的内在均衡，功能性家庭是在家庭功能的统摄下形成了非均衡的，且蕴含着扩张性力量的形态。

第二节　功能性家庭与家庭转型

一　家庭转型的复杂性

现代化范式深刻地影响了学界关于中国社会转型的认识。虽然家庭的现代化理论引发了诸多学者的质疑，但是，它仍然是目前理解中国社会家庭转型最为有力的范式。根据家庭的现代化理论，家庭的现代化主要是家庭结构分化、伦理弱化和功能分化的过程。伴随着工业化和市场化，扩大家庭将会被现代的、独立的核心家庭取代,家庭正在经历一个"非功能化"的过程:社会与国家逐渐承担和剥夺家庭原有的生产与教育功能,扩大的血缘组织普遍消亡。然而,现代化理论的最大缺陷在于设定了转型的单向路径,同时,它对变迁的目标和动力的关注超过了对变迁机制和路径的关注。由于突出了家庭的本体性,忽视了家庭的嵌入性,家庭被视为一个相对独立且随着家庭成员生命周期的展开而自主演化和自我维持的系统,家庭转型进而被视为家庭演化和继替方式的转型,忽视了家庭与外部社会系统之间具体的互动与嵌入关系以及家庭的功能适应。

现代化理论分别从结构和伦理层面展现了家庭转型的可能路径。在现代化的理论视角下,家庭转型的基本特征是,社会与个人活动领域的分离导致了家庭的"私化"、"孤立",进而促成了以核心家庭为本位的私人生活的兴起。斯梅塞也认为,现代化形成了一种以情感吸引和狭隘的爱情为基础的家庭,除了每个家庭成员各自与外部的联系外,家庭不再作为重要的社会领域(转引自赫特尔,1988)。因此,家庭结构核心化、家庭伦理的理性化成为学界关于家庭转型的主流认识。家庭制度由此逐渐遁入私人领域,以其自成一体的特性保护个体免受外部力量的损害。事实上,结构核心化与价值理性化所呈现的家庭转型,虽然关注了工业化、市场化、理性化等现代性力量的影响,但具体分析这些力量之于家庭性质的影响时,视野往往局限在家庭内部,从而呈现结构离散与伦理稀薄等对变迁农村家庭的认识。

以这一范式而展开的中国家庭变迁研究中,要数阎云翔关于东北下呷村的研究最为典型。阎云翔(2006:11)透过当地的家庭变迁,描绘了农村私人生活变革的过程。农民私人生活的兴起首先是私人性质家庭的兴起:"家庭从社会制度向个人避风港的转型,或者说,是私人性质家庭的兴起。""家庭已经不再是一种重要的制度,家庭的私人化逐步导致了它的非制度化。社会朝着一个所谓非正式家庭的方向发展。"然而,这只是农村家庭转型的一个侧面,还有另一个侧面是:在市场化和现代性进村过程中的农民并没有完全堕入私人生活的逻辑之中,在扩大化家庭再生产的代际互动过程中，父代的行动绝非发轫于私人生活的行动逻辑——父代对整体性家庭表现出了高度的责任，这样一种立足于家庭整体发展的责任伦理背离了父代家庭自身的私人生活目标。显然，在现代性背景下，农民家庭并没有完全遁入私人生活领域，而是通过家庭系统的内在调适深入地嵌入流动的现代性系统。

私人生活是来自西方的词，从西方社会家庭演变的脉络来看，私人生活建立在家庭从公共领域中分离的基础上，家庭的功能局限于个体情感慰藉层面。阎云翔正是基于西方私人生活的研究范式，试图在中国"发现"一个类似的家庭私人化和家庭成员个体化的过程。但是，由于他在研究起点上就摒弃了经济家庭、政治家庭和文化家庭等理论模式中家庭的实体性，突出个人的中心性，因而呈现了个体权利意识觉醒和私人生活兴起的变迁路径。传统与现代的对立是隐藏在《私人生活的变革》一书中的基本理论框架，这种二元对立的框架忽视了中国家庭转型过程中个体与经济家庭、政治家庭与文化家庭之间的复杂互动（桂华，2014c）。

由此可见，在"传统—现代"对立的视角下，学者们往往将中国传统家庭制度建构为融合经济、政治、信仰等多种属性于一体的扩大家庭制度，而家庭的现代化就是这些属性逐渐剥离、家庭逐渐核心化、农民逐渐个体化和生活逐渐私人化的过程。即使是对此持质疑态度的反对者，也主要聚焦于家庭核心化走向的争论。在此理论视野下，家庭转型被简化为家庭内在不同要素回应现代性之效果的堆积，家庭转型的后果就是家庭逐渐脱嵌于社会的私人化过程。因此，坚持传统与现代对立视角的学者，往往也倾向于持有家庭与社会对立的视角，即社会系统逐渐剥离家庭功能和家庭属性，家庭日益走向封闭（成为个体的"避风港"）。问题是，在发生巨变的时代背景下，如果仅仅局限于家庭内部，就家庭而言家庭，显然难以把握中国家庭转型经验的复杂性。

二　中国家庭转型的路径与机制

单一的、线性的家庭现代化理论显然难以呈现中国家庭转型路径的多元性和转型机制的复杂性。马克·赫特尔（1988：60）在对现代化理论和家庭变迁进行了一番讨论之后，做出了如下的评述："家庭历史学家也发现了这样的事实：核心家庭早在300年前就已普遍存在。这种研究成果使社会学家们确信：认为现代家庭以脱离扩大亲属结构为特征的观点是错误的。在社会学家看来，只有根据核心家庭价值观念和取向的变化，根据家庭同工作、社会联系的变化，才可以最准确地理解家庭的现代化。"应该说，赫特尔的这番评述对现代化范式进行了深刻的反思，他注意到，家庭结构本身的变化并不足以说明家庭变迁，需要引入价值和伦理变量；同时，家庭转型只有放置在具体的社会关联中才能真正被理解。

家庭转型并非点到点的线性转换，我们要看到，家庭本身时刻处于特定的再生产过程中，家庭转型最终要通过具体家庭再生产过程才能实现。在代际的绵延中，可能出现以新生子代家庭为载体的变异，但同时父代及其上一代人沿袭、承载并强化家庭传统的一面，因此，家庭转型中的变迁和延续实际上具体落实到特定的"代"，并通过家庭再生产过程中的代际互动体现出来。家庭再生产的视角破除了家庭研究中对"孤立的核心家庭"的迷恋，进一步拓展了我们理解家庭转型路径和转型家庭形态的视域。

功能性家庭的概念直面中国转型家庭的实践形态，提供了一个反思家庭现代化、理解转型家庭运行机制的重要视角。透过功能性家庭的构造可以发现，现代性背景下中国农村家庭转型的道路并非割裂传统的道路。当前学者们的研究视野更多地集中于传统的变迁，尤其是将现代中国的剧烈变革看作一种割裂了传统的"现代"形态，从而忽略了延续的文化传统在现代化过程中的重要意义（麻国庆，2016）。这要求研究者对中国家庭进行研究不仅要关注家庭转型的本土经验，而且要深入家庭转型的内在机制。功能性家庭的概念不仅展现了多维意义上的家庭转型路径，同时也呈现了转型过程中不同维度之间的关系，功能性家庭的形态由此超越了既有的家庭制度形态。在这个意义上，功能性家庭为我们提供了理解家庭转型机制和转型家庭形态的微观视角，从而有助于深入理解家庭结构和家庭关系变动的内在逻辑。

第一，功能性家庭涵括了经济家庭、政治家庭和文化家庭等不同家庭属性及其变迁。经济家庭强调了农民家庭的生产性，政治家庭强调了权威结构中的权力之争，文化家庭强调家庭的伦理本位特征。伴随着现代性带来的家庭转型，农民家庭的这些属性均表现出特有的变迁路径：家庭的生产功能逐渐削弱，家庭化生产逐渐向社会化生产过渡，农民越来越多地以个体劳动力的方式参与市场经济，进而弱化了以家产为基础的整体支配。另外，家庭的权力关系也日趋温和，家庭伦理责任日益成为对父代的单方面要求。

第二，更为重要的是，在功能性家庭的运行过程中，家庭转型不是家庭要素的单独展开，家庭的不同属性，例如家庭结构、家庭功能和家庭伦理等，既具有各自的变迁路径，又处于相互依赖和相互影响的关系之中，它们统一于扩大化家庭再生产模式中。从变迁速率上看，家庭结构和家庭功能远远快于家庭伦理。因此，若仅着眼于家庭结构，则基于当家权的下移，家庭转型表现为家庭的核心化趋势；若仅着眼于家庭的功能变迁，则基于家庭资源动员和效率，家庭转型表现出高度的理性化趋势。但家庭伦理并未被现代性彻底消解，而是表现出了相当的韧性。家庭伦理变迁中的韧性，促使农民家庭能够以一个整体来应对现代性的压力，家庭成员共同分担现代性的风险。从而在现代性的"分"的效应之外形成了"合"的效应。代际之间"合"的效应既依托于伦理，又超越了伦理，作为功能性家庭的一种"内部化机制"，"合"的力量来源于、依附于功能运作的家庭伦理，形成了一种类似于扩大家庭的结构。

第三，通过扩大化家庭再生产的过程机制分析可以发现，功能性家庭的运行改变了家庭结构的演化轨迹，弱化了"分"的意义，突出了"合"的色彩。在此，"合"并不是基于麻国庆认为的文化关联和文化理想，而是农民基于现实生活考量而采取的实践理性的选择。① 也就是说，功能性家庭

----

① 麻国庆（1999）基于对分家的考察，认为家庭之所以分离，主要出自现实生活的需要，但作为文化的家是永远分不开的。"分家"与"分家"之间的文化约定形成了"分中有合"的分家制度。但是，新三代家庭之"合"，显然不仅是一种文化上的约定，现实生活的需要激发了代际之间"合"的动力。

是一种高度整合的家庭形态，它既不因为分家而改变其结构变化轨迹，也不因为打工经济背景下"拆分式再生产"（金一虹、史丽娜，2014：75）模式而走向松散。在这个意义上，功能性家庭具有"形散而神聚"的特征。现代性压力确实冲击了农民家庭的制度形态和再生产机制，导致了农民家庭的非制度化，因此，仅仅从制度的视角难以把握转型家庭的真实形态。家庭转型表现出的非制度化特征，正好使家庭摆脱了内部条条框框的束缚，通过相对模糊代际之间的权利义务关系释放出了积极回应现代性的巨大潜能。因此，功能性家庭将农民带入了更为广阔的社会领域。这样一来，转型时期的农民家庭就不仅是成员情感的避风港，而且是深深嵌入开放性社会系统的发动机，从而实现了个人与社会之间的紧密关联。

功能性家庭的运行机制呈现了一幅复杂多元的家庭转型图景，并且展示了传统因素与现代因素相结合的具体机制。依托功能性家庭这一概念，家庭转型并不是传统家庭要素之有无的问题，而是这些要素在现代化背景下如何配置的问题。因而，处于扩大化家庭再生产模式中的家庭转型既非纯粹的理性过程，也非纯粹的伦理过程，而是二者的融合，并且，这二者分别构成了当前家庭再生产中的两条轨道：沿自上而下的方向展开的是伦理过程，而自下而上的方向展开的是理性过程，功能性家庭的运行动力因而是伦理支持理性、理性引导伦理的过程。当然，其中的张力，主要由父代承载，并转化为老年人危机。

第三节　家庭转型的伦理陷阱

在上文中，笔者论述了中国农村家庭转型的多元路径，突出了功能性家庭之于家庭转型的意义。在这一节，笔者将以前面的讨论为基础，着力于讨论家庭转型带来的问题与后果。在第六章中，笔者结合扩大化家庭再生产机制，对当前农村的老年人危机进行了阐释。本书一再强调，在当前表现出来的老年赡养危机的背后存在着更为深刻的老年人危机。如果说，前者已经暴露一个现实的社会问题，那么，老年人危机则在相当程度上仍然被锁定在家庭领域之内。在这个意义上，一方面，家庭转型表现为部分家庭成员的甩出效应，另一方面，通过功能性家庭的内部整合，家庭转型过程中的压力并未大量地释放到社会领域，从而在家庭中形成了一套内部化的锁定机制。这套锁定机制折射出了中国家庭转型过程中的伦理陷阱。

伦理本位在相当程度上构成了中国家庭区别于西方家庭的基石，并赋予中国农民家庭超越于个体之上的实体性，使得家庭成为个人与社会之间的一个相对独立的单元。"个人—家庭—社会"的三层框架是理解中国家庭转型的现实基础。作为转型家庭的实践形态，功能性家庭虽然有悖于家庭社会学关于中国家庭制度的认识和理解。但从概念构造而言，它在相当程度上体现了对传统家庭制度的延续而非断裂。并且，传统的延续主要依托伦理实现。因此，在家庭转型的路径中，伦理具有特别重要的意义：家庭扩大化再生产的功能性需要固然塑造了家庭伦理的依附性形态，但也正是走向依附的家庭伦理才能支撑扩大化家庭再生产模式的形成和持续。因此，农民家庭的现代化过程不是农民个体与现代性直接遭遇的过程。即使农民以个体劳动力的方式参与现代性的社会化大生产浪潮，在他们的背后也存在着一个超越了个体层次的家庭，这构成了农民个体与社会之间的缓冲器。"缓冲器"不同于"避风港"，它对外部系统具有开放性。反过来，正是这种开放性，为发展导向的家庭功能的激活提供了空间。

因此，相对于传统的伦理本位的家庭制度，功能性家庭并未否定其内在的伦理内涵，相反，功能性家庭的运行在相当程度上延续、利用和改造了传统家庭伦理。因此，家庭转型到底在多大程度上能够简单理解为伦理弱化，显然值得质疑。上文对功能性家庭的讨论主要是从现代性压力下农民家庭功能的激活和强化的角度，阐述了功能性家庭如何推动农民家庭转型。在此，笔者将主要着眼于现代化进程中农民家庭的伦理适应和伦理配置问题，以进一步理解功能性家庭存续的基础。

关于中国家庭伦理的研究，一般设定了传统家庭作为分析对象，强调伦理的规范性和规制性，并由此塑造出"即凡而圣"的农民价值实现路径和教化式的家庭权力机制。在这个意义上，既有的研究较多关注的是伦理对家庭的影响，但是对于伦理如何影响和作用于家庭则关注不足。我们不仅要从规范性的视角来研究伦理，而且要进入家庭伦理运行的具体经验，并通过机制分析的方式来研究伦理。在中国的文化语境和生活实践中，伦理不是抽象的，伦理的实现需要依托特定的主体、对象和路径。从本书论述的逻辑来看，家庭伦理实际上可以理解为通过资源配置和权力互动等来表达和体现。因此，在家庭再生产的三个层次中，资源积累和配置的功能维度是最为基础的，但它也依赖于权力再生产和伦理再生产的过程。这一逐级深化的过程展现了老年人危机内涵的丰富性和深刻性。

农村老年人危机不是"伦理危机"一词即可概括的。不少学者从孝道衰落的角度理解农村老年人的遭遇和困境，并将其归结为农村社会的伦理危机，突出子代家庭对父代家庭反馈之不足的伦理根源。问题是，将问题简单归结为子代的孝道意识，实际上是将有待解释的问题道德化，这并非严谨的学术分析的终点。如果将"伦理"放置在扩大化家庭再生产的过程和功能性家庭的实践中，那么有两点值得注意。第一，老年人的处境在相当程度上恰恰来自他们的伦理自觉。父代之所以将子代家庭的命运纳入自己的人生任务之中，正是源于父代仍然着眼于纵向家庭的绵延，虽然现代性背景下家庭延续超越了"过日子"之道，但并不影响父代视家庭绵延为自身的伦理责任。第二，子代向父代低度伦理反馈的现实，并不能抹杀家庭再生产过程中的伦理责任实践。事实上，子代也终会以父代的身份投入家庭再生产过程中。当然，随着时间的推移，子代的家庭再生产过程将接替其父代的家庭再生产过程。

所谓的"孝道沦落"主要是从父代与子代的片段性代际互动框架中理解子代的行为逻辑，强调子代向父代的低度反馈。而仅仅从子代对父代的低度反馈即得出伦理危机的结论，则忽视了父代对子代的厚重投入，它体现在一个接一个、相互嵌套的代际互动模式中。今日受惠于父代厚重支持的子代终将转变成操劳一生持续支持子代的父代。家庭伦理通过这种方式延续，这也导致父代深深地陷入其中，难以自拔。这里我们可以引入一个稍微形象一点的说法：功能性家庭通过对原有家庭制度要素的重新配置，重构了家庭的动力学机制，促使农民家庭由简单再生产的均衡模式进入扩大化再生产的非均衡模式。非均衡模式在农民家庭内部形成了一个个隐秘的漩涡，使得农民卷入其中，在与现代性力量的持续较量中，父代逐渐触底，但却惊不起多少波澜，使扩大化家庭再生产过程得以在看似平静的外表下持续运行。

由此可见，老年人危机的产生，恰恰不在于家庭伦理之缺失，而在于伦理的延续。在扩大化家庭再生产模式之下，家庭伦理的问题主要在于，受到家庭功能的激发，伦理的运作方位发生了改变：伦理从双向变为单向，并且主要存留于父代对子代这个层面，同时，父代伦理责任实践的价值不能得以实现，伦理的实现，最终依赖于家庭功能的最大化发挥和发展目标的最大化实现。家庭伦理逐渐成为父代单向度的实践，由于失去了来自子代的伦理反馈，农村家庭转型过程就成为父代逐渐卷入伦理陷阱的过程，老年人危机，也因此成为当前中国农村家庭转型的附属产物。

第四节　家庭转型的梦与痛

传统意义上的家强调父母与子女之间的相互依存，它给那些丧失劳动能力的老年人以生活的保障（费孝通，1998：37—42）。然而，平和的家庭生活逻辑为老年人提供的这种温情保障，在功能性家庭中被降到最低限度。现代化背景下，家庭绵延被导入了一种"压力型体制"，在更为强劲的外生型家庭动力的冲击下，家庭内在的均衡体系逐渐瓦解。

现代性是农村家庭转型的外在动力。发展中国家的特殊国情和村庄地方性社会的场域塑造了中国农村现代性的实践形态，抽象的现代性被转换为以发展为核心的竞争，在此过程中形成的分化和流动则进一步强化了农民的发展压力。因此，农民的人生任务就不仅是由结婚、生育等构成的低水平循环，而且包括支持子代和孙代的婚姻、教育、买房和进城等发展性目标的实现。同时，在激烈的竞争之下，这些本可以渐次完成的人生任务，日益聚焦于特定的生命节点，并以特定的事件为媒介来实现。其中比较典型的是，农民的婚姻、买房、进城和教育的需要相互强化并捆绑在一起，向农民家庭注入了强劲的动力，催生了功能性家庭的形成。

在这个意义上，功能性家庭是农民对接现代性的主要媒介，也是农民家庭主动回应现代性的产物。它赋予农民家庭以极强的能动性。在功能性家庭内部，父代与子代的合力涌现出持续的能量和资源，这些能量和资源不再分散于整个纵向家庭之中，而是集中于特定的节点，功能性家庭因而提供了中国式社会流动的独特路径。通过将所有的资源集中到家庭的扩大化再生产过程中，转型时期的农民家庭有了活力，构筑了实现中国梦的坚韧基础。

在功能性家庭的视角下，农民社会流动并非单纯的个体性行为和短期性行为。农村城市化是一个漫长的过程，对于一般农业型地区的绝大部分农民而言，市场化的末端地位意味着现代性带来的压力多于机遇，因此，农民的城市化往往需要通过几代人的努力才能实现，"接力式城市化"（王德福，2014b）几乎是其必然选择。在这种情况下，我们对农民家庭的理解，就不能着眼于一时一地的暂时状态，而是要进入农民家庭的运行机制，着眼于家庭再生产的长期而持续的过程。

这样来看，当前学界关于"流动家庭"与"留守家庭"的认识和争论就比较片面了。这种视角只看到了现代性之于农民家庭的消极后果，却忽视了在"流动家庭"与"留守家庭"城乡空间分离、家庭结构离散的背后，实际上是代际之间紧密的功能性关联。更应该看到的是，家庭的空间分离在一定程度上纾解了家庭内部矛盾和"接触性纠纷"等对扩大化家庭再生产过程的干扰，绵延的家庭生活逐渐转化为一种共时性和当下性的家庭事业，从而引导着留守的父代与流动的子代为了共同的目标而努力。

当然，家庭转型并非没有代价。前文提到的"伦理陷阱"虽然基于父代的伦理自觉，但父代却终究难以摆脱并不得不深陷其中。功能性家庭的内部化机制虽然弥合了子代与父代之间的裂隙，在资源、权力和伦理等方面形成了代际之间高度整合的状态，但是，功能性家庭也具有排斥机制：

一方面，随着父代的老化，他们之于家庭的价值逐渐由正效用转化为负效用，因此逐渐退出功能性家庭的动员型结构；另一方面，即使是未直接参与扩大化家庭再生产的老一辈农民，面对现代性的压力，往往也基于扩大家庭基础上的伦理自觉而产生自我排斥。由此可见，功能性家庭重新定义了家庭中"代"的范围和边界，一个理想的功能性家庭往往表现出"三代家庭"的外观，即由中老年父代、青年子代和孙辈构成的家庭合作单元。为了与传统的三代家庭进行区分，笔者称之为"新三代家庭"。新三代家庭可以被视为功能性家庭的一种具体形态，在家庭主体构成上表现为主体的选择性整合机制，它具体包括选择性吸纳与选择性排斥，二者构成新三代家庭选择性整合机制的两个维度。选择性吸纳指的是对具有劳动能力的父代家庭的整合与吸纳；而选择性排斥指的是对不具有劳动能力的高龄老人的排斥。

因此，以新三代家庭为框架，新的家庭成员不断进入，老的家庭成员则不断退出。由此可见作为扩大化家庭再生产的内核，新三代家庭虽然是纵向家庭结构的一种形态，但它更强调家庭的现实功能与目标，这就在一定程度上扭曲了家的整体性，即家之整体性的内在均衡被打破，代际剥削的结构逐渐成形。在"过日子"的无限的时间绵延中，在现代性的压力作用下，产生了时间的凝缩，家庭再生产的任务被集聚到了一两代人之内，既模糊了家庭的历史，也模糊了老年人存在的合理性和正当性，同时也模糊了家庭的未来，使未来不断地被置换到当下。

在这个意义上，当前农村老年人危机折射的不仅是老年人的群体遭遇，也反映了这个特定时代背景下农民家庭渴望融入现代性生活并为之奋斗。老化是每个人的最终宿命，当前的家庭转型，为农民家庭的流动开启了新的机会和空间，但也使其付出了相当的代价。因此，理解家庭转型和转型家庭，不能只看到农民家庭生活之痛，也要看到这痛苦之中所涌现的活力和希望，它本身构成了为所有家庭成员共享的价值。老年人危机，在这梦想的映照之下，也就有了一丝悲壮的色彩。

第五节　家庭转型的时空定位

家是暂时的，又是永久的。家的暂时性，发端于由特定成员构成家，随着家庭功能的完成和个体生命的终结，家总是要消亡的；而家之永久性，则是突出家的代际延续，家的外壳、结构和成员虽然在不断地更替，但是，家的核心和精神却得以不断地延续。作为具体的家的暂时性和作为精神的家的无限性，是农民家庭生活之展开需要面对的基本现实，如何从具体的家庭再生产过程中实现自身的价值满足则是农民的主要关切。家庭转型导致了家庭再生产模式的深刻改变和农民价值实现路径的调整，农民被卷入更为宏大的社会变迁的潮流之中。在这个意义上，家庭转型是中国农民家庭已经、正在或者将要发生的普遍性进程。然而，中国农村社会的复杂性赋予家庭转型以鲜明的时空特征。

本书以华北农村的经验，展现了现代性进村背景下农民家庭转型的实践逻辑。虽然改革开放至今已经将近 40 年，但是中国社会的底色仍然是农村社会，中国目前也仍然处于发展中国家的行列。一方面，与城市家庭不同，农民家庭处于市场化、工业化进程中的末端地位，因而在对接和融入现代性方面呈现先天的不足和劣势；另一方面，农民家庭同时又扎根在仍然颇具地方性的村庄社会中。农民家庭的场域结构塑造了现代性的实践形态，进而催生了农民家庭的转型。但是，在本书的最后，关于家庭转型的讨论，还有几点需要进一步说明。

第一，由于村庄社会结构的差异，中国农村社会存在区域差异，并可以大概区分为南方农村、北方农村和中部农村。区域差异的形成，与不同区域农村特定的历史、地理和结构等因素有关，这可以理解为原初层次上的区域差异。同时，在近代以来中国社会的持久转型过程中，不同区域农村对外部力量的应对方式和反馈程度的差异也进一步塑造了农村的区域差异。在这个意义上，本书以华北农村经验为基础讨论的家庭转型逻辑以及老年人的系统性危机，并不能完全解释南方农村和中部农村当前的情况。

南方宗族性村庄对现代性表现出了相当的抵制力，在对现代性的回应方面远远落后于中部农村和华北农村。因此，当地家庭转型起步较晚，老年人在家庭和村庄普遍具有较高的地位。而中部农村由于宗族结构式微，祖先记忆和社区记忆淡薄，加之家庭伦理的普遍缺乏，现代性对农民家庭结构的消解作用更为突出，代际关系呈现松散化的特征，形成了生活本位的核心家庭（桂华，2011）。当然，在一定程度上看，三个区域的空间差异也可以视为转型过程的时间差异：中部地区的家庭转型最早完成，华北其次，而南方农村最晚，从近两年笔者及团队同人在南方农村的调研情况来看，南方农村家庭层面的巨变已经开始发生。南方农村的家庭转型，是否会重复华北农村家庭转型的路径与机制，则有待未来研究的进一步考察。

第二，转型是一个有始有终的过程。功能性家庭是转型家庭的实践形态，这意味着，老年人危机也可能随着家庭转型的完成而逐渐消散。正如中部农村地区的变迁所示，随着家庭转型的较早完成，伦理逐渐退入核心家庭领域，父代从伦理陷阱中脱身，从而中断了老化过程中的弱势积累，也中断了代际互动过程中的压力传递，核心家庭直接面对现代性，即使是逐渐老去的父代家庭也得以体验现代性带来的自由感。当然，华北农村目前仍然处于急剧的家庭转型过程中，这个过程可能还要持续相当一段时间。老年人危机的现实和前景也将不断地反馈到后续的家庭转型之中，不断地冲击着子代和孙代作为父代的行为逻辑中伦理的厚度和向度，家庭转型的路径和方向可能由此得以渐进性地调整。

参考文献

蔡禾，1993，《工业化与离婚率》，《中山大学学报论丛》第 1 期。

曹广伟、徐莉萍、宋丽娜，2008，《当家权的历史流变》，《武汉科技学院学报》第 10 期。

陈柏峰，2009，《代际关系变动与老年人自杀——对湖北京山农村的实证研究》，《社会学研究》第 4 期。

陈柏峰，2007，《农民价值观的变迁对家庭关系的影响》，《中国农业大学学报》（社会科学版）第 1 期。

陈锋，2014，《农村"代际剥削"的路径与机制》，《华南农业大学学报》（社会科学版）第 2 期。

陈辉，2016，《过日子：农民的生活伦理——关中黄炎村日常生活叙事》，北京：社会科学文献出版社。

陈嘉明，2003，《"现代性"与"现代化"》，《厦门大学学报》（哲学社会科学版）第 5 期。

陈讯，2012，《候权与赠权：妇女在家庭中的地位是如何转变的——基于鄂中 T 镇婆媳关系演变历程的分析》，《妇女研究论丛》第 3 期。

慈勤英，2016，《家庭养老：农村养老不可能完成的任务》，《武汉大学学报》（人文科学版）第 2 期。

崔高雄，1997，《礼记·祭义第二十四》，沈阳：辽宁教育出版社。

刁统菊，2006，《婚姻偿付制度的地方实践——以红山峪村为例》，《民俗研究》第 4 期。

董磊明等，2008，《结构混乱与迎法下乡——河南宋村法律实践的解读》，《中国社会科学》第 5 期。

杜鹏，2010，《家庭政治与权力游戏——读〈浮生取义〉》，《中国农业大学学报》（社会科学版）第 2 期。

杜鹏、丁志宏等，2004，《农村子女外出务工对留守老人的影响》，《人口研究》第 6 期。

范成杰、龚继红，2015，《空间重组与农村代际关系变迁——基于华北李村农民"上楼"的分析》，《青年研究》第 2 期。

费孝通，1983，《家庭结构变动中的老年赡养问题》，《北京大学学报》（哲学社会科学版）第 3 期。

费孝通，2010，《江村经济》，呼和浩特：内蒙古人民出版社。

费孝通，2001，《江村经济——中国农民的生活》，北京：商务印书馆。

费孝通，1982，《论中国家庭结构变动》，《天津社会科学》第 3 期。

费孝通，1998，《乡土中国　生育制度》，北京：北京大学出版社。

费孝通，2007，《乡土中国》，上海：上海人民出版社。

格尔茨，2014，《地方知识：阐释人类学论文集》，杨德睿译，北京：商务印书馆。

龚为纲，2013a，《农村分家类型与三代直系家庭的变动趋势——基于对全国人口普查数据的分析》，《南方人口》第 1 期。

龚为纲，2013b，《男孩偏好的区域差异与中国农村生育转变》，《中国人口科学》第 1 期。

龚为纲、吴海龙，2013，《农村男孩偏好的区域差异》，《华中科技大学学报》（社会科学版）第 3 期。

古德，1986，《家庭》，魏章玲译，北京：社会科学文献出版社。

桂华，2011，《"嵌入"家庭伦理的农民经济生活——基于华北与江汉地区农村的比较》，《中共宁波市委党校学报》第 3 期。

桂华，2014a，《礼与生命价值——家庭生活中的道德、宗教与法律》，北京：商务印书馆。

桂华，2014b，《重新恢复中国家庭的神圣性》，《文化纵横》第 1 期。

桂华，2014c，《"他者"眼光下的中国——评阎云翔〈私人生活变革〉》，《文化纵横》第 6 期。

桂华，2016a，《实践社会学：从 1.0 到 2.0》，《云南行政学院学报》第

2 期。

桂华，2016b，《治疗 or 弃疗？当代中国医疗伦理的两难抉择——魏则西事件的另类反思》，《文化纵横》第 3 期。

郭昕，2006，《城市化给中国农村家庭养老带来的新问题》，《太原师范学院学报》第 3 期。

郭于华，2001，《代际关系中的公平逻辑及其变迁——对河北农村养老事件的分析》，《中国学术》第 4 期。

韩丁，1980，《翻身——中国一个村庄的革命纪实》，北京：北京出版社。

韩敏，2007，《回应革命与改革：皖北李村的社会变迁与延续》，南京：江苏人民出版社。

何兰萍，2016，《农村代际关系的转变：时间和空间的视角》，《兰州学刊》第 2 期。

贺聪志、叶敬忠，2010，《农村劳动力外出务工对留守老人生活照料的影响研究》，《农业经济问题》第 3 期。

贺聪志、叶敬忠，2009，《农村留守老人研究综述》，《中国农业大学学报》（社会科学版）第 2 期。

贺雪峰，2001，《人际关系理性化中的资源因素——对现代化进程中乡土社会传统的一项评述》，《广东社会科学》第 4 期。

贺雪峰，2006，《私人生活与乡村治理研究》，《读书》第 11 期。

贺雪峰，2007，《农村家庭代际关系的变迁——从"操心"说起》，《古今农业》第 4 期。

贺雪峰，2008a，《农民价值观的类型及相互关系——对当前中国农村严重伦理危机的讨论》，《开放时代》第 3 期。

贺雪峰，2008b，《农村家庭代际关系的变动及其影响》，《江海学刊》第 4 期。

贺雪峰，2009，《农村代际关系论：兼论代际关系的价值基础》，《社会科学研究》第 5 期。

贺雪峰、郭俊霞，2012，《试论农村代际关系的四个维度》，《社会科学》第

7 期。

贺雪峰，2012，《论中国农村的区域差异——村庄社会结构的视角》，《开放时代》第 10 期。

贺雪峰，2013a，《关于"中国式小农经济"的几点认识》，《南京农业大学学报》（社会科学版）第 6 期。

贺雪峰，2013b，《新乡土中国》，北京：北京大学出版社。

贺雪峰，2016，《华中村治研究中的机制研究》，《云南行政学院学报》第 2 期。

胡薇，2009，《累积的异质性：生命历程视角下的老年人分化》，《社会》第 2 期。

黄宗智，2000a，《长江三角洲的小农家庭与乡村发展》，北京：中华书局。

黄宗智，2000b，《华北的小农经济与社会变迁》，北京：中华书局。

黄宗智，2011，《中国的现代家庭：来自经济史和法律史的视角》，《开放时代》第 5 期。

吉登斯，安东尼，2011，《现代性的后果》，田禾译，南京：译林出版社。

姜向群、杨善华，2009，《中国女性老年人口的现状及问题分析》，《人口学刊》第 2 期。

金一虹，2010，《流动的父权：流动农民家庭的变迁》，《中国社会科学》第 4 期。

金一虹、史丽娜，2014，《中国家庭变迁和国际视野下的家庭公共政策研究》，南京：南京师范大学出版社。

李恩、张志坚，2011，《农民发展生态农业的行为范式——基于长春市合心镇的调查与实证分析》，《农业经济》第 11 期。

李强，1999，《社会变迁与个人发展：生命历程研究的范式与方法》，《社会学研究》第 6 期。

李晓明，2006，《贫困代际传递理论述评》，《广西青年干部学院学报》第 2 期。

李永萍，2015，《交换型代际关系：理解农村老人危机的新视角》，《老龄科学研究》第 5 期。

李永萍、杜鹏，2016，《婚变：农村妇女婚姻主导权与家庭转型——关中 J
　　村离婚调查》，《中国青年研究》第 5 期。

李祖佩，2016，《分利秩序：鸽镇的项目运作与乡村治理（2007—2013）》，
　　北京：社会科学文献出版社。

梁漱溟，2014，《中国文化要义》，芜湖：安徽师范大学出版社。

列斐伏尔，2003，《空间：社会产物与使用价值》，上海：上海教育出版社。

林剑，2014，《论代沟的实质、产生原因及其意义》，《人文杂志》第 7 期。

林闽钢、张瑞利，2012，《农村贫困家庭代际传递研究》，《农业技术经济》第
　　1 期。

林耀华，2008，《金翼：中国家族制度的社会学研究》，北京：生活·读
　　书·新知三联书店。

林语堂，2007，《中国人》，上海：学林出版社。

刘锐，2012，《温情脉脉的代际剥削何以可能？——基于河南 D 村的调查》，
　　《中共宁波市委党校学报》第 3 期。

刘燕舞，2011，《农村老年人自杀现象的伦理学分析》，《江西师范大学学
　　报》（哲学社会科学版）第 3 期。

刘燕舞，2012，《中国农民自杀问题研究（1980—2009）——社会互构论的视
　　角》，华中科技大学博士论文。

刘燕舞，2009，《从核心家庭本位迈向个体本位——关于农村夫妻关系和家
　　庭结构变动的研究》，《中共青岛市委党校学报》第 6 期。

刘燕舞，2015，《婚姻中的贱农主义与城市拜物教》，《社会建设》第 6 期。

卢晖临、李雪，2007，《如何走出个案——从个案研究到扩展个案研究》，
　　《中国社会科学》第 1 期。

罗小锋，2010，《制度变迁与家庭策略：流动家庭的形成》，《安徽农业大学
　　学报》（社会科学版）第 6 期。

吕朝贤，2006，《贫困动态及成因——从生命周期到生命历程》，《台大社会
　　工作期刊》第 14 期。

麻国庆，2016，《家庭策略研究与社会转型》，《思想战线》第 3 期。

麻国庆，1999，《家与中国社会结构》，北京：文物出版社。

赫特尔，马克，1988，《变动中的家庭——跨文化的透视》，宋践、李茹等译，杭州：浙江人民出版社。

韦伯，马克斯，1998，《社会科学方法论》，韩水法、莫茜译，北京：中央编译出版社。

韦伯，马克斯，2005，《学术与政治》，冯克利译，北京：生活·读书·新知三联书店。

韦伯，马克斯，2010，《支配社会学》，康乐、简惠美译，桂林：广西师范大学出版社。

马凌诺斯基，2002，《西太平洋的航行者》，梁永佳、李绍明译，北京：华夏出版社。

马斯洛等，1987，《人的潜能和价值》，林方主编，北京：华夏出版社。

明泽川，2016，《作为文化现象的"老年人"和"老龄化问题"》，《人民日报·海外网·日本频道》2016 年 10 月 24 日。

弗里德曼，莫里斯，2000，《中国东南的宗族组织》，刘晓春译，上海：上海人民出版社。

牟宗三，1997，《中国哲学的特质》，上海：上海古籍出版社。

彭希哲、胡湛，2015，《当代中国家庭变迁与家庭政策重构》，《中国社会科学》第 12 期。

鲍曼，齐格蒙特，2002，《流动的现代性》，欧阳景根译，上海：上海三联书店。

钱穆，2011，《灵魂与心》，北京：九州出版社。

乔晓春等，2005，《对中国老年贫困人口的估计》，《人口研究》第 2 期。

仇凤仙、杨文建，2014，《建构与消解：农村老年贫困场域形塑机制分析——以皖北 D 村为例》，《社会科学战线》第 4 期。

瞿同祖，2003，《中国法律与中国社会》，北京：中华书局。

森，阿玛蒂亚，2004，《贫困与饥荒》，王宇、王文玉译，北京：商务印书馆。

尚会鹏，1996，《论当前中原地区的婚事消费》，《青年研究》第 10 期。

尚会鹏，1997，《中原地区的"分家"现象与代际关系——以河南省开封县西村为例》，《青年研究》第 1 期。

盛洪，2008，《论家庭主义》，《新政治经济学评论》第 2 期。

施坚雅，1998，《中国农村的市场和社会结构》，史建云、徐秀丽译，北京：中国社会科学出版社。

石金群，2016，《转型期家庭代际关系流变：机制、逻辑与张力》，《社会学研究》第 6 期。

宋丽娜，2016，《农村家庭生活新秩序的建构：功能主义视角的解读》，《社会建设》第 2 期。

孙立平，2007，《转型社会学：发展趋势与面临的问题》，载高翔、吴玉章、赵剑英主编《中国社会科学学术前沿（2006—2007）》，北京：社会科学文献出版社。

孙隆基，2015，《中国文化的深沉结构》，北京：中信出版集团。

孙琪宇，2015，《中国老年人贫困治理研究》，《黑龙江社会科学》第 6 期。

孙文中，2011，《场域视阈下农村老年贫困问题分析》，《华中农业大学学报》（社会科学版）第 5 期。

孙新华、王艳霞，2013，《交换型代际关系：农村家际代际关系的新动向——对江汉平原农村的定性研究》，《民俗研究》第 1 期。

谭同学，2012，《亲缘、地缘与市场的互嵌——社会经济视角下的新化数码快印业研究》，《开放时代》第 6 期。

唐灿，2010，《家庭现代化理论及其发展的回顾与述评》，《社会学研究》第 3 期。

唐利平，2005，《人类学和社会学视野下的通婚圈研究》，《开放时代》第 2 期。

陶自祥，2015a，《社区性家庭：农村社会结构研究的一个新视角——基于华北农村"立门户"现象的考察》，《长白学刊》第 5 期。

陶自祥，2015b，《论家庭继替——兼论中国农村家庭的区域类型》，北京：中国社会科学出版社。

陶自祥、桂华，2014，《论家庭继替：兼论中国农村家庭区域类型》，《思想战线》第 3 期。

田先红，2009，《碰撞与徘徊：打工潮背景下农村青年婚姻流动的变迁》，《青年研究》第 2 期。

汪民安，2005，《身体、空间与后现代性》，南京：江苏人民出版社。

王德福，2014a，《做人之道——熟人社会里的自我实现》，北京：商务印书馆。

王德福，2014b，《农民的接力式进城》，《中国经济时报》2014 年 7 月 7 日。

王德福，2015，《中国农村家庭性质变迁再认识》，《学习与实践》第 10 期。

王海娟，2016，《机制分析：经验通往理论的路径》，载贺雪峰主编《华中村治研究：立场·观点·方法》，北京：社会科学文献出版社。

王海娟，2013，《论交换型养老的特征、逻辑及其影响——基于华北平原地区的调查》，《南方人口》第 5 期。

王海娟，2016a，《农民家庭代际关系脱嵌化诱因与效应分析》，《湖南农业大学学报》（社会科学版）第 1 期。

王海娟，2016b，《地尽其力：细碎化农地利用研究》，华中科技大学博士论文。

王会，2013，《个体化闲暇——泉村的日常生活与时空秩序》，华中科技大学博士论文。

王荣武，1994，《当前乡村分家习俗的民俗学思考》，《民俗研究》第 3 期。

王天夫等，2015，《土地集体化与农村传统大家庭的结构转型》，《中国社会科学》第 2 期。

王跃生，1993，《中国传统社会家庭的维系与离析》，《社会学研究》第 1 期。

王跃生，2003，《华北农村家庭结构变动研究》，《中国社会科学》第 4 期。

王跃生，2006，《当代中国城乡家庭结构变动比较》，《社会》第 3 期。

王跃生，2007，《中国农村家庭的核心化分析》，《中国人口科学》第 5 期。

王跃生，2008，《中国家庭代际关系的理论分析》，《人口研究》第 4 期。

王跃生，2009，《制度变革、社会转型与中国家庭变动——以农村经验为基础的分析》，《开放时代》第 3 期。

王跃生，2010a，《婚事操办中的代际关系：家庭财产积累与转移——冀东农村的考察》，《中国农村观察》第 3 期。

王跃生，2010b，《农村家庭代际关系理论和经验分析——以北方农村为基础》，《社会科学研究》第 4 期。

王跃生，2011a，《中国家庭代际关系的维系、变动和趋向》，《江淮论坛》第 2 期。

王跃生，2011b，《中国家庭代际关系内容及其时期差异——历史与现实相结合的考察》，《中国社会科学院研究生院学报》第 3 期。

吴飞，2009，《浮生取义：对华北某县自杀现象的文化解读》，北京：中国人民大学出版社。

吴飞，2014，《自杀作为中国问题》，北京：生活·读书·新知三联书店。

吴毅，2007，《何以个案　为何叙述——对经典农村研究方法质疑的反思》，《探索与争鸣》第 4 期。

夏小辉、张贝，2006，《农村留守家庭与就近就业的经济布局》，《农村经济》第 8 期。

咸春龙，2002，《论农业产业化经营与农民组织化问题》，《农业经济问题》第 2 期。

徐安琪，1986，《青年夫妇离婚增多原因分析》，《上海青少年研究》第 11 期。

徐静、徐永德，2009，《生命历程理论视阈下的老年贫困》，《社会学研究》第 6 期。

许烺光，2001，《祖荫下：中国乡村的亲属、人格与社会流动》，台北：南天书局有限公司。

阎云翔，1998，《家庭政治中的金钱与道义：北方农村分家模式的人类学分析》，《社会学研究》第 6 期。

阎云翔，2006，《私人生活的变革：一个中国村庄里的爱情、家庭与亲密关系》，龚小夏译，上海：上海书店出版社。

阎云翔，1999，《礼物的流动：一个中国村庄中的互惠原则与社会网络》，李放春、刘瑜译，上海：上海人民出版社。

杨国枢、陆洛主编，2009，《中国人的自我》，重庆：重庆大学出版社。

杨华，2012，《隐藏的世界：农村妇女的人生归属与生命意义》，北京：中国政法大学出版社。

杨华，2015，《中国农村的"半工半耕"结构》，《农业经济问题》第 9 期。

杨华、范芳旭，2009，《自杀秩序与湖北京山农村老年人自杀》，《开放时代》第 5 期。

杨华、欧阳静，2013，《阶层分化、代际剥削与农村老年人自杀——对近年中部地区农村老年人自杀现象的分析》，《管理世界》第 5 期。

杨菊华，2007，《人口转变与老年贫困问题的理论思考》，《中国人口科学》第 5 期。

杨菊华、李路路，2009，《代际互动与家庭凝聚力——东亚国家和地区比较研究》，《社会学研究》第 3 期。

杨立雄，2011，《中国老年贫困人口规模研究》，《人口学刊》第 4 期。

杨懋春，2001，《一个中国村庄：山东台头》，张雄、沈炜译，南京：江苏人民出版社。

姚俊，2013，《"不分家现象"：农村流动家庭的分家实践与结构再生产——基于结构二重性的分析视角》，《中国农村观察》第 5 期。

姚俊，2012，《"临时主干家庭"：城市家庭结构的变动与策略化》，《青年研究》第 3 期。

叶敬忠，2009，《农村劳动力外出务工对留守老人经济供养的影响研究》，《人口研究》第 4 期。

衣俊卿，2005，《现代化与日常生活批判——人自身现代化的文化透视》，北京：人民出版社。

印子，2016，《分家、代际互动与农村家庭再生产——以鲁西北农村为例》，《南京农业大学学报》（社会科学版）第 4 期。

于学军，2003，《老年人口贫困问题研究》，载于中国老龄科学研究中心编《中国城乡老年人口状况一次性抽样调查数据分析》，北京：中国标准出版社。

俞江，2006，《论分家习惯与家的整体性——对滋贺秀三〈中国家族法原理的批评〉》，《政法论坛》第 1 期。

袁明宝，2014，《小农理性及其变迁——中国农民家庭经济行为研究》，中国农业大学博士论文。

袁松，2009，《消费文化、面子竞争与农村的孝道衰落——以打工经济中的顾村为例》，《西北人口》第 4 期。

张建雷，2015，《分家析产、家庭伦理与农村代际关系变动——一个浙北村庄的社会学诠释》，《中国乡村研究》第 12 期。

张建雷、曹锦清，2016，《无正义的家庭政治：理解当前农村养老危机的一个框架——基于关中农村的调查》，《南京农业大学学报》（社会科学版）第 1 期。

张立冬，2013，《中国农村贫困代际传递实证研究》，《中国人口·资源与环境》第 6 期。

张佩国，2002a，《制度与话语：近代江南乡村的分家析产》，《福建论坛》（人文社会科学版）第 2 期。

张佩国，2002b，《近代江南乡村的族产分配与家庭伦理》，《江苏社会科学》第 2 期。

张少春，2014，《"做家"：一个技术移民群体的家庭策略与跨国实践》，《开放时代》第 3 期。

张雪霖，2015，《城市化背景下的农村新三代家庭结构分析》，《西北农林科技大学学报》（社会科学版）第 5 期。

张友琴，2002，《城市化与农村老年人的家庭支持——厦门市个案的再研究》，《社会学研究》第 5 期。

张玉林，2006，《儿女们能否"离土不离乡"》，《小康生活》第 3 期。

曾毅，1988，《一门十分活跃的人口学分支学科——家庭人口学》，《中国人口科学》第 6 期。

曾毅、李伟、梁志武，1992，《中国家庭结构的现状、区域差异及变动趋势》，《中国人口科学》第 2 期。

钟琴，2010，《农民的理性化与意义世界之变》，《中国图书评论》第 11 期。

周福林，2006，《我国留守老人状况研究》，《西北人口》第 1 期。

周怡，1994，《代沟现象的社会学研究》，《社会学研究》第 4 期。

朱晓阳，2003，《罪过与惩罚——小村故事：1931—1997》，天津：天津古籍出版社。

滋贺秀三，2013，《中国家族法原理》，张建国、李力译，北京：商务印书馆。

 后　记

后　记

　　本书是在我博士论文的基础上修改而成的。博士论文的写作过程是一个充满焦虑与期待的过程，焦虑在于，在此过程中要不断寻求突破与创新；而期待则在于，在写作过程中总是会想象完成之后的厚重感和圆满感。我很庆幸，在攻读博士学位的三年时间里，我不是一个人孤零零地战斗，而是与一大群有着共同理想、共同志向的人一起奋勇前进。正是因为有了他们的支持和鼓励，我才能更加有底气和自信不断前行。回想这一路走来，有太多需要感谢的人。正是因为有了众多师友和亲人的陪伴与支持，这一路才不觉孤单。

　　首先，要感谢我的博士生导师慈勤英教授。几年前，承蒙慈老师的厚爱，我才能顺利进入武汉大学社会学系，开启研究之路。慈老师不仅是一位温文尔雅的学者，更像慈母一样关爱自己的学生。她总是平等地与我们探讨学术和生活上的诸多话题，每次与慈老师交流，我都受益匪浅。在学术上，慈老师一方面对学生严格要求，另一方面又充分尊重学生的主体性，给予学生自由成长的空间。正是在与慈老师一次次的交流中，我不断地理清自己的问题意识和研究思路，并顺利地完成博士论文写作。

　　其次，要特别感谢贺雪峰教授以及其所在的华中乡土派学术团队的师友们。加入团队纯属偶然，但我觉得这是最幸运的偶然。我2011年加入中国乡村治理研究中心读书会，这几年来在中心经历的经典阅读和经验训练，让我更加坚定地选择以学术为业。从读书、调研到学习做研究，我一直得到贺老师的鼓励和关怀。贺老师对学术充满热情，对民族国家有深厚的情怀，他身上所散发的对学术的挚爱，时刻激烈我们更加努力地去追求进步和卓越。贺老师对自己的严格要求以及充满热情和激情的工作态度，使我丝毫不敢懈怠。贺老师是我学术之路的引路人，没有他的指引和督促，我可能至今茫然无措。贺老师在学术上对我的督促和鼓励，让我这个不太自信的人慢慢找寻到自信，不断突破自我，并且坚信自己可以做得更好。还要感谢团队的罗兴佐教授和王习明教授，在博士研究生期间，有幸能够和两位老师一起调研，两位老师严谨的学术态度和扎实的作风，使我受益匪浅。

在中国乡村治理研究中心这个大家庭里，我不仅体验到了做学术的乐趣，还感受到了家人般的温暖。中心"团结、紧张、严肃、活泼"的氛围，让每个人在其中都能自由、快乐、有主体性地成长。从硕士研究生加入中心读书会以来，中心的师友们给予我诸多帮助。众多的师兄师姐在前面开路探索，并且发挥着"传帮带"的作用，让我们这些学术上的后来者能够快速入门；此外，也有众多的师弟师妹在后面"追赶"，他们"长江后浪推前浪"的霸气，也让我不敢懈怠。中心的师友众多，其中，要特别感谢杨华师兄、桂华师兄、王德福师兄、王海娟师姐对我博士论文的指导，他们给我提了很多建设性的修改意见。还要特别感谢中心 2011 级读书会并肩作战的战友们，他们是杜鹏、张雪霖、陈文琼、辛巧巧、冯川、王子愿、葛佳等，从硕士以来，我们一起哭过、笑过，建立了革命般的感情。在读书、调研和写作过程中，我们相互鼓励、相互帮扶，有了他们的支持和陪伴，我感受到生命的美好和意义。我们有着共同的理想和目标，未来的学术和生活之路，我们还将携手并进！

还要感谢柏贵喜教授、朱炳祥教授、伍麟教授、李亚雄教授和徐杰舜教授在博士论文答辩中提出的建议，这使我的书稿增色不少。

在此还要特别感谢华中科技大学社会学院的张小山副教授，正是张老师的接纳，才让我有机会体验研究生生活，并且有机会走上学术研究的道路。张老师在硕士研究生期间对我学术上的指导和生活上的关心，学生一直铭记在心。

感谢社会科学文献出版社！尤其要感谢本书的责任编辑任晓霞老师，任老师为本书的出版付出了大量心血。

此外，还要感谢上海工程技术大学的教师王欣。感谢她无私地为我提供博士论文的调研点，与她一起调研和讨论的日子，是我学术道路上一个美好的回忆。

还要感谢所有支持和接受我们调研的父老乡亲，正是他们的无私接纳，让我能够有机会接触经验、理解农村。他们朴实的生活经验是我学术灵感的最大源泉。

最后，要感谢我的父母和家人。父母都是朴实的农民，他们将所有的爱和精力都倾注到我们子女身上，我愿用我的一生去努力回报他们。感谢姐姐和姐夫，正是他们的理解和支持，让我能够毫无负担地去追求自己的理想和未来。还有我两个可爱的小侄女，每次看到她们，我都感受到家庭的幸福和生活的美好。感谢杜鹏，我们相识七年，相恋六年，并已经步入婚姻殿堂。在博士论文写作过程中，每一次与他探讨，都能有很大的启发和灵感。正是他的支持和陪伴，让我在生活上和学术上都更加自信和坦然。未来的路，我们继续并肩前行！

李永萍

2018 年 4 月 18 日于武汉喻家山

图书在版编目（CIP）数据

老年人危机与家庭秩序：家庭转型中的资源、政治
与伦理／李永萍著．-- 北京：社会科学文献出版社，
2018.10
（华中村治研究丛书）
ISBN 978 - 7 - 5201 - 2187 - 3

Ⅰ.①老… Ⅱ.①李… Ⅲ.①农村 - 社会变迁 - 研究
- 中国 Ⅳ.①C912.82

中国版本图书馆 CIP 数据核字（2018）第 016565 号

·华中村治研究丛书·
老年人危机与家庭秩序
——家庭转型中的资源、政治与伦理

著 者／李永萍

出 版 人／谢寿光
项目统筹／任晓霞
责任编辑／任晓霞

出 版／社会科学文献出版社·社会学出版中心（010）59367159
地址：北京市北三环中路甲 29 号院华龙大厦 邮编：100029
网址：www. ssap. com. cn
发 行／市场营销中心（010）59367081 59367018
印 装／三河市龙林印务有限公司

规 格／开 本：787mm×1092mm 1/16
印 张：19.25 字 数：279 千字
版 次／2018 年 10 月第 1 版 2018 年 10 月第 1 次印刷
书 号／ISBN 978 - 7 - 5201 - 2187 - 3
定 价／75.00 元